Versager im Dreiteiler

Rainer Steppan

Versager im Dreiteiler

Wie Unternehmensberater die Wirtschaft ruinieren

Mit einem Vorwort von Günter Ogger

Eichborn.

1 2 3 04 03

Umschlaggestaltung: Christina Hucke
Foto: © Jonathan Cavendish / CORBIS 2003
Layout: Tania Poppe
Lektorat: Beate Weih, Dr. Barbara Werner
Satz: Fuldaer Verlagsagentur, Fulda
Druck und Bindung: GGP, Pößneck
ISBN 3-8218-3998-8

Verlagsverzeichnis schickt gern:
Eichborn Verlag, Kaiserstraße 66, D-60329 Frankfurt am Main
www.eichborn.de

INHALT

Vorwort

Als mich der Eichborn Verlag bat, ein Vorwort zu Rainer Steppans Buch über die Berater-Branche zu schreiben, wollte ich zunächst ablehnen. Das Thema schien mir nicht neu zu sein, und über den unheilvollen Einfluss von McKinsey & Co auf die deutsche Wirtschaft hatte ich selbst schon in den *Nieten in Nadelstreifen* wie im *Macher im Machtrausch* berichtet.

Aus kollegialer Neugierde fing ich dann doch an, das Manuskript zu lesen, und ich habe es nicht vor der letzten Seite aus der Hand gelegt.

Der Autor, dessen Beiträge ich in der *Financial Times Deutschland* schätzen lernte, legt eine umfassende Recherche vor, die kaum eine Frage offen lässt. Wie kam es zu dem Hype der Berater-Branche, die in Deutschland noch mehr Bedeutung gewann als in ihrem Ursprungsland, den USA? Wieso richteten die hoch bezahlten Vorstände von Unternehmen wie Daimler-Benz, BASF, RWE oder Siemens ihre Geschäftsstrategien an den Vorschlägen fremder Leute aus? Weshalb zahlten sie blutjungen, unerfahrenen Consultants Millionengagen für wohlfeile Allerwelts-Konzepte? Und, Schlüsselfrage: Was brachte der exzessive Berater-Einsatz letztlich der deutschen Wirtschaft?

Betrachtet man den gegenwärtigen Zustand unserer Unternehmen, dann kann die Antwort darauf nur negativ ausfallen. Der Standort D verliert laufend an Wettbewerbsfähigkeit, die heimische Wirtschaft wächst nicht mehr und trägt selbst innerhalb der wenig dynamischen EU seit Jahren die rote Laterne des Klassenletzten. Dass allein die Exporteure noch Erfolge einfahren, vermag die düstere Bilanz kaum aufzuhellen.

Außer Spesen nichts gewesen? Ganz so einfach ist die Sache natürlich nicht. Denn niemand weiß, in welchem Zustand sich unser ökonomisches System befände, wenn es die »Berater-Blase« nie gegeben hätte. Mag sein, dass es nicht wenigen Unternehmen ohne die Kostensenkungsprogramme von McKinsey noch viel schlechter ginge, dass die von so genannten Strategieberatern konzipierte Neuausrichtung der Geschäftsmodelle manchem Konzern das Überleben sichern half.

Nicht zu vergessen: Außer den smarten Worthülsendrehern mit den schwarzledernen Aktenköfferchen gab es ja auch durchaus nützliche Ratgeber. Die Implementierung der jeweils neuesten IT-Systeme, etwa bei Banken und Versicherungen, wäre ohne die aushäusigen Experten kaum gelungen, und auch für die steuerliche Optimierung der Bilanzen gab es in den wenigsten Unternehmen die nötige Manpower. Also: Nichts gegen einen guten Steuer-, Personal- oder Technologie-Berater. Diese freien Berufe, zu denen auch noch die Werber und Public-Relations-Berater gerechnet werden dürfen, bieten Leistungen an, die im erforderlichen Umfang in den meisten Unternehmen nicht ständig parat gehalten werden können. Man kauft sie preiswerter und in besserer Qualität auf dem freien Markt ein.

Nicht einzusehen ist hingegen, weshalb die Topmanager vieler Unternehmen die Arbeit, für die sie bezahlt werden, von anderen erledigen lassen. Ob diversifiziert oder fokussiert, investiert oder desinvestiert wird, das entscheiden in der deutschen Wirtschaft allzu häufig nicht die Vorstände und Geschäftsführer, sondern die Spindoctors von Beraterfabriken wie Boston Consulting, Roland Berger oder McKinsey. In keinem anderen Land der Erde, ausgenommen die Schweiz, geben die Unternehmen so viel Geld für Berater aus wie bei uns. McKinsey zum Beispiel, der Platzhirsch im Beratergewerbe, erzielt in Deutschland seit Jahren regelmäßig höhere Honorarumsätze als in den USA.

Haben wir, wie die Abgesandten der US-Consultants uns gerne

weismachen wollen, tatsächlich einen größeren Beratungsbedarf, weil wir so rückständig sind? Baut Daimler bessere Autos, seit die Berater nach der Fusion mit Chrysler gut 300 Millionen Dollar Honorar abgriffen? Sind die Aktionäre zufriedener, wenn RWE sich nach ausgiebiger »strategischer« Beratung hoch verschuldet, um zu weit überhöhten Preisen britische und amerikanische Wasserversorger zu kaufen? Wohl kaum.

Abgesehen davon, dass die von den Beratern angeregten Veränderungen unverhältnismäßig viel Geld kosteten – ihr Nutzen scheint mitunter äußerst fragwürdig zu sein. Die Swissair zum Beispiel, einst der Stolz der eidgenössischen Geschäftswelt, ging trotz jahrelanger intensiver Beratung des Topmanagements durch McKinsey – dessen Honorare beliefen sich auf rund 100 Millionen Franken – pleite. Und auch der deutsche Baukonzern Philipp Holzmann überwies, bevor er Konkurs anmelden musste, rund 40 Millionen Mark an die angeblich so erfolgreichen »Mackies«. Verhindern konnten die teuren Consultants weder den Niedergang des Berliner Papierwarenherstellers Herlitz noch die Krise der Banken und Versicherungen.

Erst allmählich wächst die Skepsis gegenüber den Wunderknaben aus der Beraterbranche. »Wenn man ein Unternehmen zerstören will«, lästerte VW-Aufsichtsratspräsident Ferdinand Piëch, »dann muss man nur versuchen, es mit externen Beratern in Ordnung zu bringen«. Zweifel am Nutzen der Honorarabgreifer äußerten auch der Hanauer Multi-Unternehmer Jürgen Heraeus, der Schweizer Uhren-Tycoon Nicolas G. Hayek sowie Tengelmann-Eigner Erivan Haub.

Anyway, der Einfluss der »Mackies« ist nicht zu unterschätzen. Auch wenn sie nach dem Ende der New Economy kräftig Federn lassen mussten, zappelt die Deutschland AG beinahe hilflos in ihren Fängen. Denn längst haben sie ihre Trojanischen Pferde an den Schaltstellen wirtschaftlicher Macht platziert – ehemalige Berater, die heute als Vorstände oder Vorstandsvorsitzende bedeutender

Unternehmen dafür sorgen, dass die Aufträge nicht ausbleiben. Unumstrittener Star des Alumni-Netzwerks von McKinsey ist Klaus Zumwinkel. Der Chef der Deutschen Post AG holte nicht weniger als vier seiner acht Vorstände aus dem Talentpool seines früheren Arbeitgebers.

Bewährte Strippenzieher wie McKinseys Ex-Chef Herbert Henzler und der rastlose Roland Berger stellen, wo immer Spitzenjobs oder lukrative Aufträge zu vergeben sind, im Hintergrund die Weichen. Sogar Regierungen geraten zunehmend unter den Einfluss der Berater, etwa wenn Privatisierungen anstehen, Behörden »verschlankt« werden sollen oder wenn staatlichen Renten- und Krankenversicherungen die Zahlungsunfähigkeit droht.

Seltsam, dass die »Macher«, die fürs Machen gewählt und bezahlt werden, ihren sonst immer wieder gelobten »Gestaltungswillen« bezähmen, wenn die Probleme unübersichtlich werden. Wer die eigentliche Arbeit an Berater delegiert, hat viele Vorteile. Geht die Sache schief, dann hat nicht der »Macher« versagt, sondern eben der Berater. Im – selteneren – Erfolgsfall hingegen darf der Auftraggeber den Beifall von Aufsichtsräten oder Wählern entgegennehmen, der Berater hingegen nur das satte Honorar einstreichen.

Für unsere politische und wirtschaftliche Elite also hat die Beraterbranche durchaus ihren Charme. Politiker wie Manager halten sich die Finger sauber, während die Berater die (Drecks-)Arbeit erledigen. Stehen dem Land Einschnitte ins soziale Netz bevor, dann begründet man deren Notwendigkeit mit »objektiven« Gutachten, geliefert von scheinbar neutralen Beratern. Muss ein Unternehmen Leute entlassen, dann macht es sich gut, wenn der Vorstand die Arbeitnehmer-Vertreter im Aufsichtsrat mit einem detaillierten »Restrukturierungsprogramm« von McKinsey, Boston Consulting oder Roland Berger traktieren kann. Dagegen lässt sich schwerlich argumentieren.

Vor den Eierköpfen aus den Think Tanks hat jeder Respekt. Erstens drücken sie sich vorzugsweise in Anglizismen aus, was bei den meisten deutschen Führungskräften noch immer ein leichtes Unterlegenheitsgefühl aufkommen lässt. Zweitens weiß man ja um die fürchterlich strengen Auswahlkriterien, nach denen die großen Consultants ihre Mitarbeiter auswählen. Nur die besten Absolventen eines jeden Jahrgangs finden angeblich Aufnahme in die Gralsburgen der Beraterzunft. Drittens verfügen sie bekanntlich über das jeweils fortschrittlichste Management-Wissen, frisch importiert aus den heiligen Tempeln des Kapitalismus, von Harvard bis Wharton, von Chicago bis zum MIT.

Zu welchen Ergebnissen dieses Wissen führt, war am Niedergang der Deutschland AG trefflich zu beobachten. Während die heimischen Unternehmen in den internationalen Ranglisten über die Wettbewerbsfähigkeit der Industrienationen unaufhaltsam von den Spitzenplätzen ins Mittelfeld abglitten, erlebte die Beraterbranche hierzulande einen Boom wie in kaum einem anderen Land. Das Heer der Arbeitslosen steuert zielsicher auf die 5-Millionen-Marke zu, vom Aktionärsvermögen des Frühjahrs 2000 ist gerade mal ein Drittel übrig geblieben – nur die Einkommen der Manager legten kräftig zu.

Verdiente der Vorstand eines DAX-Konzerns im Jahr 1997 durchschnittlich 1,7 Millionen Mark, so nahm er fünf Jahre später schon 2,12 Millionen Euro oder 4,15 Millionen Mark mit nach Hause. Damit durfte er sich freilich noch unterbezahlt fühlen, wenn er seine Bezüge mit denen seiner Berater verglich. Jürgen Kluge zum Beispiel, Deutschland-Chef von McKinsey, bringt es locker auf die doppelte Summe, und Roland Berger ist wohl kaum mit der Fünffachen zufrieden.

Kein Wunder: Schon ein Berufsanfänger verdient bei McKinsey bis zu 80 000 Euro im Jahr, und ein kleines Berater-Team, bestehend aus einem Anfänger, einem Juniorberater und einer halben Partner-Stelle (einem Partner, der nur jeden zweiten Tag vorbeischaut), kostet den Auftraggeber runde 400 000 Euro im Monat.

Wir lernen: Die ständig neuen Maschen und Moden, mit denen die Berater in deutschen Vorständen hausieren gingen, nützten allenfalls ihnen selbst und eventuell noch ihren persönlichen Auftraggebern. Statt individueller, auf die konkrete Situation eines Unternehmens zugeschnittener Strategien und Konzepte verkauften sie in den USA entwickelte Dutzendware. Mal propagierten sie die Gemeinkosten-Wertanalyse (GKW) zur Kostensenkung, mal verordneten sie das aus Japan importierte Lean-Management als Allheilmittel, mal forderten sie kategorisch ein komplettes Re-Engineering.

Ob Benchmarking oder Portfolio-Strategie, Business-Redesign oder Merger-Management – alle diese mehr oder weniger banalen »Erfolgsrezepte« litten unter demselben Schönheitsfehler: Sie brachten dem einzelnen Klienten keinen Vorteil, wenn sie auch von der Konkurrenz angewandt wurden. Die Unternehmen wurden in ständiger Bewegung gehalten, ohne dass Kunden, Belegschaften oder Aktionäre irgendeinen Nutzen daraus ziehen konnten.

Hinzu kam, dass alle diese Konzepte nur beim Verkaufsgespräch ihren ganzen Reiz entfalteten. Bei der Umsetzung in die betriebliche Praxis waren die Kosten oft höher als die Erträge, zumal die den Veränderungsprozess begleitenden Consultants nicht selten durch frappierende Ahnungslosigkeit auffielen. Auf Kosten der Kunden kamen die jungen Business-School-Absolventen so in den Genuss »einer skurrilen Form der Ausbildungsvergütung«, witzelte Jürgen Heraeus.

Kein Wunder, dass die Urteile über die Berater zunehmend zurückhaltender ausfielen. Als das *manager magazin* im Juli 2002 in einer Umfrage wissen wollte, wie zufrieden die Unternehmen mit den Leistungen ihrer Berater sind, antwortete nur noch jedes zweite mit »voll«. Noch unzufriedener zeigten sich die Kunden der Großen Drei bei der Frage nach der Verbesserung der Geschäftsergebnisse. 67 Prozent der Boston-Klienten, 61 Prozent der McKinsey-Klienten und 36 Prozent der Roland-Berger-Klienten gaben an, dass sich ihre Ergebnisse nach dem Einsatz der Berater »mäßig oder gar nicht« verbessert hätten.

Es ist also an der Zeit, ein kritisches Buch über die Beraterszene zu veröffentlichen, die in Deutschland mittlerweile so viel Honorare abgreift, wie ein Großunternehmen vom Schlag der Deutschen Telekom Umsatz macht. Rainer Steppan, Wirtschaftsjournalist und Rechtsanwalt, ging das Risiko ein, sich mit Leuten anzulegen, denen es mit ihren vielfältigen Kontakten nicht schwer fällt, den Ruf eines Autors zu untergraben. Dafür gebührt ihm Anerkennung. Ich habe das Buch mit Genuss gelesen und bin davon überzeugt, dass auch Sie, liebe Leserinnen und Leser, davon profitieren werden.

München, im Juni 2003

Günter Ogger

1. Out of Credit

Die Aktionäre waren auf das Schlimmste gefasst, und Oswald Grübel enttäuschte sie nicht. Als der Chef des Züricher Finanzriesen Credit Suisse Group im November 2002 die Zahlen des vorangegangenen Quartals präsentierte, musste er einen Megaverlust eingestehen: 2,1 Milliarden Franken Minus – ein Negativrekord in der Geschichte der Schweizer Wirtschaft. Grübel durfte seinen Job dennoch behalten. Der Deutsche hatte seinen Posten erst kurz zuvor angetreten. Der Hauptschuldige an diesem Desaster, Grübels Vorgänger Lukas Mühlemann, musste die Führungsetage räumen. Auf Mühlemanns Konto geht nicht nur die Schieflage bei Credit Suisse. Als Kontrolleur im Verwaltungsrat der SAir Group, zu der neben der Swissair auch der Ferienflieger LTU gehörte, trägt der ehemalige McKinsey-Berater auch einen großen Teil der Verantwortung für eine der größten Pleiten der jüngeren Zeit.

Der Absturz dieses einstigen Managerstars ist mehr als nur ein weiteres Beispiel in der schier endlosen Serie von Skandalen, die die internationale Wirtschaft in den letzten Jahren erschüttert hat. Die Ereignisse bei Credit Suisse und SAir markieren das Ende eines Mythos, der in keinem anderen Land der Welt so lebendig war wie in der Schweiz. Es ist der Mythos von McKinsey & Company als einer, laut Eigenwerbung, »einzigartigen Gemeinschaft von Talenten, in der die besten Köpfe und integersten Persönlichkeiten« zusammenarbeiten. Die Vorgänge in der Schweiz und anderswo lassen den Schluss zu, dass diese Gemeinschaft eher eine Brutstätte für einzigartige Versager ist. Wer genauer hinsieht, muss feststellen, dass McKinsey einen bestimmten Managertyp züchtet. Die Alumni, wie die ehemaligen Berater im Firmenjargon heißen, gehen stets nach demselben Rezept vor: »Fusionieren, Kosten senken via Personalabbau und dann eigene Aktien zurückkaufen«, so Nikolaus Senn, ehemaliger Chef der United Bank of Switzerland. Die vermeintlichen Überflieger aus dem Hause McKinsey hätten so das Eigenkapital der Unternehmen gesenkt und die Rendite künstlich in die Höhe getrieben, kritisiert der Banker. Auch in anderen Fällen machten die Consultants Karriere, hoben ab und verloren schließlich die Kontrolle über die Unternehmen, die man ihnen anvertraut hatte. So richteten sie in kurzer Zeit mehr Schaden an als andere in einem ganzen Leben.

Es geht hier nicht nur um die ehemaligen Berater. Der Fall Mühlemann wirft auch ein schlechtes Licht auf McKinsey selbst, denn die Consultants waren jahrelang für Mühlemann tätig. Sie sollten ihm helfen, die Credit Suisse Group umzugestalten. Es handelte sich dabei um eine jener berüchtigten Langzeitpartnerschaften, die als Transformational Relationship bezeichnet werden. Das US-Wirtschaftsblatt *Wall Street Journal* schreibt, unter den Beratern kursiere folgender Scherz: Eine Transformational Relationship sei eine Partnerschaft, bei der das Geld des Auftraggebers in das Geld der Berater transformiert werde. Der betreffende Artikel erschien bereits 1993. Die Ereignisse bei Credit Suisse zeigen, dass aus dem Witz inzwischen bittere Wahrheit geworden ist.

McKinseys Mythos ist schon oft infrage gestellt worden. Amerikanische Journalisten waren die ersten, die mit Sportsgeist an diese Aufgabe gingen. Das elitäre Gehabe der Mackies, wie man die Berater in den Redaktionen bald nannte, reizte dazu, genüsslich und detailliert über jedes Missgeschick bei McKinsey zu berichten. So machten in den achtziger Jahren die katastrophalen Ergebnisse einer Umstrukturierung beim Autogiganten General Motors und später die gescheiterte Integration der Technologieberatungsfirma Information Consulting Group Schlagzeilen. Intensiv beschäftigten sich die US-Medien auch mit Jeffrey Skilling, der als Leiter von

McKinseys Energy Practice und als späterer Chef des zusammengebrochenen texanischen Energiehändlers Enron eine der größten Pleiten der Wirtschaftsgeschichte maßgeblich mit zu verantworten hat. Doch all diese Vorgänge kratzten lediglich an der Reputation der Firma und brachten sie nicht ernsthaft in Bedrängnis.

Die Amerikaner ließen selbst bei kritischen Berichten stets etwas vom großen Respekt durchblicken, den sie diesen Beratern zollen. Anders ihre englischen Kollegen. Schonungslos drosch die Londoner Presse auf McKinsey ein, als die Consultants den fett und träge gewordenen Staatssender BBC auf Vordermann bringen wollten und sich dabei den einen oder anderen Fehltritt leisteten. Sie verteufelten »die Macht des McKinsey-Mobs« und sprachen von der »McKinsey-Mafia«, als die Berater nicht nur in der Wirtschaft des Vereinigten Königreichs, sondern auch an der Spitze des Staates Furore machten. Selbst die ehrwürdige *Times* stänkert immer wieder. »Twice the advice«, hieß es etwa im März 2003, als die Consultants bei der Westdeutschen Landesbank gewissermaßen doppelt abkassierten. McKinsey hatte den Düsseldorfern vor einigen Jahren zu einer Ausweitung ihres Engagements bei der Investmentbank Panmure Gordon Equities in London geraten und kürzlich deren Rückzug organisiert. Beide Male flossen Millionensummen in die Taschen der Berater.

In Deutschland trugen die meisten Bücher und Artikel, die sich mit McKinsey auseinander setzten, insgesamt eher zur Verklärung als zur Entmythologisierung bei. Selten nur teilte ein deutscher Journalist einen Hieb aus. Attacken wie im Oktober 1992 blieben die Ausnahme. Damals berichtete das Düsseldorfer Magazin *WirtschaftsWoche* über eine peinliche Abfuhr, die sich McKinseys legendärer Deutschland-Chef Herbert Henzler beim Frankfurter Chemieriesen Hoechst geholt hatte. Das Echo auf solche Artikel war kaum zu hören. Auch einem Topconsultant unterlaufen Fehler, hieß es in Kreisen der Wirtschaft. So what. Und wenn ein ehemaliger McKinsey-Mann kläglich als Manager versagte, so wie Jürgen Zech beim Kölner Versicherungskonzern Gerling, dann löste dies bestenfalls ein Achselzucken aus. Dennoch lamentieren die deutschen McKinseys über jede Kritik und beklagen den »Bayern-München-Effekt«: So wie der ewige Tabellenführer in der Fußball-Bundesliga müsse auch Branchenprimus McKinsey immer wieder ungerechtfertigte Schläge einstecken. Dabei ist das Gegenteil der Fall. Die deutschen Medien fassen die Berater mit Samthandschuhen an und dienen zumeist als verlängerter Arm ihrer PR-Leute.

In den Kreisen der Schweizer Wirtschaft genoss die Firma einen hervorragenden Ruf, und die Medien berichteten lange Jahre durchweg positiv über ihre Arbeit. Bisweilen fielen die Artikel sogar überschwänglich aus. Die Schweizer verehrten die Berater fast wie Heilige, und das will bei diesem traditionell eher zurückhaltenden Bergvolk wirklich etwas heißen. Die strebsamen, intelligenten und stets wie aus dem Ei gepellten Consultants passten zu gut zum calvinistischen Geist, der das Alpenland heute noch durchweht. Und die Entscheidungsstrukturen in dieser Firma, die lebendige Diskussionskultur, das Fehlen einer starren Hierarchie, all das gefiel den Eidgenossen vielleicht gerade deswegen so gut, weil sie selbst immer wieder Zweifel plagen, ob die basisdemokratischen Elemente in ihrer Verfassung noch zeitgemäß sind.

In diesem Land, dessen ordnungsliebende Bürger noch den schmalsten Feldweg mit einer sauberen Teerdecke überziehen, war McKinsey erfolgreicher als anderswo, ja, erfolgreicher noch als in Deutschland. Die Büros in Genf und Zürich trugen überdurchschnittlich viel zum Umsatz der weltweiten Organisation bei. Sie seien – bis zum Jahr 2001 – die profitabelsten Einheiten des Unternehmens gewesen, schreibt das Züricher Wirtschaftsmagazin *Bilanz*. »Wahrscheinlich gab es nirgendwo sonst eine Marktdurchdringung von McKinsey wie in der Schweiz«, sagt Medard Meier, der als Chefredakteur von *Bilanz* die eidgenössische Beraterszene genau kennt. Alle Großkonzerne des Landes waren Kunden der Firma. Hinzu kamen viele kleinere Unternehmen, vor allem in den eher mittelständisch geprägten Kantonen im Westen des Landes. Und auch die Spitzen des Staates suchten den Rat der Consultants. »McKinsey steht in der Schweiz unangefochten an erster Stelle«, berichtet die Zeitung *Finanz und Wirtschaft* in einem 1997 erschienenen Bericht über die Beraterbranche.

Diese herausragende Stellung ist das Ergebnis langjähriger Aufbauarbeit. Sie beginnt 1961 in Genf. Fünf Jahre später eröffnen die Berater ihren zweiten Stützpunkt in Zürich. Das Geschäft kommt damals nur langsam voran, was sich an der geringen Mitarbeiterzahl ablesen lässt. 1977 arbeiten in den beiden Büros noch keine 40 Leute. Im selben Jahr tritt der 1950 in Zürich geborene Mühlemann seinen Job als Berater an. Der Wirtschaftsjurist hatte zuvor für den Computerkonzern IBM gearbeitet und ein Postgraduiertenstudium an der Harvard Business School mit einem Mastertitel abgeschlossen. Seine Entscheidung für eine Karriere bei McKinsey erweist sich als echter Glücksgriff. Es ist der passende Job zur richtigen Zeit am richtigen Ort, denn die folgenden Jahre sind eine Zeit stürmischen Wachstums. Bei McKinsey brummt das Geschäft, weil der schweizerischen Wirtschaft der heimische Markt zu eng wird. Die Vorbilder der eidgenössischen Unternehmen sind Konzerne wie der Lebensmittelmulti Nestlé. Die Pioniere haben ihr Auslandsgeschäft über mehrere Jahrzehnte hinweg aufgebaut. Die Nachzügler wollen jetzt das Versäumte innerhalb kürzester Zeit aufholen. Dazu brauchen sie McKinsey. Die Berater sollen sie für den internationalen Wettbewerb fit machen.

Schnell klettert Mühlemann die Karriereleiter nach oben, wird Partner, Director, schließlich Leiter der Schweizer Niederlassung. Und als sich die Konjunktur Anfang der neunziger Jahre abkühlt und die eidgenössische Wirtschaft in eine tiefe Krise gerät, gelingt es ihm, seine Beratertruppe als die Problemlöser schlechthin zu verkaufen. McKinsey liefert den Schweizern die Rezepte zur Bekämpfung aller betriebswirtschaftlichen Leiden, verordnet Kuren gegen hohe Lohnkosten und Therapien gegen schwindende Konkurrenzfähigkeit. So auch im Fall des Papierherstellers Biber. Das Management des Konzerns hatte sich in den fetten achtziger Jahren zu teuren Investitionen hinreißen lassen. Als die Konjunktur lahmt, bricht die Papiernachfrage schnell zusammen. Ein harter Verdrängungswettbewerb setzt ein. Biber wird zum Sanierungsfall. Die Banken rufen McKinsey zu Hilfe. Christian Speiser, einer von Mühlemanns Leuten, soll den Turnaround herbeizaubern. Der damals 40-jährige Consultant wird am 1. Januar 1994 zum Chef des Konzerns berufen. Die Schweizer glauben fest daran, er könne ähnliche Wunder wirken wie McKinsey-Alumnus Hans Widmer, der sich als Sanierer der Unternehmen Schweiter und Tecan einen Namen gemacht hat und nun als Chef des Mischkonzerns Oerlikon-Bührle einen weiteren Problemfall lösen soll. »McKinsey liefert die Retter«, schwärmt *Finanz und Wirtschaft*. Zur gleichen Zeit wechselt eine ganze Reihe von Beratern an die Spitze schweizerischer Konzerne.

Unter ihnen ist Mühlemann. Verwaltungsrat Rainer Gut, laut Züricher *Weltwoche* einer der wichtigsten »Strippenzieher« der eidgenössischen Wirtschaft, lockt ihn zur schwächelnden Schweizerischen Rückversicherungsgesellschaft, der zweitgrößten Rückversicherung der Welt. Als die Personalie bekannt wird, springt der Aktienkurs des Konzerns nach oben. Die Vorfreude der Börsianer ist völlig berechtigt, denn schon kurz nach seinem Wechsel ins Management verkauft Mühlemann sämtliche Erstversicherungstöchter der Rück an die deutsche Allianz und die Schweizer Winterthur. So stärkt er das Kerngeschäft und lässt die Kasse des Konzerns lustig klingeln. Der Aktienkurs klettert weiter steil nach oben. Mit seinen prall gefüllten Taschen setzt Mühlemann zur Expansion an. Er kauft die niederländische Alhermij NV sowie die englische Mercantile & General Re und macht die Rück zum Weltmarktführer unter den Lebens- und Krankenversicherungen. »Ein Mann mit magischer Kraft«, lobt das Londoner Wirtschaftsblatt *Financial Times*. *Bilanz* kürt Mühlemann zum »Aufsteiger des Jahres«.

Die Erfolge, die die ehemaligen Berater an der Spitze Not leidender Schweizer Unternehmen damals feiern, nähren in Wirtschaftskreisen den Glauben an den so genannten V-Effekt. Dieser Effekt hat nichts mit Brechts dramaturgischem Kunstgriff der Verfremdung zu tun, sondern mit dem brutalen Vorgehen der Consultants bei einer Unternehmenssanierung. So wie bei einem V geht es dabei zuerst steil nach unten: »Man muss tief ins Gesunde schneiden«, doziert McKinsey-Alumnus Ernst Thomke in einem Interview mit der *Neuen Zürcher Zeitung* und lässt durchblicken, dass er neben seiner betriebswirtschaftlichen Ausbildung auch noch ein Medizinstudium absolviert hat. Je tiefer der Einschnitt, desto schneller der Prozess der Genesung, sagt der Manager. Oft genug hat der Ex-Chirurg sein Sanierer-Skalpell wüten lassen, hat Tausende von Arbeitsplätzen in der Schweizer Uhrenindustrie, bei Bally, Saurer und anderen Unternehmen amputiert und den Ruf von McKinsey als der Ledernacken-Truppe des Managements gefördert. Nach dem schmerzhaften Einschnitt folge die Phase zwei, so Thomke weiter. Der Sanierer müsse eine Wachstumsvision für das Unternehmen entwickeln, um den Erfolg seines Eingriffs dauerhaft zu sichern. Die einzelnen Schritte bei der Umsetzung einer solchen Vision fallen meist weniger aufregend aus als bei Phase eins. Das Interesse der Öffentlichkeit schwindet. Keiner überprüft, ob der Gesundungsprozess tatsächlich nachhaltig ist, wie Thomke es verspricht.

Zwei Jahre nach Mühlemanns Amtsantritt bei der Schweizerischen Rück ist auch das öffentliche Interesse an diesem Manager erloschen. Das ändert sich im Dezember 1996. Damals trifft sich Rainer Gut, inzwischen Präsident des Verwaltungsrats bei Credit Suisse und damit Chefkontrolleur der Bank, zu einem vertraulichen Gespräch mit Mühlemann. Der Grund: Das Geldhaus schreibt tiefrote Zahlen beim so genannten Retail-Geschäft. Es bietet vergleichsweise wenigen Kunden in zahlreichen Filialen mit vielen Mitarbeitern einen umfassenden Service. Die ebenfalls zahlreiche Konkurrenz hält die Preise am Boden. Jeder siebzigste Eidgenosse verdient damals seine Weggli, sprich Brötchen, bei einer

Bank. Manager wie Mühlemann sprechen in diesem Zusammenhang völlig zurecht vom »Overbanking«.

Gut erzählt seinem Gesprächspartner, dass er einen neuen Chef für Credit Suisse suche. Er fragt den Rück-Sanierer, ob er es sich zutraue, die Verluste zu stoppen. Hierzu bekomme er freie Hand, verspricht Gut. Mühlemann sagt zu. Im Januar 1997 tritt er seinen neuen Job an. Wieder springt der Aktienkurs nach oben. Auch dieses Mal ist die Freude der Investoren berechtigt. Denn der Manager krempelt das gesamte Geschäft der Bank in Windeseile um und macht zahlreiche Filialen dicht. 15 Prozent der Mitarbeiter verlieren ihre Jobs. Schon während dieses Schnellschnitts denkt Mühlemann an die Zukunft des Konzerns. Die Phase zwei des V-Effekts soll spektakulärer ausfallen als bei seinem ersten Meisterstück. Seine Wachstumsvision heißt Allfinanz-Konzern. Thomas Wellauer soll ihm helfen, den Plan in die Tat umzusetzen.

Senkrechtstarter Wellauer, ein promovierter Chemieingenieur mit einem Abschluss in Betriebswirtschaft, kennt Mühlemann seit Jahren, genauer: seit 1986, dem Jahr, in dem sich Wellauer um einen Job bei McKinsey bewirbt. Es ist Mühlemann, der den jungen Universitätsabsolventen einstellt. Und als Mühlemann den Chefposten bei der Schweizerischen Rück antritt, übernimmt Wellauer die Kunden seines Mentors. Im Frühjahr 1997 wechselt Wellauer gleichfalls ins Management. Man bestellt ihn zum Chef des Versicherungsriesen Winterthur. Auch hier überschlägt sich die Presse vor Begeisterung, und der Aktienkurs zieht an. Die Anleger spekulieren darauf, dass der damals erst 42-jährige Consultant den behäbigen und renditeschwachen Konzern, dessen Management sich auf den Lorbeeren einer über 120-jährigen Geschichte ausgeruht hat, auf Vordermann bringt. Doch bevor sich Wellauer an diese Arbeit macht, bereitet er im Verwaltungsrat das Terrain für eine Fusion mit Credit Suisse vor. Der Deal geht im Wege des Aktientauschs über die Bühne. So entsteht einer der größten Finanzdienstleister der Welt und die erste Allfinanz-Gruppe der Schweiz.

Allfinanz ist ein schillernder Begriff. Neben den Banken und Versicherungen haben sich Vermögensverwalter, Kreditkartenorganisationen, ja selbst Warenhäuser dieses Wortes bemächtigt. Im Wesentlichen geht es darum, dem Kunden ein möglichst breites Angebot an Dienstleistungen zur Verfügung zu stellen: Bankprodukte, Versicherungen und fachkundige Beratung – alles möglichst am selben Schalter. Fachleute sprechen in diesem Zusammenhang auch von einer Konvergenz von Banken und Versicherungen. Was Manager wie Mühlemann daran fasziniert, ist die Aussicht, die Wettbewerbsfähigkeit der Credit Suisse zu steigern. Wenn Banker und Versicherungsleute eng zusammenarbeiten und dieselbe technische Plattform, also Computersysteme, nutzen, fallen weniger Kosten an. Die verfügbaren Mittel können konzentrierter eingesetzt werden: bei der Entwicklung raffinierter Dienstleistungen, bei der Erstellung attraktiver Angebote, bei Marketing und Vertrieb. Außerdem können Allfinanz-Anbieter ihre Kunden umfassender beraten. Cross Selling wird möglich, etwa der Verkauf von Versicherungen an Bankkunden. So kommt mehr Geld in die Kasse, jedenfalls in der Theorie.

In der Praxis entstehen oft Probleme, weil Banker und Versicherungsleute unterschiedliche Unternehmens- und Produktphilosophien vertreten, die in langen Jahren gewachsen sind. Zwei Welten treffen aufeinander. Eine Fusion mit den unvermeidlichen organisatorischen, technischen und menschlichen Problemen macht das Ganze noch riskanter. Mühlemann und Wellauer kennen die Gefahren genau. Dennoch schlagen sie diesen Weg ein, und das ist in gewisser Weise verständlich. Denn in den neunziger Jahren findet in der Finanzdienstleistungsindustrie ein gewaltiger Umbruch statt. Das Binnenmarktprogramm der Europäischen Union und die Einführung einer gemeinsamen europäischen Währung verändern die Wettbewerbslandschaft. Grenzen verschwinden, Produkte und Dienstleistungen sind europaweit handelbar. Neue Konkurrenten tauchen auf. Die Schwachen geraten in die Defensive und werden zu Übernahmeopfern. Den Mutigen aber bieten sich enorme Chancen. In einer solchen Situation gilt es für die Unternehmen, Economies of Scale, also Größen- und Breitenvorteile, zu nutzen. Vor diesem Hintergrund erscheinen Fusionen wie bei Credit Suisse plausibel.

Das Konzept geht auch auf. Der Zusammenschluss wird ein großartiger Erfolg – zunächst. Wellauer gelingt es, im Jahr nach der Fusion das Ergebnis in allen Sparten zu steigern. Der Reingewinn beträgt fast 900 Millionen Franken und damit fast ein Drittel mehr als im Vorjahr. Außerdem verkauft der Manager das Rückversicherungsgeschäft sowie die Beteiligung an einem australischen Unternehmen. So wandern weitere 480 Millionen Franken in die Kasse. Auch das Ergebnis im Bankgeschäft kann sich sehen lassen, obwohl sich die Folgen der Russland-Krise bemerkbar machen. Insgesamt weist die Credit Suisse Group einen Gewinn von über drei Milliarden Franken aus. Und es kommt noch besser. Ein Jahr später schnellt das Ergebnis um 70 Prozent auf über fünf Milliarden Franken nach oben. »SuperMann« applaudiert die *Financial Times*. Dem Manager sei es gelungen, innerhalb von zwei Jahren die Profitabilität der Großbank wiederherzustellen und am Erzrivalen United Bank of Switzerland vorbeizuziehen. Niemand stößt sich daran, dass im Zuge der Umbaumaßnahmen zahlreiche gute Mitarbeiter aus den Unternehmen gedrängt werden. Erst Jahre später kritisiert die schweizerische *Sonntagszeitung*, dass an die Stelle der Ausgeschiedenen die »wenig beliebten Berater von McKinsey« nachgerückt seien.

Chefaufseher Gut ist hoch zufrieden. Er zieht sich aus dem Verwaltungsrat zurück und überlässt Mühlemann den Sitz des obersten Kontrolleurs. Der Manager befindet sich jetzt auf dem Gipfel seiner Macht. So liest er den Politikern aller Parteien öffentlich die Leviten, kritisiert die »schweizerische Konkordanz-Demokratie mit eingebautem Kompromiss« und pocht auf tief greifende Reformen. »Shareholdervalue« gehört zu seinen Lieblingsvokabeln. Und das ist nicht das Einzige, was ihn mit dem wegen seiner Gewinnsucht berüchtigten Finanzier Martin Ebner verbindet, der einen großen Teil der Credit-Suisse-Aktien hält. Die beiden Männer haben das gleiche Ziel. Sie wollen die Wirtschaft genauso radikal umbauen wie Mühlemann die Credit Suisse Group. Die Schweiz soll das Musterland des Turbokapitalismus werden. McKinsey soll ihnen dabei helfen.

Die Aussichten, das Ziel zu erreichen, stehen nicht schlecht, denn der Einfluss der Berater in diesem Land ist geradezu unheimlich. Beobachter wie Nikolaus Senn sehen dies mit gemischten Gefühlen und vergleichen die Organisation mit einem Geheimbund. McKinsey sei »eine Beraterloge«, sagt Senn, weil die fein gesponnenen Fäden des Beziehungsgeflechts quer durch die gesamte Wirtschaft verlaufen. In diesem unsichtbaren Netz gedeihe die Vetternwirtschaft: Die Alumni schanzten sich gegenseitig »riesige Saläre« zu, so der Vorwurf des Ex-Bankiers. McKinsey weist solche Behauptungen stets weit von sich.

Tatsache ist, dass die Consultants und ihre Mentoren nahezu allgegenwärtig sind – nicht nur in den Kontrollgremien und im Management der Schweizer Konzerne. Man findet sie auch in allen anderen Zirkeln der Macht. Bestes Beispiel ist die Swiss American Chamber of Commerce. Die Mitgliederliste der Organisation liest sich wie ein *Who is Who* der schweizerischen Großindustrie und Hochfinanz. Mühlemann gehört hier ebenso dazu wie der ehemalige McKinsey-Consultant Peter Wuffli, heute Chef der United Bank of Switzerland. An der Spitze der Handelskammer stand bis vor kurzem noch Thomas Knecht, der Statthalter von McKinsey in Zürich.

Geschickt binden die Berater nicht nur die Wichtigen von heute in ihr Netzwerk ein. Sie öffnen ihre Türen auch für den Nachwuchs reicher oder zumindest einflussreicher Eltern, etwa für Claudia Süßmuth-Dyckerhoff, die als Tochter der deutschen Spitzenpolitikerin Rita Süßmuth und Mitglied einer Wiesbadener

Zementhersteller-Dynastie gleich beide Kriterien in einer Person vereinigt. Auch Dieter Spälti, der Sohn des ehemaligen Winterthur-Chefs und Schweizer Nationalrats Peter Spälti, oder Gratian Anda, Spross des schwerreichen Bührle-Clans, haben bei McKinsey ihren Beraterschliff bekommen. Nirgendwo sonst habe die Firma ein so »machtvolles Netz« weben können, sagt *Bilanz*-Chefredakteur Meier. Dadurch sei es den Consultants gelungen, den »Ball immer schön in den eigenen Reihen« zu halten.

In der Schweizer Wirtschaft läuft nichts ohne die Berater. Schon die Großfusionen in der Chemie und in der Stahlindustrie seien »unter der Obhut von McKinsey« über die Bühne gegangen, berichtet *Finanz und Wirtschaft*. Die Consultants waren auch beim Merger von Credit Suisse und Winterthur involviert, genauso wie zuvor beim Umbau der Schweizerischen Rückversicherung.

Klar, dass McKinsey auch bei der SAir Group zum Zuge kommt. Den Kern dieses Konzerns bildet die Swissair: eine kleine, aber feine Airline. Deren Management versucht krampfhaft, den mächtigen europäischen Konkurrenten wie der Deutschen Lufthansa auf den großen Interkontinentalstrecken Paroli zu bieten. Der enge Heimatmarkt und das schwach frequentierte Drehkreuz des Flughafens Zürich behindern die Schweizer im Wettbewerb. Schon Anfang der neunziger Jahre versucht das Swissair-Management, diesen Nachteil über eine so genannte Allianz auszubügeln. Eine enge Zusammenarbeit mit Austrian Airlines, der skandinavischen SAS und der niederländischen KLM soll die Position der Swissair stärken. McKinsey begleitet die Verhandlungen über dieses Konzept mit dem Namen »Alcazar«. Die Berater halten nicht viel von Alcazar. Das Konzept stammt schließlich nicht aus ihrem Hause. Die Verhandlungen scheitern.

Stattdessen entwickelt der McKinsey-Berater Nils Hagander einige Jahre später die so genannte Hunter-Strategie. Mühlemann sitzt damals bereits im Verwaltungsrat der Airline. Haganders Konzept sieht vor, dass sich die Schweizer mit lediglich 400 Millionen Franken an den europäischen Allianzpartnern der US-Fluggesellschaft Delta Airlines beteiligen. Dadurch soll die Allianz gesichert werden. Hagander empfiehlt dem Management, das Konzept zu korrigieren, falls die Allianz zerbreche oder andere Probleme bei der Umsetzung der Strategie entstünden. Philippe Bruggisser, der Chef der SAir Group, schlägt den Rat in den Wind. Offiziell erwirbt er zwar Minderheitsbeteiligungen. Durch komplizierte rechtliche Konstruktionen sichert er sich jedoch jeweils die Kontrolle. Dadurch steigt das wirtschaftliche Risiko. Der Manager geht höhere finanzielle Verpflichtungen ein. Außerdem kauft er Beteiligungen an Fluggesellschaften, die zur Hunter-Strategie passen wie die Faust aufs Auge. So erwirbt er 1998 für 1,4 Milliarden Franken die Mehrheit an der Chartergesellschaft LTU und zahlreiche weitere Beteiligungen. Eine »wahnwitzig anmutende Einkaufstour«, kommentiert die *Sonntagszeitung* – Jahre später. Der Verwaltungsrat aber gibt Bruggisser stets volle Rückendeckung.

Man braucht nicht viel Fantasie, um sich vorzustellen, warum keiner der Kontrolleure aufmuckt. Die einstige Staatsairline ist für die Schweizer ein Prestigeobjekt, zu dem die eher defensive Hunter-Strategie, bei der die Swissair sozusagen im Schatten ihrer großen Konkurrenten fliegen muss, nicht so recht passt. Für Mühlemann ist der Konzern zudem ein guter Kunde. Credit Suisse finanziert die Expansion. Bruggisser hat darüber hinaus sachliche Argumente für das Abweichen von Haganders Strategie. Er stützt sich auf eine Studie der Münchner Beratungsfirma Roland Berger mit dem Namen *Q-Hub*.

Bergers vermeintliche Luftfahrtexperten haben am grünen Tisch errechnet, dass sich Millionen sparen lassen, wenn man auf eine Integration der Flugrouten innerhalb der SAir Group setzt, also auf eine weitaus engere Zusammenarbeit als bei einer Allianz. Die Strategie klingt gut, erweist sich jedoch in der Praxis als undurchführbar. Die Berater haben einige Details übersehen, etwa die Tatsache, dass die verschiedenen Fluglinien des Konzerns mit unterschiedlichen Flugzeugtypen fliegen. Das macht eine Integration schwierig. Außerdem haben sie sich verrechnet. »Die Studie setzte 25 Prozent höhere Erträge von Umsteigepassagieren voraus, als die Swissair je bekam«, berichtet die *Sonntagszeitung*. Und da Bruggisser fast nur Not leidende Fluglinien erwirbt, steigt der Liquiditätsbedarf sprunghaft an. Hinzu kommen gewaltige Investitionen in neue Flugzeuge, die angeblich helfen sollen, den Preis der Sitzplatzkosten pro Passagier zu senken. »Woher die zusätzlichen Passagiere kommen sollten, war kein Thema«, heißt es in der *Sonntagszeitung*. Ein professionelles Risikomanagement und ein strenges Controlling existieren nicht.

Bald türmt sich ein gigantischer Schuldenberg auf. Ende 2000 habe das Minus bereits 13,6 Milliarden Franken betragen, so ein später erstellter Bericht der Wirtschaftsprüfungsfirma Ernst & Young. Das Management muss die Situation jedoch nicht offen legen, weil nicht alle Beteiligungen im Jahresabschluss konsolidiert aufgeführt werden. Bruggisser spricht von einer »gesunden Finanzlage« des Konzerns. Ein Aktienanalyst bei Credit Suisse, der einen kritischen Kommentar über die SAir Group veröffentlicht, wird gefeuert.

Mühlemann hat keine Zeit, sich mit solchen Details zu beschäftigen. Er vertraut auf die Arbeit seiner Assistenten und schenkt Bruggissers Worten Glauben. Die Hälfte seiner Zeit verbringt Mühlemann im Flieger. Ein Termin jagt den anderen. Gerade eben hat Credit Suisse die amerikanische Investmentbank Donaldson Lufkin & Jenrette geschluckt. Und der permanente Umbau innerhalb der Credit Suisse verschlingt den Rest seiner Energie. Die Allfinanz-Strategie muss schließlich umgesetzt werden. Hierzu legen Mühlemann und Wellauer das Massengeschäft mit den Privatkunden der Bank mit der Versicherung zusammen und schaffen den Finanzdienstleister Credit Suisse Financial Services, kurz CSFS. Dieser Konzern im Konzern soll zur Nummer eins unter den europäischen Finanzdienstleistern ausgebaut werden. Deswegen kaufen die Manager in ganz Europa bei jeder sich bietenden Gelegenheit neue

Unternehmen hinzu, etwa die spanische General de Valores y Cambios. Und sie wollen auch die Nummer eins im E-Business sein. Also investieren sie gigantische Beträge ins Internet und schließen Allianzen mit Technologiekonzernen wie Microsoft. Allein der Aufbau einer elektronischen Plattform für eine neue Generation von Lebensversicherungen verschlingt 300 Millionen Franken.

Jedes dieser Vorhaben erweist sich im Detail als extrem schwierig. Beispiel E-Business: Die verschiedenen Geschäftseinheiten des riesigen Konzerns verfolgen zunächst separate Ansätze. Wellauer will Ordnung schaffen und die gesamten Aktivitäten auf einer einzigen, europaweiten Plattform zusammenfassen. Er verstrickt sich dabei in einem einzigartigen Chaos: zwei Marken, Credit Suisse und Winterthur, sechs Geschäftseinheiten, Hunderte von Produkten und über 40 000 Mitarbeiter. »Könnte die Komplexität der CSFS zum Verhängnis werden?«, fragt vorsichtig ein Mitglied der hauseigenen Pressestelle in einem Interview mit Wellauer. Der Manager wischt die Bedenken beiseite: Komplexität sei nicht gleichzusetzen mit Unübersichtlichkeit. Statt sich intensiver um die Details zu kümmern, drückt er kräftig aufs Gaspedal. »Wir wollen den Rhythmus unserer Innovationen erhöhen«, verkündet Wellauer in dem Interview, das im Juni 2001 erscheint.

Bereits einige Monate zuvor war im Verwaltungsrat der SAir Group durchgesickert, dass der Konzern hohe Verluste schreibt. Bruggisser muss seinen Hut nehmen. Die Kontrolleure suchen fieberhaft nach einem Nachfolger und lassen zwischenzeitlich die Berater von McKinsey und Berger Vorschläge für eine Sanierung erarbeiten. Die Consultants empfehlen den Verkauf aller Tochtergesellschaften, die nicht zum Kerngeschäft gehören, also etwa der Catering-Tochter Gate Gourmet. Schließlich übernimmt der ehemalige Nestlé-Finanzchef Mario Corti die Leitung von SAir. Der Manager lässt sich von den Banken mit weiteren Krediten versorgen und arbeitet sich gemächlich in die Probleme des Luftfahrtgeschäfts ein. Ans Verkaufen von Tochtergesellschaften denkt er noch nicht. Der

Konzern sei in dieser Zeit »wie paralysiert« gewesen, schreibt die *Sonntagszeitung* und verweist darauf, dass unter Cortis Führung »Hunderte von Beratern« ein und aus gingen. Die entsprechenden Ausgaben, sprich Beraterhonorare, klettern von 27 Millionen Franken im Jahre 2000 auf 110 Millionen Franken im Jahre 2001. Die Finanzabteilung sei de facto von der Wirtschaftsprüfungsfirma KPMG geführt worden, so die Zeitung weiter. Noch kurz vor der Insolvenz im Oktober 2001 überweist die SAir Group 28 Millionen Franken an KPMG. Ein paar Tage später räumen Berater und Finanzexperten das Feld. Kein Wunder. Der Konzern ist pleite.

Inzwischen hat sich die Lage an den Finanzmärkten verdüstert. Die Zahl der Börsengänge sinkt. Credit Suisse erleidet herbe Einbußen im Investmentbanking. Jetzt rächt sich die riskante Anlagestrategie, die Wellauer zu verantworten hat. Unter seiner Führung wurden die Gelder der Versicherungskunden aus konservativen Anlagen massiv in Aktien umgeschichtet. Nach dem Abflauen des Börsenbooms muss das Management die Bewertung dieser Papiere kräftig nach unten korrigieren. Das reißt riesige Löcher in die Eigenkapitaldecke der Versicherung. Experten schätzen, dass die so genannte Neubewertungsreserve der Winterthur, die Teil des Eigenkapitals ist, im Jahre 2000 noch 4,6 Milliarden Franken betragen habe. Im ersten Quartal 2002 ist dieser Betrag auf 500 Millionen Franken zusammengeschmolzen. Mühlemann sieht sich gezwungen, mehrmals hohe Millionenbeträge zur Stärkung der Eigenkapitalbasis an die Winterthur zu überweisen.

Die Versicherung rutscht zudem in die roten Zahlen. Sie schließt das erste Quartal 2002 mit einem Verlust in Höhe von 130 Millionen Franken ab. »Der Versicherer ist eben nicht das stabile Standbein, das er sein sollte«, meint ein Beobachter gegenüber einem Reporter der *Financial Times Deutschland*. »Die erwarteten Synergien sind niemals richtig zum Tragen gekommen«, sagen die Analysten, die den Konzern jetzt genauer ins Visier nehmen. Sie stufen die Aktien von Credit Suisse herunter. Der Kurs saust nach unten.

Von allen Seiten fallen nun die Kritiker über das Management her: »Man kann sich die Gemütsverfassung eines Bankkunden vorstellen, der für die Ausbildung seiner Kinder 24 000 Franken in einen Fondssparplan eingezahlt hat und nun feststellt, dass sich der Depotwert bei 14 000 Franken eingepegelt hat«, schreibt die *Zürcher Weltwoche*, die einen Rundbrief an die Kunden der Credit Suisse Group zum Anlass für eine Generalabrechnung nimmt. Unter dem zynischen Titel »Ihr Fonds wird noch attraktiver« habe die Bank ihren Kunden lediglich mitgeteilt, dass ein bürokratischer Leerlauf in der Verwaltung abgeschafft werde. Der anschließende Bericht legt ein deutliches Zeugnis für das Chaos ab, das unter Wellauers Führung in den Reihen des Konzerns entstanden sein muss. Die Zeitung schildert dessen »Reorganisationswut«, berichtet, dass kein Stein mehr auf dem anderen stehe, und kritisiert, dass das Management »vor lauter Neuausrichtung die Kunden sträflich vernachlässigt« habe.

Wellauer versucht, seinen Kopf aus der Schlinge zu ziehen. Um die Höhe der Verluste zu kaschieren, verkauft er Immobilien der Winterthur im Wert von rund einer Milliarde Franken an eine Gesellschaft der Credit Suisse Group. Den Medien bleibt das nicht verborgen. »Der einzige Zweck dieser Übung besteht darin, einen Buchgewinn auszuweisen«, kritisiert die *Sonntagszeitung*. »Asset Shifting« nenne man diese Praxis, die nicht erst seit dem Zusammenbruch von Swissair und Enron verpönt sei. Der entstandene Gewinn sei nicht echt und freue nur den Fiskus, heißt es in dem Bericht weiter. Wellauer muss seinen Hut nehmen. Ein »Bauernopfer«, kommentieren die Medien. Sie ahnen bereits: Auch der Rückzug von Mühlemann ist nur noch eine Frage der Zeit.

Plötzlich erinnert sich die Öffentlichkeit, dass auch andere ehemalige McKinsey-Berater als Manager keine gute Figur abgegeben haben. So etwa Paul Choffat beim Westschweizer Unternehmen Fotolabo, René Ruepp beim Bauzulieferer Forbo und Roland Chlapowski bei der Schweizerischen Rentenanstalt. Die höchsten

Wellen schlägt jedoch der Fall von Christian Speiser, der beim Biber-Konzern als Sanierer scheitert. Der Manager wechselt anschließend als Finanzchef zur Schweizerischen Rückversicherung, also in das Team von Mühlemann. Lange kann er sich dort allerdings nicht halten, denn die Staatsanwälte heften sich an seine Fersen. Man wirft ihm vor, noch kurz vor der Biber-Pleite für die Banken die Kastanien aus dem Feuer geholt zu haben. Die Anklage lautet: Gläubigerbevorzugung, Veruntreuung, Betrug zulasten des Fiskus und der Sozialversicherung. Auch Mühlemann macht Bekanntschaft mit der Justiz. Am 23. Juni 2002 werden bei ihm Dokumente beschlagnahmt, die Aufschluss über den Niedergang der SAir Group geben sollen.

Mit den Consultants von McKinsey gerät die gesamte Beratergilde in Verruf. Schlaue Statistiker in den Redaktionen errechnen, dass die Beraterdichte in der Schweiz weltweit die höchste sei. Auf nur 280 Einwohner komme ein Consultant. Und die Swissair sei nur das »krasseste Beispiel« dafür, wie Verwaltungsräte und Management die Verantwortung auf Externe abwälzten, heißt es. Die Öffentlichkeit diskutiert lebhaft über zahlreiche weitere Fälle dieser Art. Jetzt blicken die Journalisten auch wieder zurück und beschäftigen sich mit den einst gefeierten Sanierern von McKinsey. Dabei stellen sie erstaunt fest, dass auch Thomke beim Schuhhersteller Bally trotz tiefer Einschnitte keinen nachhaltigen Erfolg erzielt hat. Am Schluss sei ihm laut *Sonntagszeitung* nur der »Notverkauf« an die US-Kapitalbeteiligungsgesellschaft Texas Pacific Group gelungen.

Am 3. Juli 2002 erklärt Mühlemann, dass er seinen Posten als Verwaltungsratspräsident der Credit Suisse Group räumen werde. Wenige Wochen später muss er auch die Konzernleitung abgeben. Christian Speiser wird vom Bezirksgericht Zürich zu 18 000 Franken Geldbuße wegen Steuerhinterziehung verurteilt. Der Mythos McKinsey verschwindet in der Versenkung. »Out of Credit«, so der lapidare Kommentar der *Times*.

2. Der spendable Netzwerker von Bonn

Hochspannung herrscht im Oberhausener Gasometer. Unter der stählernen Kuppel des gewaltigen Industriedenkmals zeigen russische Artisten ihr Können. Muskulöse Männer schwingen in schwindelnder Höhe elegant am Trapez. Mit mehrfachem Salto wirbelt einer durch die Luft – und verfehlt die Hände des auf ihn zu fliegenden Fängers. Der Mann stürzt in die Tiefe. Das Publikum zuckt zusammen, schreit. Doch ein über dem Boden gespanntes Netz federt den Fall sanft ab. Die Menge atmet auf. Einer der Zuschauer dreht sich zur Kamera, lächelt ins Objektiv. Der Herr mit den grauen, glatt nach hinten gekämmten Haaren und der randlosen Designerbrille ist Franz Beckenbauer. Deutschlands bekanntester Fußballmanager zieht einen etwas bemühten Vergleich zwischen waghalsiger Akrobatik und schnöden Geldgeschäften. Er rät dazu, in beiden Fällen »nie ohne Netz« zu arbeiten. So wirbt der prominente Bayer für die Bonner Postbank. Den 35-Sekunden-Streifen hat das Geldhaus mit den Kreativen der Düsseldorfer Agentur BBDO entwickelt. Er lief erfolgreich auf fast allen deutschen Fernsehkanälen. Parallel dazu schalteten die Bonner großformatige Anzeigen mit einem Motiv aus dem Spot in 20 großen Tageszeitungen und Magazinen.

Noch vor kurzer Zeit wäre eine solche Kampagne für die Blaue Bank undenkbar gewesen. Das von der Bundesregierung aus dem Postverbund herausgelöste Geldhaus litt unter einem verstaubten Image und hohen Pensionslasten – eine Folge jahrzehntelanger Staatswirtschaft. Daran änderten auch die Berater von Boston Consulting nichts, die sich dort festgesaugt hatten. Die Bank sollte nach dem Willen der Regierung eigentlich 1999 separat an die Börse gehen, wie die Deutsche Telekom. Doch der Konzern war alles andere als reif für den Kapitalmarkt. Hinzu kamen Querelen im Vorstand. Die Herren konnten sich nicht auf eine Strategie einigen.

Die Situation änderte sich erst im Dezember 1998, einige Wochen nachdem Sozialdemokraten und Grüne die konservativ-liberale Regierung unter Helmut Kohl abgelöst hatten. Von dem Machtwechsel profitierte der Chef der Deutschen Post, Klaus Zumwinkel. Der Manager hatte seit Jahren für eine engere Zusammenarbeit zwischen seinem Unternehmen, dem ehemaligen Postdienst, und der Postbank gekämpft. Vergeblich. Bei den Politikern der Regierung Kohl fand der ehemalige McKinsey-Berater kein Gehör. Jetzt aber gelang ihm der Durchbruch. Zumwinkel durfte nicht nur den Anteil der Post an der Postbank aufstocken, sondern sie – für 4,3 Milliarden Mark – vollständig übernehmen. Wenig später rückte der Manager an die Spitze des Postbank-Aufsichtsrats, gleichzeitig setzte er mit dem damals 51-jährigen Wulf von Schimmelmann einen ehemaligen McKinsey-Mann und engen, persönlichen Vertrauten an die Spitze des Geldhauses. Der zuvor amtierende Vorstandsvorsitzende Dieter Boening und ein weiteres Mitglied des Führungsgremiums mussten die Postbank verlassen – mit einer zweistelligen Millionensumme als Abfindung.

Die Umstände des Personalwechsels erregten den Argwohn des *Handelsblatts*. Kritisch beschäftigte sich die Düsseldorfer Wirtschaftszeitung mit der Vergangenheit des neuen Postbankchefs. Sie wies darauf hin, dass von Schimmelmann bei seinen früheren Engagements nicht gerade eine gute Figur abgegeben habe. Nach seinem Ausscheiden bei der Frankfurter BHF-Bank sei er als geschäftsführender Gesellschafter einer kleinen Beteiligungsfirma tätig gewesen und hätte eigentlich keine Chance mehr auf einen derart attraktiven Posten gehabt. Zudem fehle ihm die bei der Postbank nötige Erfahrung im Geschäft mit Privatkunden. Von

Schimmelmann sei lediglich Chef »von Zumwinkels Gnaden«, so das Urteil der Zeitung.

Vorwürfe wie diese sind nicht neu. Schon Herbert Henzler musste sich gegen den Verdacht wehren, McKinseys fein gesponnenes Netzwerk fördere eine firmenspezifische Variante der Vetternwirtschaft und sei ein maßgeblicher Grund für das überdurchschnittlich gute Abschneiden des Beratungshauses im Wettbewerb um lukrative Aufträge. Der Consultant stritt dies immer ab. Das Geschäft mit den ehemaligen Beratern im Management eines Unternehmens sei unerheblich, sagte er. Und wenn einmal ein Auftrag auf diese Weise an McKinsey vergeben werde, seien es gerade die Ehemaligen, die die höchsten Ansprüche stellten.

Nie aber bestritt der Consultant, dass die Tätigkeit bei McKinsey »ein Sprungbrett für die Karriere« sei, wie schon vor Jahren die *Frankfurter Allgemeine Zeitung* schrieb. Im Gegenteil. Henzler war stolz darauf, dass zahlreiche Führungskräfte, die das Beraterhandwerk dort gelernt hatten, an den Schalthebeln großer Industrieunternehmen sitzen. Und es ist ja auch ein Kompliment für eine Firma, wenn sich die Mitarbeiter bei den Kunden so gut bewähren, dass man ihnen einen attraktiven Job anbietet. Zumwinkel selbst ist das beste Beispiel für eine solche Laufbahn. Grete Schickedanz, Chefin des gleichnamigen Fürther Handelskonzerns, warb den Berater 1985 persönlich von McKinsey ab, weil dieser gute Arbeit bei der Sanierung des in die Verlustzone gerutschten Quelle-Versandhauses geleistet hatte. Zumwinkel wurde Vorstand für Sonderaufgaben und Unternehmensentwicklung und kletterte die Karriereleiter nach oben. 1986 stieg er auf zum stellvertretenden Vorstandsvorsitzenden, 1987 trat er die Nachfolge von Grete Schickedanz an der Spitze des Konzerns an.

Der lateinische Begriff »Alumnus« ist nichts McKinsey-Typisches. Jeder Hochschulabsolvent in den Vereinigten Staaten wird so genannt, und Vereinigungen von ehemaligen Studenten gibt es an jeder amerikanischen Universität. Es ist auch ganz normal, dass sich die Alumni gegenseitig unterstützen – kaum anders als die alten Herren einer deutschen Burschenschaft. Diese menschlich-sympathische Sitte haben fast alle großen Beratungsfirmen übernommen.

McKinseys Netzwerk ehemaliger Berater ist dennoch etwas Besonderes. Nicht so sehr wegen seiner Größe: Über 11 000 Alumni sind zwar eine ganze Menge, andere haben da aber viel mehr zu bieten. Nach einem Artikel der *Financial Times* hält die Wirtschaftsprüfungsfirma KPMG allein in Großbritannien Kontakt zu etwa 18 000 ehemaligen Mitarbeitern. McKinseys Alumni bilden indes eine besonders »aktive und einflussreiche Gruppe«, wie es auf der Website der Firma heißt. Viele der Ehemaligen sitzen auf wichtigen Posten – zumeist in Großunternehmen. Außerdem findet man sie in der öffentlichen Verwaltung, in Hochschulen und anderen Organisationen. McKinsey sei eben eine »Fabrik der Vorstandsvorsitzenden«, so das US-Wirtschaftsmagazin *Fortune*.

In den Reihen der Alumni finden sich zahlreiche hervorragende Manager. Bekanntestes und immer wieder zitiertes Beispiel ist Lou Gerstner, der den am Rande der Pleite stehenden Computerriesen IBM in den neunziger Jahren erfolgreich aus der Krise führte. In Deutschland zählen der BMW-Vorstandsvorsitzende Helmut Panke und Opel-Chef Carl-Peter Forster zu McKinseys Vorzeigekandidaten. Wolfgang Bernhard und Barbara Kux haben es fast genauso weit gebracht. Alumnus Bernhard lenkt als Chief Operating Officer das Geschäft der Daimler-Tochter Chrysler, Alumna Kux stand bis vor kurzem an der Spitze von Ford of Europe. Seit Oktober 2002 arbeitet Sie als Chefeinkäuferin und Vorstandsmitglied beim niederländischen Elektronikriesen Philips. Auch in anderen Industrien haben die Consultants Karriere gemacht: Claus Michael Dill leitet das Deutschland-Geschäft beim französischen Versicherer Axa, Klaus Droste, Michael Sautter und Stephan Leitner bekleiden wichtige Positionen im Investment Banking der Deutschen Bank, und an der Spitze der Deutschen Börse AG steht Alumnus Werner Seifert.

Viele McKinsey-Berater sind Unternehmer geworden, so wie Liberty-Media-Chef John Malone, der ein weltumspannendes Imperium aus TV-Kabelnetzfirmen aufgebaut hat. Allerdings sind die wenigsten so erfolgreich wie Malone. Und es gibt jede Menge gescheiterter Unternehmer unter den Alumni. Das gilt vor allem für die Berater, die in den Jahren des Dot-Com-Booms Internet- und Technologieunternehmen gegründet haben. Rund 60 Prozent der Consultants, die in diesen Jahren ihren Dienst bei McKinsey quittierten, gingen in solche Startups. So auch Boris Anderer, der sich als »visionärer Kopf« (*Handelsblatt*) des Stuttgarter Softwarehauses Brokat feiern ließ, solange dessen Aktien am Neuen Markt haussierten. Als sich die Lage am Kapitalmarkt änderte, unterliefen dem promovierten Physiker dieselben Fehler, die viele andere Startup-Unternehmer auch machten. »Größenwahn«, urteilte das *manager magazin*. Brokat musste Insolvenz anmelden.

Der massenhafte Absturz der Jungunternehmer ist umso erstaunlicher, als keiner von ihnen ohne Netz arbeitete. McKinsey förderte diese Selbstständigen von Anfang an. Die Firma bot Rat und Hilfe beim Erstellen der Businesspläne und sorgte dafür, dass die Konzepte bei Gründerwettbewerben prämiert und in den Medien groß herausgestellt wurden. Die Alumni in den Reihen der Kapitalgeber, etwa bei Apax oder Earlybird, erwiesen sich als wertvolle Verbündete im Kampf um die ersten Finanzierungsrunden. Und die zahlreichen Ehemaligen in anderen Startups oder in den Führungsetagen von traditionellen Unternehmen waren gerne bereit, Allianzen mit den Newcomern einzugehen. Zynisch kommentierten kritische Internetforen diese neue Variante des Nepotismus, die es selbst den größten »McKinsey-Luschen« (so die Website Dotcomtod) ermöglichte, ein Unternehmen aufzubauen.

Dagegen erscheint von Schimmelmanns Fall lediglich wie eine isolierte Anekdote, wie eine Randerscheinung in einer ansonsten heilen Wirtschaftswelt.

Nur wenige Monate nach Boenings Ausscheiden erschien ein

Bericht in der Tageszeitung *Die Welt*, wie er immer erst dann auftaucht, wenn ein Unternehmenslenker seinen Posten verlassen hat. Dem Artikel zufolge war bei der Postbank im Jahre 1998, also unter Boenings Führung, ein »Betriebsverlust« in Höhe von 267 Millionen Mark entstanden. Boening selbst hatte noch kurz vor seinem Ausscheiden einen Millionengewinn in Aussicht gestellt. Die »horrenden Verluste« seien lediglich durch Bilanzkosmetik kaschiert worden, so das Berliner Blatt unter Berufung auf interne Papiere, die der Redaktion von nicht genannter Seite zugespielt worden waren. Fazit des Artikels: Das Institut sei ein Sanierungsfall, eine schwere Belastung für den neuen Hauptaktionär Deutsche Post.

Die Verantwortlichen für diese prekäre Situation nannte das Blatt gleichfalls beim Namen, allen voran den von Zumwinkel abgelösten Aufsichtsratschef Hans Friderichs. Der frühere Bundeswirtschaftsminister und ehemalige Dresdner-Bank-Chef habe Boening nicht nur zur Postbank geholt, sondern auch dessen Wirken »von Anfang bis Ende« begleitet. Weiter hieß es: »Mit im Kontrollgremium saßen auch Joachim Henke, Abteilungsleiter des Finanzministeriums, der CDU/CSU-Abgeordnete Paul Laufs, der ehemalige Staatssekretär Dieter van Würzen und Manfred Schüler, Vorstand der Kreditanstalt für Wiederaufbau.« Es waren jene Männer, die Zumwinkels Pläne durchkreuzt hatten. Für sie werde der Fall Postbank noch »ein Nachspiel« haben, prophezeite die *Welt*.

Das Nachspiel fiel aus. Dafür zweifelt heute niemand mehr an von Schimmelmanns Fähigkeiten. Zum ersten Mal in seiner »Karriere mit Hindernissen« (*Handelsblatt*) kann er sich so richtig im Glanz des Erfolgs sonnen. Von Schimmelmann sei es gelungen, den Marktanteil im Privatkundengeschäft kräftig auszubauen und dank höherer Zinseinnahmen »ein Rekordergebnis« zu erzielen, schreibt die *Welt*. Der Gewinn vor Steuern im Jahr 2002 sei um 16 Prozent auf 399 Millionen Euro gestiegen. Die Zeitung krönt ihren Bericht mit der euphorischen Schlagzeile: »Die Postbank wird zur Geldmaschine«.

Nur ein kleiner, aber nicht unbedeutender Makel trübte die Bilanz. Der Direkt-Broker Easytrade werde zurück in den Konzern integriert, so von Schimmelmann über den Flop mit der Internetsparte der Postbank. Ansonsten aber stehen die Zeichen auf Expansion. So bekundete Zumwinkel kürzlich das Interesse, die Nürnberger Norisbank zu übernehmen, holte sich aber einen Korb. Die Tochter der Hypovereinsbank wechselte ins Lager der Genossenschaftsbanken. Deutlich wurde aber: Der in der Öffentlichkeit stets bescheiden auftretende »Kaufmann von Bonn« (*Frankfurter Rundschau*) spielt offensichtlich mehr als nur die gesetzlich vorgeschriebene Rolle eines Kontrolleurs im Aufsichtsrat des Geldhauses. Jedenfalls würde dies gut zum Bild eines machtbewussten und extrem effektiv arbeitenden Managers passen. Es ist genau das Bild, das sich abzeichnet, wenn man einen Blick auf Zumwinkels Lebenslauf wirft.

Als Sohn aus wohlhabendem Hause hätte es der am 15. Dezember 1943 in Rheinberg bei Moers geborene Manager gar nicht nötig zu arbeiten. Sein Vater, der ein kleines Imperium aus zehn Kaufhäusern und einigen Dutzend Discount-Märkten aufgebaut hatte, starb Ende der sechziger Jahre. Damals studierte Zumwinkel noch Betriebswirtschaft an der Universität Münster. Gemeinsam mit seinem Bruder sprang er in die Bresche und übernahm die Leitung der Betriebe. So erwarb er frühzeitig das, was den meisten Consultants fehlt: unternehmerische Erfahrung. 1971 verkaufte er das Unternehmen an den Kölner Handelskonzern Rewe. Dass sein mit der Promotion abgeschlossenes Studium nicht unter diesem Engagement litt, spricht für Zumwinkels Fähigkeit, Aufgaben zu delegieren.

Den entscheidenden Schliff für seine Karriere holte sich der junge Mann an der bekannten Business School Wharton in den USA, wo er einen Mastertitel erwarb. Hier kam er zum ersten Mal in Kontakt mit McKinsey. 1974 trat er in die Firma ein. 1979 wurde er zum Partner, also Teilhaber, 1984 zum Director gewählt. Das erwähnte Engagement an der Spitze der Gustav Schickedanz KG beendete Zumwinkel im Juni 1989 ohne nähere Begründung. Beobachter vermuteten damals, Grete Schickedanz habe ihm zu wenig Spielraum zur Entfaltung seines Talents gelassen. Sein guter Ruf litt jedoch nicht unter dem Vorfall. Im Gegenteil. Schon ein Vierteljahr später hob man ihn auf den Chefsessel bei der Deutschen Bundespost Postdienst.

Kurz zuvor hatte der Bundestag ein Gesetz zur Postreform verabschiedet. Aufgrund dieses Gesetzes wurden die bis dato unter dem Dach des Postministeriums vereinigten Tätigkeitsbereiche Postbank, Postdienst und Telekom in drei selbstständige Unternehmen zerteilt mit dem Ziel, diese zu privatisieren. Sie sollten in Aktiengesellschaften umgewandelt werden und an die Börse gehen. Zuvor allerdings musste die Post saniert werden, denn Brief- und Paketdienst waren hoch defizitär. Der Fall der Berliner Mauer und die Notwendigkeit, die DDR-Post einzugliedern, machten Zumwinkels Aufgabe nicht gerade leichter.

Keine zehn Jahre später hatte der Manager den größten Teil dieser schwierigen Aufgabe gemeistert. Er hatte eine neue dreigliedrige Struktur eingeführt: Briefpost, Frachtpost und Filialen. Moderne Brief- und Paketzentren waren entstanden, in denen die Sortierung der Briefe weitgehend automatisch erfolgte. Den Transport übernahm eine eigene Fahrzeugflotte, weil sich die Beförderung per Bahn als zu langsam erwies. So wurde die Post schneller, aber nicht teurer. Denn Zumwinkel hatte den Rotstift radikal angesetzt. Innerhalb weniger Jahre drückte er die Mitarbeiterzahl von rund 380 000 auf 250 000, wobei er allerdings auf betriebsbedingte Kündigungen verzichtete. Geschickt nutzte der Manager den finanziellen Spielraum, den ihm der Staat durch das Briefmonopol und die Übernahme eines großen Teils der Pensionslasten bot. Betriebsrat und Gewerkschaft zogen mit. Entschlossen dünnte Zumwinkel die Zahl der Filialen aus. 1990 lag diese bei 26 000. Zehn Jahre später waren es nur noch 14 000. So wurde aus einem

Milliardenverluste produzierenden Staatsunternehmen ein profitabler Dienstleistungskonzern. 1998 konnte Zumwinkel dem Finanzminister sogar eine Dividende überweisen.

Für einen Börsengang reichte dies dennoch nicht aus, zumal der Löwenanteil des Gewinns im Bereich des immer noch monopolisierten Briefgeschäfts erzielt wurde. Da das Monopol auslaufen sollte, musste Zumwinkel mehr bieten, um den Konzern für die Anleger attraktiv zu machen. In den Zeiten der Dot-Com-Euphorie war »Fantasie« gefragt. So entwickelte Zumwinkel die Vision vom globalen Logistikkonzern Deutsche Post World Net. Der Name klingt heute, nach dem Abflauen der Internetbegeisterung, schon fast wieder antiquiert. Vom digitalen Geschäft ist – trotz zahlreicher Initiativen wie »E-Vita« – nicht mehr viel geblieben. Dafür trumpfte Zumwinkel auf der Bühne des Big Business umso mehr auf. Für mehrere Milliarden Euro übernahm er zahlreiche Speditions- und Logistikunternehmen in Europa und den USA. Sein wichtigster Coup: der Kauf eines Mehrheitsanteils am US-Luftexpress-Dienstleister DHL. Klotzen, nicht kleckern, hieß es für Zumwinkel auch in Sachen Marketing. Über 50 Millionen Euro kostete allein die Kampagne zur Vorbereitung des Börsengangs, die Ende 2000 startete. Das Klappern zahlte sich aus. Die Emission der Post-Papiere war achtfach überzeichnet. Für dieses knappe Drittel der gesamten Anteile, das damals unter die Anleger gebracht wurde, kassierte der Finanzminister über sechseinhalb Milliarden Euro.

Doch Zumwinkels Erfolg kennt nicht nur Gewinner. »Der kleine Mann trägt wieder mal die volle Last«, sagt Elmar Müller, ehemaliger postpolitischer Sprecher der Unions-Bundestagsfraktion. Beispiel Outsourcing: Immer öfter sind es keine fest angestellten Mitarbeiter mehr, sondern Subunternehmer, die die Leistungen der Post erbringen. Die Externen erhalten weniger Geld als die Stammbelegschaft und müssen dennoch mehr leisten. So soll es demnächst auch beim Paketdienst laufen. Zumwinkel will private Fuhrunternehmer einsetzen, um die Fracht zuzustellen. Dort herrscht bereits jetzt das blanke Chaos: »Die Paketzentren in den Großstädten sind überlastet«, sagt Horst Manner-Romberg von der Hamburger Consultingfirma MRU, die den Missstand untersucht hat. Das hat Folgen: »Immer häufiger bleiben in den Zustellbasen die Frachtsendungen liegen«, meldet die *Welt*. Der Grund dafür liege im »drastischen Personalmangel«.

Das Murren unzufriedener Kunden schwillt allmählich zum Protest an, denn auch an anderer Stelle lässt der Service zu wünschen übrig. So hat die Post im Frühjahr 2003 Zehntausende Briefkästen demontiert und ihre Zahl auf nunmehr rund 100 000 reduziert. Auch die Zahl der Filialen sinkt weiter. Landauf, landab kämpfen Kommunalpolitiker aller Parteien gegen die Auswirkungen dieses rigorosen Sparkurses. Nicht einmal einen Hinweis, wo denn der nächste Briefkasten zu finden sei, halte das Management des Gelben Riesen für nötig, kritisiert Müller. Sein Urteil: »Der Privatkunde spielt offenbar keine Rolle mehr.« Dieser Eindruck wird auch dadurch verstärkt, dass die Post Firmenkunden Rabatte gewährt, während Otto Normalverbraucher das volle Porto entrichten muss. Zumwinkel lässt inzwischen sogar für eine Reihe von Leistungen kassieren, die früher gratis zu haben waren. Ein Nachsendungsantrag kostet heute zum Beispiel mindestens 16 Euro. Und als die Post kürzlich ihren Paketversand auf die Konzerntochter DHL umstellte, bekamen zahlreiche klein- und mittelständische Unternehmer die Folgen zu spüren. Das *manager magazin* berichtete von einem »Porto-Sprung um 40 Prozent«.

Die Bundesregierung ist dennoch hoch zufrieden mit Zumwinkels Arbeit. Für seine Leistungen erhielt der Manager das Bundesverdienstkreuz. Unlängst fragte man auch bei ihm an, ob er nicht geneigt sei, ein weiteres Sorgenkind des Finanzministers aufzupäppeln: die Deutsche Telekom. Kurz zuvor musste Ron Sommer, Chef des hoch verschuldeten Konzerns, vorzeitig das Kommando abgeben. Zumwinkel lehnte ab, den Telekom-Retter zu spielen. Erst nachdem Kai-Uwe Ricke zum Nachfolger Sommers bestellt worden war und man einen neuen Aufsichtsratschef suchte, ergriff der Umworbene die Chance und sagte zu.

Mit der Bestellung zum Chef des Kontrollgremiums der Telekom rückte Zumwinkel endgültig auf in den exklusiven Club von Deutschlands mächtigsten Männern. Er ist Chef von rund 330 000 Postmitarbeitern und kontrolliert neben den Geschäften der Deutschen Telekom auch das Management der Deutschen Lufthansa. Zumwinkel sitzt im Aufsichtsrat des Versicherungsriesen Allianz und der Tchibo-Holding, zu der auch der Nivea-Hersteller Beiersdorf gehört. Und natürlich beaufsichtigt er zahlreiche weitere Unternehmen im In- und Ausland, die zu seinem Konzern gehören. Sich selbst aber will er nicht kontrollieren lassen.

Da ist zum einen die Tatsache, dass sich Zumwinkel unlängst weigerte, sein Gehalt offen zu legen. Nicht gerade ein Vorbild, vor allem nicht, wenn man bedenkt, dass die Post immer noch mehrheitlich dem Staat und damit dem Steuerzahler gehört. Selbst private Unternehmen zeigen da mehr Transparenz. So hat eine ganze Reihe prominenter Konzernlenker, allen voran Deutsche-Bank-Chef Josef Ackermann, unlängst die Karten auf den Tisch gelegt. Zumwinkel dagegen fürchtet offenbar die öffentliche Diskussion um die Höhe seines Gehalts. Noch weitaus ärgerlicher ist die Dreistigkeit, mit der dieser Manager seine ehemaligen Kollegen fördert. Zumwinkel scheint den Staatskonzern als Selbstbedienungsladen zu betrachten und hat nicht nur von Schimmelmann auf einen lukrativen Posten gehievt, sondern auch zahlreiche weitere Alumni. Diese sitzen im Vorstand der Deutschen Post World Net sowie in den Tochterunternehmen des Konzerns.

Ein ungutes Gefühl beschleicht den Beobachter ebenso bei zahlreichen Geschäftsvorgängen. Der Werbeetat der Postbank wurde zum Beispiel an die BBDO vergeben, zu der McKinsey gute Beziehungen pflegt. Und der Hauptdarsteller in dem eingangs geschilderten Spot, Franz Beckenbauer, ist ein enger Freund von Henzler und Zumwinkel. Auch Beckenbauers Sohn Thomas hat für McKinsey gearbeitet. Angesichts solcher Zusammenhänge muss man sich nicht wundern, wenn weitere Gerüchte ins Kraut schießen.

In Unternehmen der Privatwirtschaft regt sich mittlerweile Widerstand gegen solche Praktiken. Die Zeitschrift *Unternehmensberater* berichtet von einem Vorfall auf einer »hochkarätigen Tagung von Bankvorständen und Verbandsfunktionären«, wo die Manager sich sehr kritisch mit der Vergabe von Aufträgen an jene Consultants beschäftigt hätten. Man erlebe »immer das Gleiche«, heißt es in dem Blatt. »Über private Beziehungen oder auf Wegen, die man nicht nachvollziehen kann, kommt McKinsey ins Spiel, obwohl Übereinstimmung bestand, dass diesmal ein anderes Beratungsunternehmen zum Zuge kommen soll.« Dann folge der Auftritt eines McKinsey-Beraters, der in »hervorragender Rhetorik« das Akquisitionsgespräch führe. Die glanzvolle Präsentation stehe im Widerspruch zu den eher ernüchternden Erfahrungen mit der Arbeit der Berater, und der Auftrag gehe lediglich deswegen an die Firma, »weil sich plötzlich einer im Gremium für McKinsey unheimlich stark macht«.

Bei der Deutschen Post muss sich niemand für McKinsey stark machen. Der Konzern befindet sich längst fest in der Hand der Berater. Laut einem Bericht des *manager magazins* ist die Post zum größten Kunden von McKinsey in Deutschland geworden. In der Zeit von 1999 bis zum November 2001 hätten die Berater 347 000 Stunden Arbeit abgerechnet, so das Magazin. Eine Beraterstunde kostet dem Bericht zufolge im Schnitt 300 Euro. Also hat Zumwinkel in dieser relativ kurzen Zeit über 104 Millionen Euro an seine Ex-Kollegen überwiesen. Kein Wunder, dass Jürgen Kluge den Postchef lobt: »Auf Klaus Zumwinkel sind wir besonders stolz«, sagt der Consultant.

3. Marvins Erbe

Marvin Bower war ein rechtschaffener und strebsamer Mann. Der 1903 in der Stadt Cincinnati im US-Bundesstaat Ohio geborene und in Cleveland aufgewachsene Sohn eines unbedeutenden Richters war ein typischer Vertreter der weißen, amerikanischen Mittelschicht. Er hielt viel von Sauberkeit und Ordnung, Pünktlichkeit und Zuverlässigkeit. Dazu gehörte auch ein geordnetes Privatleben, bei dem seine Frau Helen McLaughlin, die er bereits an der High School kennen gelernt hatte, im Hintergrund blieb. Sie arbeitete als Lehrerin, um ihrem Mann das Studium zu ermöglichen. Später kümmerte sie sich um die Familie mit ihren drei Söhnen. Im Vordergrund stand stets Marvin Bowers Karriere. Nach Abschluss seiner Ausbildung an der Harvard Law School, der juristischen Fakultät dieser renommierten Universität an der amerikanischen Ostküste, wollte sich der junge Jurist eigentlich bei einer bekannten Anwaltskanzlei in Cleveland bewerben. Weil er jedoch befürchtete, dass seine Noten nicht gut genug seien, hängte er noch ein Wirtschaftsstudium an seinen Jura-Abschluss. Die Mühe zahlte sich aus: 1930 bekam Bower seinen Traumjob in der Sozietät Jones Day Reavis & Pogue. Schnell merkte er jedoch, dass ihm das Bohren dicker juristischer Bretter auf die Dauer zu langweilig wurde. Die Probleme der Unternehmen, die infolge der Weltwirtschaftskrise zusammengebrochen waren, fesselten ihn weitaus mehr. Die meisten Management Consultants arbeiteten damals in Banken oder Wirtschaftsprüfungsfirmen. Den Banken aber war es seit kurzem untersagt, bankfremde Geschäfte zu betreiben. Sie zogen sich daher aus dem Consulting zurück. Bower war einer der Ersten, der hier eine Geschäftschance witterte. »Ich sah das Bedürfnis für eine Dienstleistungsfirma, die unabhängigen Rat bei Managementproblemen erteilen kann – so wie Jones Day in Rechtsfragen«, sagte er später einmal.

Bereits 1933 bekam er die Gelegenheit zu einer solchen Tätigkeit, als er mit James O. McKinsey zusammentraf. Der ehemalige Universitätsprofessor hatte 1926 ein Unternehmen in Chicago gegründet, in dem er mit einer kleinen Gruppe von Ingenieuren und Wirtschaftsprüfern zusammenarbeitete. Ihre Tätigkeit nannte sich nicht Consulting, sondern Management Engineering. Hoch angesehen war dieses Geschäft nicht gerade: Es ging in erster Linie um die Gestaltung effizienter Arbeitsabläufe in lärmenden, schmutzigen Fabrikhallen, wie sie beispielsweise beim Fleischverarbeiter Armour & Co., McKinseys erstem Kunden, zu finden waren. Vermutlich dachten die meisten Zeitgenossen, dass das nicht die richtige Umgebung für Leute sei, die »es zu etwas bringen wollten«. Freunde und Bekannte hielten den jungen Anwalt jedenfalls für verrückt, weil er seine Stellung in einer angesehenen Sozietät aufgeben wollte, um für den damals nahezu unbekannten McKinsey zu arbeiten.

Bower ließ sich davon nicht irritieren. Er erzählte McKinsey von seiner Idee, die Topmanager großer Konzerne in Fragen der strategischen Unternehmensführung zu beraten. Der Mann war beeindruckt und bot dem Anwalt einen Job in der New Yorker Filiale seines Unternehmens an, das sich damals noch James O. McKinsey & Co. nannte. Bower sollte dort das Management Engineering in die von ihm angedachte Richtung weiterentwickeln. Als McKinsey jedoch 1937 starb, fehlte Bower die Rückendeckung seines Mentors. Er zerstritt sich mit Andrew Thomas Kearney, dem Nachfolger McKinseys an der Spitze des Unternehmens. Die Firma zerbrach und Kearney gründete sein eigenes Unternehmen. Die Firma A.T. Kearney existiert heute noch, wenngleich nicht mehr als eigenständiges Beratungsunternehmen, sondern als Tochtergesellschaft des im texanischen Plano ansässigen Elektronik-Dienstleisters EDS.

Bower aber scharte einige seiner New Yorker Kollegen um sich und gründete 1939 das Unternehmen McKinsey & Company. Den Namen wählte er nicht etwa aus Bescheidenheit. Bower war durchaus selbstbewusst, wie er später immer wieder unter Beweis stellte. Der Grund war schlicht, dass er bei McKinsey gesehen hatte, wie lästig es sein kann, wenn Klienten darauf bestehen, vom Namensgeber einer Sozietät beraten zu werden. Statt sich mit seinem Namen auf dem Firmenschild zu verewigen, prägte er die Kultur des von ihm gegründeten Unternehmens durch seine spartanischen Tugenden. Dazu gehörte zum Beispiel, dass er sein ganzes Arbeitsleben lang am Morgen eines jeden Werktags pünktlich um 7:32 Uhr mit dem Pendlerzug von dem New Yorker Vorort Bronxville, wo er wohnte, in sein Büro im Stadtteil Manhattan fuhr.

Wie amerikanische Medien übereinstimmend berichten, legte Bower viel Wert auf ein seriöses Äußeres. Dazu gehörten ein gut sitzender dunkler Anzug, ein weißes Hemd, Krawatte und Hut. So sah man ihn selbst Tag für Tag zur Arbeit kommen, und genau so sollten sich auch seine Mitarbeiter kleiden. Sogar die Länge der – selbstverständlich dunklen – Socken schrieb er vor: Die Waden mussten bedeckt sein. Für diesen strengen Dresscode gab es allerdings sachliche Gründe. Zum einen war dieses Outfit bis in die sechziger Jahre des vergangenen Jahrhunderts in der amerikanischen Geschäftswelt üblich. Wichtiger noch war aber die Tatsache, dass Bower ab den fünfziger Jahren seinen Beraternachwuchs von den Business Schools rekrutierte, also direkt von den Wirtschaftsfakultäten der amerikanischen Hochschulen. Die jungen Absolventen, so seine Befürchtung, würden von einem Konzernvorstand nicht ernst genommen, wenn sie sich nicht penibel und seriös kleideten.

Dass Bower nicht auf praxiserfahrene Kräfte setzte, sondern bevorzugt Universitätsabgänger einstellte, hatte gute Gründe: »Wir brauchten Intelligenz in der Firma, weil sich Consulting immer mehr zu einem denkintensiven Prozess entwickelte«, so Bower laut einem Bericht der britischen Zeitung *The Times*. Die Rekrutierungspolitik war vermutlich aber auch eine Reaktion auf seine negativen Erfahrungen mit der Mannschaft des widerborstigen Kearney in den ersten Jahren seiner Tätigkeit für McKinsey. Und sicher hatte Bower auch erkannt, dass er junge Leute leichter auf seine rigide Firmenkultur einschwören konnte als gestandene Manager.

Bower bestand darauf, dass die Tätigkeit, mit der er sein Geld verdiente, kein »Business« sei, also kein Geschäft wie viele andere. Consulting sei eine »Profession« – ein seriöser Beruf, ganz so wie der eines Rechtsanwalts. (Vor dem Zweiten Weltkrieg waren die amerikanischen Anwälte noch nicht als »Fee Hunter« verschrien – als geldgierige Honorarjäger, die mit Schadensforderungen in Milliardenhöhe ganze Konzerne zum Einsturz bringen können.) Immer wieder betonte Bower, seine Kunden seien keine Kunden, sondern Klienten. Und ganz in diesem Sinne formulierte er zahlreiche Regeln, nach denen sich seine Mitarbeiter verhalten sollten. Das erste Gebot hieß »Client first«: Die Interessen seines eigenen Unternehmens und seiner Mitarbeiter müssten stets hinter denen des Klienten zurücktreten. Zweites Gebot »Best Practice«: Nur Arbeit, die den höchsten Anforderungen gerecht wurde, war ihm gut genug. Dies führte zu einem enormen Leistungsdruck in seiner Firma. Consultants, die sich nicht durch exzellente Arbeit auszeichneten und dadurch für höhere Aufgaben qualifizierten, mussten das Unternehmen verlassen. »Up or out« nannte Bower dieses Gesetz.

All dies brachte es mit sich, dass die Consultants oft bis in die Nacht hinein arbeiteten. Bower habe sich deswegen vor jeder Einstellung genau nach dem Privatleben seiner Mitarbeiter erkundigt, erinnert sich Anne Griffiths, Ehefrau eines Londoner Consultants, der 1963 zu McKinsey gestoßen war. »Hinter jedem guten McKinsey-Mann steckt eine gute McKinsey-Frau«, soll Bower laut Griffiths gesagt haben. Sicher ist: Er wusste genau, dass sich die bisweilen extreme Arbeitsbelastung negativ auf die Familien seiner Mitarbeiter auswirken konnte. Auch in dieser Hinsicht glich Bowers Unternehmen einer amerikanischen Anwaltskanzlei, wo oft bis zum Umfallen geschuftet wird. Kein Wunder, dass Bowers Unternehmen bald ehrfurchtsvoll als »The Firm« bezeichnet wurde – in Anlehnung an die in den USA übliche Bezeichnung für eine Anwaltssozietät. Die Consultants von McKinsey & Company waren stolz darauf. Dies änderte sich erst, als der amerikanische Bestsellerautor John Grisham einen Thriller über die mafiösen Machenschaften einer Anwaltskanzlei schrieb und diesem Buch just den Titel *The Firm* gab.

McKinsey, so hieß es früher, sei der »Gold Standard« des Management Consulting – der Maßstab, an dem sich alle anderen Consultants orientieren. In jedem Fall sollte die hohe Qualität der Arbeit firmenweit und in jeder Niederlassung von McKinsey garantiert sein – ganz so wie bei einem Markenartikel. »One Firm« nannte Bower dieses Gebot. Dazu gehörte auch, dass langfristig geplant und in das Unternehmen investiert wurde, sodass beispielsweise neu eröffnete Büros die gleiche Qualität der Arbeit liefern konnten wie die New Yorker Zentrale. Und zum hohen Qualitätsanspruch gehörte auch, dass Bower nicht jeden Auftrag annahm. Er konnte es sich bald leisten, die Arbeit für kleine, weniger prestigeträchtige Klienten abzulehnen.

Dieses ausgeprägte Selbstbewusstsein legte Bower auch gegenüber einflussreichen Topmanagern an den Tag. Dazu passt eine Anekdote, die Bowers bisweilen schonungslose Offenheit illustriert. Er habe dem Chef eines großen Unternehmens ins Gesicht gesagt, dass er nicht viel von ihm halte: »Das wirkliche Problem in diesem Unternehmen sind Sie selbst«, so das Zitat, das Bower zugesprochen wird. Dass der Klient daraufhin die Zusammenarbeit abgebrochen habe, sei ihm gleichgültig gewesen. Einen ähnlichen Vorfall schildert *The Times*. Dem Bericht zufolge hatte Bower sich geweigert, im Auftrag der US-Regierung einen Rettungsplan für den krisengeschüttelten Konzern American Motors zu erarbeiten. Seine Begründung: Das Management habe nicht genug Engagement gezeigt.

Zukäufe oder gar Fusionen mit anderen Consultingunternehmen lehnte Bower ab. Auch am Prinzip der Partnerschaft hielt er fest, obwohl er dem Unternehmen später die Rechtsform einer Aktiengesellschaft gab. Und wer ihn darauf ansprach und fragte, ob er sich nicht vorstellen könne, dass sein Unternehmen an die Börse ginge, erhielt lediglich eine rhetorische Frage als Antwort: »Geht der Vatikan an die Börse?« Die Konsequenz war, dass McKinsey kontinuierlich wuchs – aber keineswegs so schnell, wie die Firma eigentlich hätte wachsen können.

1967 gab Bower seinen Posten als Managing Director von McKinsey auf. Er arbeitete allerdings noch bis 1993 für das Unternehmen. Dann zog er sich auf seinen Altersruhesitz im US-Bundesstaat Florida zurück, wo er am 22. Januar 2003 im Alter von 99 Jahren starb. Die stürmische Expansion von McKinsey in den neunziger Jahren dürfte der gesundheitlich angeschlagene »Hohepriester des Management Consulting« (das US-Wirtschaftsmagazin *Business Week* über Bower) nicht mehr mit voller Aufmerksamkeit verfolgt haben. Den Inder Rajat Kumar Gupta, der 1994 zum Managing Director gewählt wurde, hat er allerdings noch persönlich kennen gelernt.

Guptas Wahl hatte Symbolcharakter. Der steile Aufstieg des 1948 in Kalkutta geborenen und in Delhi aufgewachsenen Weltbürgers an die Spitze von McKinsey passte sehr gut zur Globalisierungseuphorie der frühen neunziger Jahre und spiegelte den gewachsenen Einfluss nichtamerikanischer Partner bei McKinsey wider. Gupta orientierte sich in vielem an dem Vorbild Bowers. So hielt er beispielsweise am Prinzip der Partnerschaft fest, obwohl er – verschiedenen Medienberichten zufolge – intern bedrängt wurde, McKinsey an die Börse zu bringen. Anders als Bower setzte Gupta aber auf eine rasche Expansion und pflegte einen vergleichsweise lockeren Führungsstil. Er ließ seinen Rivalen, insbesondere den amerikanischen und europäischen Partnern mit ihrem ausgeprägten Ego, einen weiten Spielraum zur Entfaltung ihrer Aktivitäten. Rückblickend könnte man fast den Eindruck gewinnen, als hätten sich die McKinsey-Direktoren, also die wahlberechtigten leitenden Mitarbeiter, aus ähnlichen Motiven heraus für Gupta als Chef entschieden, wie einst die deutschen Kurfürsten für einen schwachen Kaiser: So konnten sie ungehindert ihren Geschäften nachgehen.

Kollegen und Beobachter beschrieben Gupta stets als einen zurückhaltenden Menschen. Er sage zwar wenig, könne dafür aber umso besser zuhören, hieß es. Zu seinen positiven Eigenschaften gehört sicher auch eine Portion Selbstkritik. »Er sei ein großer Zauderer«, gestand Gupta einem indischen Journalisten. Mehr noch: Er habe die Tendenz, die Dinge treiben zu lassen. Andererseits kokettierte er mit dieser Eigenschaft: »Neun von zehn Problemen lösen sich selbst, wenn man abwartet.« Nur das zehnte Problem müsse man wirklich anpacken, so der ehemalige McKinsey-Chef.

Vermutlich war es diese eher introvertierte Art, weswegen er bei McKinsey im ersten Anlauf abblitzte. Die Consultants wollten ihm, dem hervorragend qualifizierten Absolventen des Indian Institute of Technology und der Harvard Business School, keinen Job geben. Er habe zu wenig Erfahrung für die Tätigkeit eines Consultants, so die offizielle Begründung für seine Ablehnung. Erst eine Intervention von Walter Salmon, Guptas Lehrer in Harvard, führte zu seiner Einstellung im Jahre 1973. Dass das keine Fehlentscheidung war, stellte der junge Inder bald unter Beweis. Er kletterte flink die firmeninterne Karriereleiter hinauf, wurde zum Partner befördert und in die dänische Hauptstadt Kopenhagen entsandt. 1983 schied der Chef der dortigen Niederlassung plötzlich aus, und Gupta übernahm die Leitung der Geschäfte. Berichten zufolge soll das skandinavische Büro, zu dem heute auch Oslo und Stockholm gehören, damals lediglich 25 Berater beschäftigt haben. Drei Jahre später war ihre Zahl auf 100 gestiegen.

Nach der Wahl Guptas zum Chef der weltweiten Organisation im Jahre 1994 entwickelte sich ganz McKinsey in diesem Stil. Die für Personalfragen verantwortlichen Consultants stellten scharenweise neue Mitarbeiter ein. Die aber blieben nicht lange: Fast alle Absolventen von Business Schools und anderen Elite-Universitäten, an denen McKinsey traditionellerweise seine »Rookies«, also den Nachwuchs, rekrutiert, träumten damals vom schnellen Reichtum in der New Economy. Ihre Vorbilder waren die Gründer von Internetunternehmen wie Amazon, eBay oder Yahoo, deren Aktien an der Börse zu sagenhaften Preisen gehandelt wurden. Die Folge für das Unternehmen: Die jungen Consultants wollten nicht mehr die langjährige und mühselige Ochsentour absolvieren, an deren Ende die Aufnahme in den Kreis der Partner winkte. Sie verließen McKinsey wieder, kurz nachdem man sie eingestellt hatte.

Die Consultingfirma wurde zu einer Art Durchlauferhitzer für Karrieren in der Internet-Wirtschaft. In San Francisco verließ 1999 ein Drittel der 150 Consultants das Unternehmen. So jedenfalls die Zahl, die *Business Week* nennt. »Sie wollten sich ihren Teil von der Internet-Blase holen«, so Larry Mendonca, Leiter des McKinsey-Büros in San Francisco. Das gleiche Bild bot sich im benachbarten Silicon Valley. McKinseys Büro in jener High-Tech-Region galt nur noch als »Launch Pad«, als Abschussbasis für einen möglichst schnellen Start in die Selbstständigkeit.

Auch in Europa war dieser »Brain Drain«, jener durch die Internet-Euphorie ausgelöste Sog, der die jungen Consultants zu Tausenden mit sich riss, zu spüren. So gestand beispielsweise der Chef der deutschen McKinsey-Niederlassung, Jürgen Kluge, gegenüber der *Frankfurter Allgemeinen Zeitung*, dass 60 Prozent der ausscheidenden Consultants in Unternehmen der New Economy wechselten. »Die Beraterbranche verliert ihre Gehirne«, kommentierte die französische Tageszeitung *Le Monde* den Exodus.

Und es waren nicht nur die Jungen, die McKinsey den Rücken kehrten: Selbst einige Partner und Direktoren, also Consultants, die in der Firmenhierarchie ganz oben standen, ergriff das Internet-Fieber. Immer wieder waren es ausgerechnet Berater mit dem dringend benötigten technischen Sachverstand, welche die Firma verließen. Hinzu kam der ständige Aderlass unter den Projektleitern, den so genannten Engagement Managern, welche die Hauptlast der täglichen Arbeit tragen. »Es wird immer schwerer, die Leute zu halten«, klagte schließlich Gupta gegenüber dem US-Wirtschaftsblatt *Wall Street Journal*. Und: »Wir müssen ein neues Gleichgewicht finden«, so der McKinsey-Chef.

Wie gelähmt sah Gupta seinen Consultants zu, wie sie das aus dem Gleichgewicht geratene Unternehmen verließen. Dabei hatte er doch eigentlich den Sachverstand für die Lösung dieses Problems an Bord: 1997 veröffentlichten die Consultants Ed Michaels, Helen Handfield-Jones und Beth Axelrod ein viel beachtetes Buch mit dem Titel *War for Talent*, frei übersetzt: Kampf ums Spitzenpersonal. Die Autoren stellten fest, dass die Nachfrage nach qualifizierten und talentierten Kräften deutlich zunehmen werde, das Angebot hingegen sinke. Sie betonten die strategische Bedeutung dieses Problems und wiesen darauf hin, wie wichtig eine systematische Personalentwicklung für das Überleben jedes Unternehmens sei. Um diese Consultants herum entstand sogar eine eigene Abteilung, die den zahlenden Kunden bei der Bewältigung dieser Probleme helfen sollte: die »War for Talent Practice«. Die Leistungen dieser Beratertruppe fanden durchaus Anklang in den Topetagen der Konzerne. Doch die Propheten stießen offensichtlich bei der eigenen Führungsriege auf taube Ohren. Jedenfalls ließen Guptas Maßnahmen gegen die Abwanderung der eigenen Leistungsträger noch einige Zeit auf sich warten.

Ein Grund für das Zaudern war vermutlich, dass sich die Partner nicht einig waren, in welche Richtung sie marschieren und auf welche Art sie weiter expandieren sollten. Eine Anekdote macht das

Dilemma deutlich: Kevin Roberts, Chef der bekannten Werbeagentur Saatchi & Saatchi, berichtete in der Londoner Zeitung *Financial Times* über seinen Versuch, mit McKinsey zu fusionieren. Die Idee sei bei den Partnern, mit denen er gesprochen hatte, gut angekommen. Der Rest der McKinsey-Mannschaft habe sich jedoch nicht einigen können, so Roberts. Stattdessen kauften die Consultants eine kleinere amerikanische Branding-Agentur, also einen Spezialisten für die strategischen Fragen rund um die Marken eines Unternehmens. Kein Wunder: Die Integration einer kleinen Firma wirft nicht so viele Probleme auf wie die Fusion mit einem weltumspannenden Werbekonzern von der Größe von Saatchi & Saatchi. Schließlich hatte McKinsey erst 1990 mit einer Übernahme eines kleineren Unternehmens Schiffbruch erlitten. Die Integration der Information Consulting Group, mit der McKinsey sein Defizit bei der Technologieberatung ausgleichen wollte, scheiterte an den unterschiedlichen Firmenkulturen.

Der Hauptgrund für die Untätigkeit Guptas lag aber anderswo. Trotz des extremen Aderlasses gelang es dem McKinsey-Chef, die Expansion des Unternehmens in geradezu atemberaubendem Tempo voranzutreiben. Dies allerdings weniger in den Vereinigten Staaten, sondern hauptsächlich in den so genannten Schwellenländern Asiens und im sich öffnenden Osteuropa. Hier war McKinsey zuvor nicht oder nur schwach vertreten. Und: Hier gab es so gut wie keine Konkurrenz durch Unternehmen der New Economy, die gute Mitarbeiter hätten abwerten können. So öffnete McKinsey auch zwei neue Büros in Indien, in Neu Delhi und Bombay. Hier lässt sich das Wachstumstempo besonders gut verfolgen: Anfang der neunziger Jahre war McKinsey auf dem asiatischen Subkontinent mit lediglich sechs Partnern, angeführt von Tino Anand, und einer Hand voll Beratern vertreten. 1998 waren es bereits 100 Consultants, die namhafte Kunden, darunter ICI India, RPG Enterprises und die Bank of India, berieten.

Das weltweite Wachstum liest sich in Zahlen ausgedrückt so:

Vor Guptas Amtsantritt gab es lediglich 58 McKinsey-Büros in 24 Ländern rund um den Globus. Im Jahr 2002 waren es bereits 84 Büros in 44 Ländern. Die Zahl der Consultants lag 1994 bei etwa 3 000. 2002 waren es über 7 000. Der Honorarumsatz betrug 1993 rund 1,2 Milliarden US-Dollar, 2002 lag der der Umsatz bei 3,4 Milliarden US-Dollar. So jedenfalls die Zahlen, die das US-Wirtschaftsmagazin *Business Week* im Februar 2003 veröffentlicht hat. McKinsey selbst veröffentlicht keine Umsatzdaten. Deswegen schwanken die Zahlenangaben je nach Quelle. Sicher ist zumindest, dass unter der Führung Guptas McKinsey schneller wuchs als jemals zuvor. Kein Wunder also, dass der Inder zwei Mal wiedergewählt wurde und somit die nach den Statuten der Firma maximale Amtszeit absolvieren konnte.

Die stürmische Expansion dürfte jedoch keineswegs immer profitabel gewesen sein. Das zeigt unter anderem auch das Beispiel Indien. Trotz namhafter Kunden warf das Geschäft zumindest anfangs keinen Gewinn ab. »Wir wollen hier in den nächsten 20 bis 30 Jahren investieren«, so Gupta 1998 gegenüber der indischen Presse. Die Consultingfirma habe das in vielen Ländern so gemacht. »Manche Aktivitäten von McKinsey waren 20 Jahre lang Verlustbringer, aber wir glauben daran, auf lange Sicht Werte aufbauen zu müssen«, so der Consultant.

Wie es um die Qualität der Arbeit stand, ist eine andere Frage. So zitiert das *Wall Street Journal* im Mai 2002 aus einem internen McKinsey-Papier *(Coolkat-Report).* Darin gesteht McKinsey Schwächen beim Research ein, also jener Abteilung, welche die Consultants mit Wirtschaftsdaten und sonstigen Informationen versorgen soll. Die Fähigkeit der Consultants, das hausinterne Wissen zu erschließen und aufzubereiten, sei »armselig«, heißt es wörtlich in dem Papier. Die Art und Weise, wie das Research die Informationsbedürfnisse der Consultants decke, sei »ineffizient«. Die Wissensbasis sei in ihrer Qualität sehr unterschiedlich und schlecht strukturiert. Dies habe Folgen. »Es dauert viel zu lange, die richtigen Informationen zu finden. In vielen Fällen werden die besten Informationen überhaupt nicht gefunden und gelangen deswegen nicht zum Kunden«, so der Bericht. »Wir sind nicht so gut, wie wir sein können«, gestand Lowell Bryan, ein McKinsey-Direktor, der eine Gruppe von Consultants leitete, die dieses Problem beseitigen sollten.

4. Der Generationswechsel

Schweigend, blass, mit tief liegenden Augen, die ins Leere blickten, saß Burkhard Schwenker auf einem Podium im prunkvollen Königssaal des Hotels Bayerischer Hof in München. Der 44 Jahre alte Mindener, seit kurzem die Nummer eins bei Roland Berger Strategy Consultants, hatte gerade das Rennen um den Chefsessel in diesem Beratungshaus gewonnen. Und dennoch machte er ein Gesicht wie auf einer Totenfeier. Ganz anders Roland Berger, der Gründer dieses Unternehmens. Der damals 65-jährige verblüffend jugendlich und frisch wirkende Charmeur strahlte vor Freude und genoss sichtlich das lebhafte Interesse der zahlreichen Medienleute, die sich Mitte Dezember 2002 zu einer Pressekonferenz in der bayerischen Landeshauptstadt versammelt hatten.

Der Generationswechsel, der seinerzeit lediglich angekündigt wurde, schien den Beteiligten noch nicht richtig ins Bewusstsein gedrungen zu sein – allen voran Schwenker selbst. Mittlerweile aber ist es ein Faktum. Der »Guru der deutschen Management Consultants« (so das französische Wirtschaftsmagazin *L'Expansion* über Berger) hat sich in den Aufsichtsrat seines Beratungskonzerns zurückgezogen. Damit neigt sich eine Karriere ihrem Ende zu, die in den sechziger Jahren begonnen hatte.

Businesspläne, Risikokapitalfirmen, Gründerwettbewerbe – das alles gab es damals nicht in Deutschland. Karl Marx war in, Ludwig Ehrhard out – zumindest bei großen Teilen der Jugend. 1967 machte sich der 29-jährige gebürtige Berliner in Bayerns Landeshauptstadt selbstständig. Rechts der Isar, im Nobelviertel Bogenhausen, eröffnete der Consultant ein kleines Büro. Kaum jemand wusste damals in Deutschland, was Consulting überhaupt ist; kaum einer kannte den Berater. Heute aber steht Bergers Name für eines der weltweit führenden Beratungsunternehmen mit 33 Büros in 23 Ländern, mit 1 750 Mitarbeitern und einem Umsatz von rund 550 Millionen Euro. Und die Liste seiner Kunden liest sich wie das Laufband mit den Börsenkursen europäischer Blue-Chip-Unternehmen, das mancher Fernsehsender während der Nachrichten am unteren Bildrand mitlaufen lässt.

Über 30 Jahre hinweg hatte Berger im Schnitt jährlich rund 18 Prozent beim Umsatz zulegen können. Die Steigerungsraten beim Gewinn lagen sogar noch über diesem Level. Und wer den Consultant nach seinem Erfolgsrezept fragte, dem gab Berger zumeist eine ausweichende Antwort – oder er fachsimpelte über den Unterschied zwischen einer Beratungsfirma und einem Produktionsbetrieb: »In unserem Geschäft gibt es keine Produkte im Wortsinn, keine Dienstleistungen, die einen erheblichen organisatorischen Aufwand erfordern.« Die Kunst bestehe lediglich darin, die Nachfrage stetig zu steigern und die Beratungskapazität damit in Einklang zu bringen, so Berger.

Und dennoch bleiben viele Unternehmensberater genau an dieser Hürde hängen, arbeiten ein Leben lang als Einzelkämpfer oder tun sich mit einigen wenigen Partnern zusammen. Was also ist das Erfolgsgeheimnis dieses Mannes? »Eine gute, breit angelegte Ausbildung«, so Berger. Für all das, was er als Selbstständiger zu tun gehabt habe, sei er gut vorbereitet gewesen. Ein Abschluss als Diplom-Kaufmann und einschlägige, auch im Ausland erworbene Berufserfahrung als Unternehmensberater, unter anderem bei Boston Consulting, stellten ein solides Fundament dar, auf das er sich stützen konnte. Der Rest sei einfach Glück gewesen.

Es war wohl das Glück des Tüchtigen. Hinzu kam ein guter Freund. Der nämlich brachte ihn zu Beginn seiner Selbstständigenkarriere beim Management von Touropa ins Geschäft. Berger sollte das Marketingkonzept des Reiseveranstalters überprüfen. Er erkannte damals, dass die wahren Probleme seines Kunden nicht beim Marketing lagen: »Touropa steckte im falschen Markt.« Bus- und Bahntouristik war der Hauptumsatzträger. Ein Segment mit geringem Wachstumspotenzial und viel Konkurrenz. Bessere Perspektiven bot das Geschäft mit Charterflugreisen. »Nur war Touropa dort zu klein«, so der Berater. Deswegen schlug er dem Management vor, die für diesen Wachstumsmarkt nötige kritische Größe durch den Zusammenschluss mit anderen Unternehmen zu erwerben. So entstand aus Touropa, Scharnow, Tigges und anderen in den folgenden Jahren der Reiseriese TUI – und aus dem ursprünglichen Projekt wurde eine Geschäftsbeziehung, die heute noch besteht.

1971 gelang Berger sein vielleicht größter Coup. Damals gewann er die Deutsche Bank als Kunden, die ihm später die Mehrheit der Anteile an seinem Unternehmen abkaufte und ihm dadurch seine Expansion ins Ausland finanzieren half. Die Anteile haben die Partner seines Unternehmens 1998 wieder von der Bank zurückgekauft. Berger selbst hält unverändert etwas über 9 Prozent an dem Unternehmen – nur dass diese 9 Prozent heute weitaus mehr wert sind als beim Einstieg der Bank. Laut einer Presseerklärung vom 22. November 2002 wuchs der Wert des Beratungsunternehmens seit seiner Gründung durchschnittlich um 19,3 Prozent im Jahr – und damit weitaus stärker als der deutsche Börsenindex Dax. Seine Partner indes dürften sich beim Rückerwerb auf Jahre hinaus verschuldet haben.

»Berger ist eine Kraftnatur, überaus öffentlich, willensbestimmt und keine Spur bescheiden«, sagt die Wirtschaftswissenschaftlerin und McKinsey-Alumna Ann-Kristin Achleitner über den Krösus unter den deutschen Consultants. »Er ist ein typischer Mittelständler«, sagt einer seiner Münchner Konkurrenten, der lieber ungenannt bleiben will. Berger habe »seinen Laden voll im Griff«, gehe im Flieger die Zahlen seiner Büros durch, wisse genau, welcher Partner Leistung bringe und welcher nicht. Offiziell gebe es zwar kein »Up or out« im Unternehmen. Dennoch habe sich der Firmenpatriarch wenig zimperlich von einer ganzen Reihe hochrangiger Consultants getrennt, die mit ihm das Unternehmen aufgebaut hätten.

Die Öffentlichkeit bekam von den Dramen hinter der glänzenden Fassade der Firmenzentrale am Münchner Arabellapark nichts mit. Stattdessen setzte sich Berger in den Medien gekonnt in Szene, gab Interviews zu allen erdenklichen Themen rund um Wirtschaft und Politik und schaffte es, trotz seiner oft sehr kritischen Äußerungen, bei niemandem wirklich anzuecken. Im Gegenteil: Keine Veranstaltung mit hochrangigen Persönlichkeiten, wo Berger nicht zumindest eingeladen gewesen wäre. »Kontakte, Kontakte, Kontakte« – das sei Bergers Erfolgsformel, schreibt das *manager magazin*.

Diese Kontakte zahlten sich 1990 besonders aus. Im Jahr zuvor war die Berliner Mauer gefallen. Die damalige Bundesregierung unter dem Kanzler Helmut Kohl beschloss die Einrichtung der Treuhandanstalt: jener Behörde, welche die volkseigenen Betriebe und Kombinate der ostdeutschen Wirtschaft sanieren und privatisieren sollte. Von Anfang an, also schon bei den Arbeiten für das Treuhand-Konzept, war Berger mit von der Partie. Den ersten Auftrag und ebenso die meisten Folgeaufträge vergaben die Beamten »freihändig«: Sie schrieben die Projekte nicht entsprechend den gesetzlichen Vorschriften aus, sondern riefen einfach bei Berger an, trafen sich mit seinen Leuten, um die Einsätze zu besprechen, und gaben grünes Licht für die Arbeit. So gehörte Bergers Truppe zu den Spitzenverdienern unter den Auftragnehmern der Treuhand. Bis zu 6 000 Mark am Tag zahlte die Behörde pro Mann und Nase. Bereits 1991 fuhr Berger mindestens 15 Millionen Mark an Treuhand-Honoraren ein, nicht eingerechnet sind dabei die üblichen Spesen, sonstigen Nebenkosten und die Mehrwertsteuer. Und auch in den folgenden Jahren sahnte er kräftig ab.

Von solch fetten Pfründen kann Burkhard Schwenker nur träumen. Bergers Nachfolger, der inzwischen den Platz des Gründers auf der Kommandobrücke des Unternehmens eingenommen hat, muss mindestens so hart ackern wie sein Vorgänger. Dennoch hat er wohl nie die Chance, auch nur annähernd so reich zu werden wie der Gründer. Abgesehen davon ist er auch nicht wirklich der Herr im Haus: Über ihm thront der Vorsitzende des Aufsichtsrats, also Berger selbst, und neben ihm wachen weitere drei Partner. Schwenker ist lediglich Sprecher eines Führungsteams.

Die Wachablösung im Hause Berger setzt den Schlusspunkt unter eine Entwicklung, die Mitte der neunziger Jahre begonnen hatte. Damals zog sich Tom Sommerlatte, Europachef der mittlerweile Pleite gegangenen US-Beratungsfirma Arthur D. Little, aus dem Tagesgeschäft zurück. Dies war der Anfang eines umfassenden Generationswechsels in der deutschen Beraterszene. Sommerlatte gehörte wie Herbert Henzler von McKinsey, Bolko von Oetinger bei Boston Consulting, Fred Steingraeber bei A.T. Kearney und Gerhard Kienbaum, Gründer der gleichnamigen Beratungsgesellschaft, zu den Pionieren der Branche. Diese Männer führten eine Truppe von kaum mehr als einigen Dutzend Consultants an, die in den sechziger und siebziger Jahren das lukrative Geschäft mit dem Verkauf von Managementrezepten und Strategiepapieren in Deutschland aufbauten.

Im Laufe der Jahre gewannen diese Freiberufler eine immer stärkere Stellung innerhalb ihrer Unternehmen und es gelang ihnen, ihr Profil auch außerhalb des Kollegenkreises zu schärfen. Sie wurden, wie Sommerlatte einmal sagte, zu »Bannerträgern der Branche«. Und sie profitierten vom makellosen Ruf eines hierzulande weitgehend unbekannten Berufsstandes: »Wir konnten unsere Kunden noch mit einer simplen Erfahrungskurve beeindrucken«, so Sommerlatte 1998 gegenüber dem *Handelsblatt*. Für diese deutschen Consulting-Pioniere war es deshalb relativ einfach, Kontakte zu deutschen Konzernlenkern zu knüpfen, aus denen sich oft freundschaftliche Beziehungen entwickelten.

So wie Burkhard Schwenker haben es alle Neuen weitaus schwerer als ihre Vorgänger, denn Consulting ist heute das, was Marvin Bower nie haben wollte: eine Dienstleistungsindustrie mit Milliardenumsätzen. Der Markt für Beratungsleistungen ist mehr als überlaufen, es herrscht ein starker Verdrängungswettbewerb. Und während sich früher die Topconsultants und die führenden Köpfe der Deutschland-AG persönlich kannten, ragt heute keiner mehr aus der Masse heraus. Kaum jemand bekommt noch die Chance, solche Prominenz oder solches Vermögen wie Roland Berger zu erwerben. Und keiner aus der jungen Garde hat das Charisma eines Tom Sommerlatte, der souverän lächelnd und aus dem Stegreif einen perfekten Vortrag über jedes nur erdenkliche Wirtschaftsthema halten konnte. Immerhin: Mit dem Erfolg des Marktführers im Rücken vermittelt McKinseys Deutschlandchef Jürgen Kluge den Eindruck, als wolle er sich ein ähnlich pralles Ego zulegen wie sein Vorgänger Henzler.

Den Wiedererkennungseffekt, von dem die erste Generation des deutschen Consulting durch ihre langjährige Präsenz an der Spitze ihrer Unternehmen profitierte, gibt es heute nicht mehr. Stattdessen wechseln die Gesichter in den Führungsetagen der Beratungskonzerne immer schneller. So sind bei einigen Unternehmen die Nachfolger der Pioniere schon weiter aufgerückt: Dietmar Ostermann zum Weltchef bei A.T. Kearney und Rolf Habbel zum Europachef bei Booz Allen Hamilton. Bei anderen sind sie längst ausgeschieden, so wie Wolfgang Zillessen bei Arthur D. Little oder Klaus Baumann bei Cap Gemini Ernst & Young.

Die junge Garde der Consultants gehört zweifelsohne zu einer Leistungselite: »Jeder von ihnen ist weitaus besser, als ich das in ihrem Alter war«, sagt Berger voller Stolz und Anerkennung über die Mitglieder seines neuen Führungsteams. Die Neuen arbeiten bis zur Erschöpfung. Der kettenrauchende Schwenker zum Beispiel, der in Bielefeld Mathematik und Betriebswirtschaft studiert hat, zeigt fast noch mehr Einsatz als Berger selbst. Viel Zeit für seine Familie mit den drei Kindern hatte der Consultant noch nie. Da trifft es sich gut, dass er im Grunde keine Hobbys pflegt. Er lese gern, sagt Schwenker bescheiden. Dafür aber hat er zahlreiche Großprojekte im In- und Ausland gemeistert und den Aufbau des Hamburger Büros seiner Firma geleistet. Zudem hat er 1998 mit der Deutschen Bank erfolgreich über den Rückkauf der Gesellschaftsanteile verhandelt und im Jahr darauf die Übernahme einer Londoner Beratungsfirma für Berger organisiert.

Selbstverständlich ist auch die Qualifikation dieser Musterknaben beeindruckend. Sie sind hervorragend ausgebildet und haben ihr Studium allesamt mit einem Doktorhut gekrönt. Der Physiker Kluge hätte sich in der Wissenschaftswelt sicher ebenso gut geschlagen wie bei McKinsey. Und den Juristen und Betriebswirt Michael Träm kann man sich als Chef einer internationalen Anwaltsfirma genauso gut vorstellen wie als Zentraleuropa-Chef und Vice President bei A.T. Kearney. Und: Jeder dieser Consultants bezeichnet sich als »Primus inter pares« – Erster unter Gleichen: »Wir werden den Teamgedanken sicher stärker als früher in den Vordergrund rücken«, sagt Schwenker. Damit unterstreicht der Berater, dass er anders als sein Vorgänger einen kollegialen Führungsstil pflegen will. Und er sichert sich gegenüber seinen Partnern ab, denen er nicht zu mächtig werden darf, wenn er weiter die Nummer eins bleiben will. Dazu passt auch, dass Berger auf der Pressekonferenz Ende 2002 in München neue Einsichten offenbarte: »Die Führungsmannschaft einer Beratungsfirma sollte alle zehn Jahre wechseln«, so Berger. Sich selbst kann er nicht gemeint haben, denn Berger war über 35 Jahre lang Alleinherrscher in seinem Unternehmen.

5. Im Paradies der Consultants

Alle Jahre wieder, kurz vor Weihnachten, bittet der Deutschland-Chef von McKinsey & Company eine handverlesene Schar von Wirtschaftsjournalisten zum Dinner in ein Düsseldorfer Nobelrestaurant. Es ist kein Ereignis wie viele andere, zu dem sich Jürgen Kluge und einige führende Berater aus seinem Hause mit den Redakteuren zusammensetzen. Normalerweise stellen die Journalisten kritische Fragen zu den Entscheidungen der Unternehmenslenker und drehen die Zahlen, die man ihnen präsentiert, hin und her. Hier nicht: Hier gibt es keine Zahlen. Zumindest bekommen die Medienleute keine Bilanz vorgelegt. Kluge lässt nur nebenbei einfließen, welchen Umsatz das Unternehmen erzielt hat. Wer unbedingt will, kann ja mitschreiben.

Man möchte nicht glauben, dass es sich beim German Office, so die firmeninterne Bezeichnung für die deutsche Niederlassung von McKinsey, um den Ableger eines Konzerns von Weltgeltung handelt. Mancher öffentlichkeitsscheue Mittelständler erlaubt Außenstehenden einen tieferen Einblick als dieses Unternehmen. Selbst die Auskunfteien liefern keine verwertbaren Daten. So enthält zum Beispiel das Creditreform-Profil mit der Nummer 505 0130476 nicht viel mehr Informationen als den Firmennamen, die Adresse und die Namen der Geschäftsführer von McKinsey.

Bis vor wenigen Jahren weigerte sich das McKinsey-Management – im Gegensatz zu den meisten Wettbewerbern –, überhaupt etwas zum Umsatz zu sagen. Natürlich wird auch nicht über die Kunden geredet – ganz so wie Stammvater Bower dies wollte und wie das heute noch bei vielen Anwaltskanzleien der Fall ist. Dennoch lauschen die Presseleute stets so andächtig wie in der Kirche, wenn Kluge mit dröhnender Stimme berichtet. Und das ist auch kein Wunder.

Jeder der geladenen Journalisten weiß um die herausragende Bedeutung der Firma. McKinsey ist die Nummer eins in der »Königsklasse der Strategieberater«, so die *Frankfurter Allgemeine Zeitung*. Unter den großen Beratungshäusern in Deutschland hat das German Office einen Marktanteil von 8,4 Prozent. Es folgen Roland Berger mit 4,3 Prozent, Boston Consulting mit 3,4 Prozent und A.T. Kearney mit 3,3 Prozent Marktanteil. Das jedenfalls sind die Zahlen, die das *manager magazin* nennt. Und im Gegensatz zu den Niederlassungen in anderen Ländern wirft Kluges German Office satte Profite ab. Die deutsche Niederlassung gilt als das Flaggschiff im McKinsey-Reich. Deutschland ist sozusagen das Paradies dieser Consultants. Nur noch in der Schweiz hat McKinsey eine ähnlich starke Stellung.

Bereits 1984 illustrierte das *manager magazin* eine Titelstory über die Berater mit dem Bild des über einen Zaun spähenden McKillroy und textete: »McKinsey ist überall«. Der Vergleich passt, und zwar heute noch besser als damals. »Zu unseren Klienten in Deutschland gehören neun der zehn größten Industrie- und Handelsunternehmen, fünf der zehn größten Versicherer sowie sechs der zehn größten Banken«, so McKinsey in einer Stellungnahme zu einer Anfrage des Magazins *Junge Karriere*. 36 der 50 größten deutschen Unternehmen holen sich Rat von Kluges Consultants, schreibt das *manager magazin*. Hinzu kommen zahlreiche Aufträge von Bund, Ländern und Gemeinden sowie von Organisationen wie dem Deutschen Sparkassen- und Giroverband, den Allgemeinen Ortskrankenkassen, dem Technikdienstleister Dekra und vielen anderen. McKinsey ist in der Tat omnipräsent.

Irgendjemand hat die Firma einmal sehr treffend mit einer gut geölten Maschine verglichen, die auf Hochtouren läuft. Das fängt beim Nachwuchs an. Jahr für Jahr checken Kluges Recruiting-Verantwortliche Tausende von Bewerbungsmappen, sieben aus, führen Gespräche mit Hunderten von Kandidaten, sieben weiter und stellen schließlich zwei- oder dreihundert junge Leute ein – ganz nach Bedarf. Die Hürden sind hoch: Wer nicht gerade Sohn oder Tochter eines bekannten Industriellen, Politikers oder Sportlers ist oder sonst wie gute Beziehungen zu den Beratern hat, muss zu den Besten seines Jahrgangs gehören und darüber hinaus noch mehr bieten: sportliche Höchstleistungen, Sprachkenntnisse, ein interessantes Hobby, ein Ehrenamt. Die jungen, leistungsstarken Talente sind sozusagen der hochoktanige Treibstoff, der die Maschine McKinsey munter schnurren lässt.

Der Blick auf einen von Kluges Kunden zeigt, wie diese Maschine arbeitet. Es geht um Infineon Technologies. In der Münchner Zentrale des Chipherstellers herrscht im Januar 2001 noch Optimismus. Vorstandschef Ulrich Schumacher peilt einen Umsatz von neun Milliarden Euro an, 1,7 Milliarden oder 23 Prozent mehr als im Vorjahr. Der damals 43 Jahre alte, ehrgeizige Manager lässt fleißig Mitarbeiter anwerben, baut neue Fabriken und beteiligt sich an zukunftsträchtigen Unternehmen. Erste Anzeichen einer Krise interpretiert er als harmlose Delle in einem ansonsten intakten Markt. Ein folgenschwerer Irrtum. Nur wenige Wochen später stornieren zahlreiche wichtige Kunden ihre Aufträge. Und statt sich zu erholen, purzeln die Preise am Chipmarkt weiter talwärts. »Wie eine Lawine« hätten ihn diese Ereignisse überrollt, gesteht Schumacher Ende Juni 2001. Statt eines Gewinns droht ein Milliardenverlust. Schumacher muss das Ruder herumreißen. Dazu braucht er Hilfe. Er wendet sich an McKinsey.

Die Berater sind bei Infineon keine Fremden. Schließlich war das Unternehmen bis zu seinem Börsengang im Frühjahr 2000 eine 100-prozentige Tochter des Technologiekonzerns Siemens. Konzernchef Heinrich von Pierer zählt seit langen Jahren zu McKinseys Stammkunden. Im Konzernvorstand, also dort, wohin man normalerweise erst nach langen Jahren loyaler Tätigkeit und hervorragenden Leistungen aufsteigt, sitzt Edward Krubasik. Der Physiker leitete bis 1996 McKinseys Geschäft mit Großkunden aus der Technologiebranche und galt damals als führender Kopf der Firma. Auch bei Infineon selbst haben sich zahlreiche ehemalige McKinsey-Leute eingenistet. Ähnlich tief gehende Beziehungen pflegt McKinsey zu DaimlerChrysler, der Allianz, der Deutschen Bank, der Deutschen Post und zahlreichen anderen Großkonzernen. Die Beziehungen reichen zumeist – so wie bei Daimler und Siemens – bis in die siebziger Jahre des vergangenen Jahrhunderts zurück. Hier lohnt ein Blick zurück in die Geschichte des German Office.

Es ist die Zeit, als mit Herbert Henzler ein Mann die Bühne der deutschen Wirtschaft betritt, der wie kein anderer das Bild vom Unternehmensberater in den Köpfen der Manager prägen wird. Und das, obwohl der 1941 im württembergischen Plochingen am Neckar geborene Sohn eines Nebenerwerbs-Landwirts und Mechanikers eigentlich gar kein Consultant werden wollte. Henzler hatte nach der Mittelschule in Nürtingen eine Lehre als Großhandelskaufmann in der Stuttgarter Niederlassung der Deutschen Shell AG angetreten. 1962 entschließt sich der junge Mann, noch einmal die Schulbank zu drücken. Er schreibt sich an der Höheren Wirtschaftsfachschule Siegen ein und schließt seine Ausbildung als graduierter Betriebswirt ab.

Irgendwie scheint er in dieser Zeit vom Bildungshunger befallen worden zu sein. Er bewirbt sich um ein Stipendium der Konrad-Adenauer-Stiftung, wird akzeptiert und erhält die Möglichkeit, ein »richtiges« akademisches Studium zu absolvieren: Betriebswirtschaft in Saarbrücken und München. Nebenher arbeitet er als Praktikant in verschiedenen Unternehmen, jobbt als Reiseleiter und Skilehrer und macht seine ersten Schritte als Unternehmensberater – pro bono, ohne Honorar. Seine Kunden sind damals mittelständische schwäbische Unternehmen. 1968 schreibt er sich an der Universität Berkeley im US-Bundesstaat Kalifornien ein, wo er an seiner Promotion arbeitet. Das Thema ist so trocken wie die Wüste Gobi: Optimierung der Schichtenbildung beim zufallsgesteuerten, geschichteten Stichprobenverfahren.

Er hat gerade seine Doktorarbeit abgeschlossen, als er sich um eine Stelle beim statistischen Institut der Universität Nürnberg bewirbt. Zum Vorstellungstermin reist er mit seiner damaligen, ersten Ehefrau an. Es ist ein kühler Tag, und Henzlers Gattin trägt einen schicken Pelzmantel. Was dann folgt, könnte der Fallsammlung eines Headhunters mit Beispielen über heimtückische Karrierekiller entnommen sein. Die Leiterin des Instituts packt der blanke Neid, als sie die elegante Frau sieht. Ein solch teures Kleidungsstück stünde doch wohl der Gattin eines künftigen wissenschaftlichen Mitarbeiters nicht zu, so die spitze Bemerkung der stutenbissigen Statistikerin. Das Gespräch, das sich anschließt, verläuft nicht gerade so, wie es sich Henzler gewünscht hat. Konsequenz: Er schlägt keine akademische Laufbahn ein, sondern entscheidet sich 1970 für ein Angebot von McKinsey.

Das Beratungshaus ist damals nur Insidern ein Begriff: »Wir waren Nobodys«, pflegt Henzler in späteren Jahren rückblickend zu sagen. Dagegen kennt jeder den amerikanischen Arzt Dr. Alfred C. Kinsey, der – welch ein Zufall – mit seinen auf Statistiken basierenden Untersuchungen einen weltweiten Erfolg feiert. Anders als bei Henzlers Dissertation geht es hierbei um eine äußerst populäre Materie: Der Wissenschaftler stürmt die Bestsellerlisten mit Büchern über das Sexualverhalten amerikanischer Frauen und Männer, etwa mit dem 1953 erschienenen Band *Sexual Behavior in the Human Female*. Der Report wurde in Deutschland vor allem als Taschenbuch mit dem Titel *Dr. Kinsey und die Frau* bekannt. Heute erinnert sich kaum noch jemand an Alfred C. Kinsey. Dafür ist der Name der Berater in aller Munde. Und das ist zuallererst das Verdienst von Herbert Henzler.

Am Anfang seines Erfolgs steht das, was Beobachter einmal etwas abschätzig als »Spätzle-Connection« bezeichnet haben. Denn einer der ersten Kunden Henzlers ist der Daimler-Benz-Manager Werner Niefer. In Plochingen geboren wie Henzler, steigt Niefer in den siebziger Jahren zum Produktionschef und Vorstandsmitglied bei Daimler auf. Er ist zuständig für alle in- und ausländischen Mercedes-Werke. Der junge Berater begleitet diesen Aufstieg, der vom damaligen Deutsche-Bank-Chef Alfred Herrhausen kräftig gefördert wird. Vermutlich ist es auch Herrhausen, der Henzler bei einem weiteren Großkonzern einführt. Fest steht jedenfalls, dass auch der Elektronikriese Siemens zu den frühen Kunden des Beraters gehört. Henzler soll sogar mehrere Jahre für diesen Konzern gearbeitet haben.

1979 schlägt man Henzler als Kandidaten für den Posten eines Vertriebschefs für Bauelemente bei Siemens vor. Der damalige Konzernchef Bernhard Plettner nimmt den Berater kritisch in Augenschein. Irgendetwas scheint den Topmanager an dem Berater zu stören. Ganz sicher nicht dessen Leistung, denn da ist Henzler Spitze. Sonst hätte man ihn gar nicht bei Plettner antreten lassen. Vielleicht ist es der unstillbare Ehrgeiz, der noch heute aus Henzlers stahlblauen Augen leuchtet. Oder ist es seine Nervosität, die dem notorischen Zappelphilipp schon in der Schule Schwierigkeiten bereitet hat und die sich unschwer an seinen abgeknabberten Fingernägeln ablesen lässt? Fehlt ihm vielleicht jener »Habitus der Eliten«, den der Darmstädter Soziologe Michael Hartmann für unabdingbar hält, wenn man ins Topmanagement aufsteigen will? Kandidaten mit großbürgerlichem oder adligem Hintergrund falle es leicht, so Hartmann, ihren Gesprächspartnern zu signalisieren: »Ich gehöre dazu.« Henzler fällt dies nicht leicht. Noch nicht. Ein anderer bekommt den Job.

Dafür aber ist auf Niefer Verlass. Zu Beginn der achtziger Jahre empfiehlt der Manager seinem Freund Lothar Späth, damals Ministerpräsident des Landes Baden-Württemberg, Henzler zu Rate zu ziehen. Es geht um den Entwurf eines Zukunftskonzepts für das Bundesland. Die Schwaben mögen sich von Anfang an gut leiden. Es ist der Beginn einer Männerfreundschaft, die reiche Früchte trägt – und zwar für beide Seiten.

In der Folgezeit treffen sich auf Einladung Späths einmal im Jahr im Stuttgarter Schloss deutsche Industriekapitäne, angeführt von Herrhausen und dem damaligen Daimler-Vorstandsvorsitzenden Edzard Reuter. Henzler ist mit von der Partie und nutzt den Gedankenaustausch zur Anbahnung neuer Geschäftsbeziehungen. Quasi als Gegenleistung für dieses erstklassige Lobbying eröffnet der Berater in Stuttgart eine McKinsey-Niederlassung, die heute noch besteht. Der »Stuttgarter Gipfel« aber wird der Schlüssel zum Erfolg Henzlers. 1985, als John G. McDonald an der Spitze des German Office abgelöst wird, entscheidet sich der damalige Managing Director für Henzler als McDonalds Nachfolger. Eine bessere Wahl hätte er nicht treffen können. Denn in den folgenden Jahren baut Henzler McKinseys Marktposition in Deutschland zügig aus und macht das Unternehmen zum Branchenprimus. Inzwischen hat er wohl auch den richtigen Habitus trainiert, denn es gelingt ihm, fast alle fünf Jahre einen neuen Großkunden für die Firma an Land zu ziehen.

Henzler sprüht geradezu vor Energie. Nicht nur bei der Arbeit, auch beim Sport muss er immer der Erste sein. Geradezu legendär ist sein Ruf als tollkühner Skifahrer, der mit Todesverachtung die Steilhänge hinunterjagt. Firmeninterne Wettbewerbe pflegt er stets zu gewinnen. Sport ist für Henzler eindeutig mehr als nur Freizeitspaß. Er dient ihm vor allem dazu, Beziehungen zu deutschen Managern zu knüpfen und diese Kontakte zu echten Freundschaften auszubauen. Unter der Führung des bekannten Alpinisten Reinhold Messner begibt sich Henzler auf Klettertour in die Anden und bezwingt den Chimborazo, einen schneebedeckten Sechstausender. Dabei kommt ihm der Gedanke, künftig mit Wirtschaftsbossen im Schlepptau auf die Berge zu steigen. Es ist die Geburtsstunde der »Similauner«, die ihren Namen von einem Dreitausender in den Ötztaler Alpen herleiten. Zu »Deutschlands exklusivster Seilschaft« (*Bild-Zeitung*) gehören der Medienzar Hubert Burda, Daimler-Boss Jürgen Schrempp, Deutsche-Bank-Vorstand Ulrich Cartellieri, der heutige Linde-Chef Wolfgang Reitzle und weitere bekannte Namen der deutschen Wirtschaft.

Hinzu kommt Henzlers publizistische Tätigkeit. Immer häufiger taucht er in den Medien auf, gibt Interviews und veröffentlicht Aufsätze. So macht er sich nicht nur in der Wirtschaft einen Namen, sondern auch in der Politik. Und natürlich ist McKinseys Statthalter auch ganz vorne mit von der Partie, als es gilt, die deutsche Bundesregierung nach dem Fall der Mauer zu beraten. So wie Roland Berger sahnt Henzler in den Jahren nach 1990 kräftig ab.

Hinter diesem atemberaubenden Erfolg stecken nicht nur die erstklassigen Kontakte, die Henzler am Rande der »Gipfeltreffen« in Stuttgart knüpfen kann. Es ist das unnachahmliche Verkaufstalent dieses Mannes, mit dem er McKinsey immer wieder Großaufträge besorgt. Wie keinem anderen gelingt es Henzler, die Konzernchefs bei seinen Auftritten zu beeindrucken. Sein Erfolgsgeheimnis ist eine Art Wechselbad der Gefühle: Am Anfang einer Präsentation brennt der Berater stets ein Feuerwerk von Zahlen ab, entwirft mit zahlreichen Tabellen und Grafiken ein Schreckensszenario, zeigt auf, wie gefährdet doch die Zukunft des Unternehmens ist. Dann leitet er elegant zu den Fähigkeiten seiner Beratermannschaft über, lässt nebenbei einfließen, wie erfolgreich McKinseys Arbeit bei den Wettbewerbern des Unternehmens gewesen sei und kommt schließlich auf die Möglichkeit eines Einsatzes seiner Truppen bei dem potenziellen Kunden zu sprechen. Einsatz? Ein Großeinsatz muss es sein! »Impact gibt es ab 40 Beratern«, soll Henzler stets glaubhaft versichert haben.

Die englische Vokabel, zu deutsch: Auswirkung oder Effekt, hat im Laufe von Henzlers Jahren an der Spitze des German Office eine ganz besondere Bedeutung bekommen. Impact wurde zu einem Schlüsselwort der Berater, weil es gleichbedeutend war mit Millionenaufträgen. Wie es der Zufall will, trägt auch das zuvor angesprochene Projekt bei Infineon im Jahre 2001 diesen Namen. Es ist wie immer ein Deckname, denn so unterschiedlich die Aufträge bei McKinseys Kunden auch sein mögen, die meisten dieser Einsätze haben eines gemeinsam: Die Öffentlichkeit soll davon möglichst nichts erfahren. So auch hier. Schließlich ist das Siegerimage, das Infineon-Chef Schumacher durch den erfolgreichen Börsengang erworben hat, bereits stark angekratzt. Wichtiger noch: Bei dem Unternehmen steht eine Kapitalerhöhung, die für Juli 2001 angesetzt ist, auf dem Spiel. Der Manager braucht die 1,5 Milliarden Euro, die er durch die Platzierung weiterer Aktien am Kapitalmarkt einnehmen wird, dringend zum Abbau der Schulden und für Investitionen in weniger krisenanfällige Bereiche des Chipmarkts.

Die Arbeit der Berater erfolgt also in aller Stille. In den ersten Tagen sind nur das Topmanagement und einige Angestellte aus der Finanzabteilung die Ansprechpartner der Consultants. Innerhalb weniger Tage verschaffen sich die diskreten Helfer einen Überblick über die dramatische Situation des einstigen Börsenstars. Schumacher muss weit über eine Milliarde Euro einsparen, und zwar bereits im laufenden Jahr. Würden die Berater Freunden oder gar der Presse gegenüber plaudern, könnte dies gravierende Folgen haben – weit über die geplante Kapitalerhöhung hinaus. Deswegen werden die Consultants, ja selbst Praktikanten, die nur für kurze Zeit die Luft bei McKinsey schnuppern, per Arbeitsvertrag zur strikten Geheimhaltung verpflichtet. Aus diesem Grund geht es in der Firma auch zu wie beim amerikanischen Geheimdienst. Die Post wird verplombt angeliefert, Schriftstücke tragen den Vermerk: »Strictly confidential«.

Ein Team aus Consultants und Managern erarbeitet in den folgenden Wochen ein gigantisches Sanierungs- und Reorganisationsprogramm. Der Rotstift wird erbarmungslos in allen Bereichen des Konzerns angesetzt. Vor allem beim Personal: 5 000 von insgesamt etwa 35 000 Jobs werden gestrichen. Die Berater haben hierzu nur die Vorarbeiten geliefert, indem sie die Strukturen des Unternehmens überprüft und jene Stellen markiert haben, die ihrer Ansicht nach überflüssig sind. Sie sind jedoch nicht in die Verhandlungen mit den Betriebsräten involviert. Das ist Sache der Personalleute. Keiner der Arbeitnehmervertreter kommt in die Nähe eines Consultants. Im Herbst verschickt die Personalabteilung die ersten betriebsbedingten Kündigungen. Teilweise erhalten Mitarbeiter den Stuhl vor die Türe gesetzt, die erst kurz zuvor von anderen Unternehmen abgeworben worden waren. Jetzt kochen die Emotionen hoch. Die Gewerkschaft droht mit Prozessen. Die Zeitungen sind voll von Hiobsbotschaften, zumal nicht nur Infineon, sondern auch die Tochtergesellschaften anderer in der Region München ansässiger Technologieunternehmen, etwa Compaq oder Motorola, in der Krise stecken. Zehntausende Jobs stehen auf dem Spiel.

In den ersten Wochen nach dem so genannten Kick-off, dem Start des Projekts, hilft McKinsey Infineon dabei, erste Beteiligungen zu verkaufen, die Logistik zu verbessern und die Produktion effizienter zu gestalten. Diese Schritte müssen gut vorbereitet werden. Das ist aufwändig, und das Management kann dies unmöglich allein schaffen. Schon allein deswegen, weil alles extrem schnell gehen muss. Die Berater schuften also bis spät in die Nacht. Sie erhalten Unterstützung durch McKinseys Research-Abteilung, wenn es beispielsweise darum geht, Käufer für Konzerntöchter zu identifizieren oder so genannte Benchmarks, Vergleichswerte von Konkurrenzunternehmen, für die Produktionseinheiten von Infineon zu definieren. Aber auch so manches Wochenende wird einfach durchgearbeitet. McKinsey ist berüchtigt für Einsätze, bei denen das Familienleben der Berater unter die Räder kommt. So berichtete unlängst die Londoner Zeitung *The Guardian* von einem Consultant bei McKinsey, der zehn Tage hintereinander 17 Stunden für sein Projekt arbeiten musste – auch am Wochenende, versteht sich.

McKinseys Beraterteam bei Infineon ist hierarchisch gestaffelt, fast wie beim Militär. Der Engagement Director ist gewissermaßen der General. Er hat die Oberaufsicht, ist aber nur selten dort anzutreffen, wo der Kampf tobt. Anders der Senior Engagement Manager, der wie ein Offizier das Projekt leitet und die Truppe lenkt. Unter ihm rangiert der Engagement Manager, ein Unteroffizier, der zahlreiche Associate Consultants befehligt. Die Consultants sind dem so genannten Projektoffice zugeordnet, das sich je zur Hälfte aus Beratern und aus Managern zusammensetzt. Für die Umsetzung des Beratungsprojekts sorgen sieben Task Forces, kleine Organisationseinheiten, die den Managern Du Preez, Loh, Ploss, Merten, Kücher, Platzöder und Eggers zugeordnet sind. Insgesamt arbeiten 229 Personen für Impact.

Einige Monate nach dem Start des Sanierungsprogramms wird Schumacher zufrieden feststellen, dass er das Sparziel erreicht hat. Noch zufriedener ist McKinsey. Nicht nur wegen des vermutlich zweistelligen Millionenhonorars, sondern wegen des Folgeauftrags: Wenig später gehen die Berater daran, Impact II in die Tat umzusetzen.

Es sind Aufträge wie bei Infineon, die den Ruf der Consultants als knallharte Kostendrücker, als Ledernacken des Kapitalismus, begründet und zementiert haben. Die Kombination von Kostensenkung und gleichzeitiger strategischer Neuausrichtung ist das Beratungssegment, in dem McKinsey klar dominiert. Kaum ein deutscher Konzernchef käme auf die Idee, die Konkurrenten Boston Consulting, Booz Allen Hamilton oder Bain & Company mit solchen Projekten zu betrauen. Lediglich wenn ein Konkurs vor der Tür steht, kommen andere zum Zuge, allen voran Roland Bergers Sanierungsexperten und die Turnaround-Truppe des Düsseldorfer Beraters Walter P. J. Droege. Bislang sei sich McKinsey zu fein für das raue Geschäft mit der Sanierung von Pleitekandidaten gewesen, schreibt das *manager magazin*. Jetzt aber will Kluge auch dieses Geschäftsfeld besetzen.

Mehr noch: Der Berater will auch den breiten deutschen Mittelstand für McKinsey gewinnen. Einige Dutzend größere mittelständische Firmen hatte schon Henzler in früheren Jahren als Kunden ausgeguckt. Jetzt geht es um Unternehmen, bei denen Gründungsvater Marvin Bower sicher nur die Nase gerümpft hätte. Zusätzlich plant Kluge, das Geschäft mit der öffentlichen Hand anzukurbeln. Das alles hört sich so an, als wenn McKinsey Abschied von der reinen Topmanagement-Beratung nehmen will. Vermutlich ist es gar nicht so sehr eine Frage des Wollens. Kluge musste sich auf neues Terrain begeben, wenn das Consultingunternehmen weiter wachsen soll.

Bislang konnte der Consultant den Journalisten beim Jahresendschmaus immer von Rekordgeschäften vorschwärmen. Nicht so im letzten Dezember. Der Grund: Die Geschäfte in der Türkei lassen zu wünschen übrig. Die Umsätze, die McKinsey dort erzielt, werden dem German Office genauso zugerechnet wie die österreichischen Zahlen. Und Kluges Kollegen am Bosporus haben ein Loch in die Bilanz der erfolgsverwöhnten Deutschen gerissen. Auch die Flaute bei Firmenkäufen und Fusionen wirkt sich negativ auf das Geschäft aus. Die Welle der Elefantenhochzeiten im Big Business hat in den vorangegangenen Jahren stets dafür gesorgt, dass McKinseys Kassen klingelten. Damit scheint erst mal Schluss zu sein. Und auch die Hoffnung, groß ins Geschäft mit der so genannten E-Business-Beratung einzusteigen, hat sich als trügerisch erwiesen. Viele Konzerne haben die Ausgaben für ihre Internetaktivitäten stark zurückgefahren oder gar ganz gekappt.

Zum ersten Mal in der Geschichte des Unternehmens sieht sich der McKinsey-Chef mit Überkapazitäten auf dem Beratermarkt konfrontiert und spürt den Druck auf die Honorare. Der Umsatz des German Office sei um knapp 4 Prozent auf 580 Millionen Euro gefallen, gesteht Kluge. Es ist das erste Mal in der Geschichte von McKinsey, dass die Deutschen nicht zulegen können. Und es zeigt: Die goldenen Zeiten des Consultings sind endgültig vorbei.

6. Die geklaute Vision

Es war wieder einmal alles so, als hätte sich Joe W. Forehand das Ganze nur ausgedacht, um den Bekanntheitsgrad seines Unternehmens zu steigern: »Andersen Consulting beginnt das Neue Jahr als Accenture«, so der Chef des amerikanischen Beratungsriesen in einer Presseerklärung Ende Dezember 2000. Genau ab Mitternacht werde das Unternehmen nicht mehr unter seinem alten Namen auftreten. »Wir sind heute eine ganz andere Organisation als 1989, als wir Andersen Consulting gegründet haben. Insofern ergibt es einen Sinn, jetzt einen neuen Namen anzunehmen und eine ganz neue Marke aufzubauen«, heißt es in der Mitteilung an die Medien.

In Wirklichkeit war dieser Schritt durch das Urteil eines Schiedsgerichts in Paris nötig geworden. Dort hatte Andersen Consulting 1997 eine Klage eingereicht, um die Trennung von dem Wirtschaftsprüfungskonzern Arthur Andersen zu erreichen. Denn bis zur Entscheidung des Gerichts waren Wirtschaftsprüfer und Berater durch einen Vertrag und eine gemeinsame, in Genf ansässige Dachgesellschaft namens Andersen Worldwide miteinander verbunden. Hauptgrund für die Trennung war ein Streit ums Geld. Er war entbrannt, weil die Consultants in ihrem Geschäftsfeld wesentlich erfolgreicher waren als die Prüfer, laut Vertrag aber ihre Gewinne teilen mussten. Wer sich fragt, wie intelligente Berater eine so unvorteilhafte Abmachung treffen konnten, muss einen Blick auf die Vergangenheit der beiden Unternehmen werfen.

Sie beginnt im Jahre 1913. Damals tun sich der Universitätsprofessor Arthur Andersen und der Wirtschaftsprüfer Clarence DeLany zusammen. In Chicago gründen sie die Firma Andersen,

DeLany & Co. Fünf Jahre später scheidet DeLany aus und Andersen muss das Unternehmen auf seinen Namen umtaufen. Dem Erfolg tut das keinen Abbruch. Im Gegenteil. Im Laufe der Zeit macht sich Arthur Andersen einen klingenden Namen auf den Gebieten Wirtschaftsprüfung, Steuer- und Rechtsberatung. Sein Haus gilt als die nobelste Adresse in dieser Branche, und auf diese Tradition war man bei Arthur Andersen immer stolz. Niemand kann damals ahnen, dass die Firma einmal – als Prüfer des texanischen Energiehändlers Enron – in den bis dato größten Wirtschaftsskandal der Geschichte verwickelt und daran zugrunde gehen wird.

1954, Jahre nach dem Tod des Gründers, beginnen die Partner von Arthur Andersen, neben ihrem traditionellen Geschäft auch Managementberatung anzubieten. Einer der ersten Kunden für diese Dienstleistung ist der Industriekonzern General Electric, dem Arthur Andersen hilft, eine EDV-Anlage zu installieren. Bereits in den siebziger Jahren beginnen die Wachstumsraten von Prüfungsgeschäft und Consulting auseinander zu driften, und es kommt zu ersten Differenzen zwischen Prüfern und Beratern. Die eher hemdsärmeligen, pragmatischen Consultants verstehen sich nicht gut mit den als »Erbsenzähler« verspotteten, streng auf Formalitäten achtenden Wirtschaftsprüfern.

Der damalige Chef von Arthur Andersen, Harvey E. Kapnick, ist der Ansicht, dass diese unterschiedlichen Charaktere nicht harmonieren können und eine Gefahr für den Bestand der Firma darstellen. Er setzt sich deswegen dafür ein, die Beratungseinheit abzutrennen und sich wieder ausschließlich auf das traditionelle Geschäft zu konzentrieren. Sein Vorschlag bringt ihm wenig Applaus ein. Kapnick wird zum Rücktritt gezwungen und aus der Firma gedrängt. Einen erneuten Versuch, Prüfer und Berater zu trennen, unternimmt schließlich Victor Millar, Chef der Consultingabteilung, im Jahre 1987. Sein Plan: Die Consultants sollen unter das Dach der Werbeagentur Saatchi & Saatchi schlüpfen.

Der Plan scheitert, Millar muss allein zu den Werbeleuten wechseln.

Zu dieser Zeit arbeitet sich bei Arthur Andersen ein Mann an die Spitze, der sich später wegen seiner aggressiven Expansionspolitik den Spitznamen »Kingkong der Consultants« einhandelt. Seine Geschichte liest sich wie ein Kapitel aus dem Buch über den amerikanischen Traum: George T. Shaheen, 1944 als Enkel armer polnischer und libanesischer Einwanderer geboren, wächst in bescheidenen Verhältnissen im US-Bundesstaat Illinois auf. Als Junge muss er regelmäßig im Lebensmittelgeschäft seines Vaters aushelfen – bis zu 35 Stunden pro Woche, wie er später stolz erzählt. Dennoch schneidet er in der Schule als einer der Besten ab. Mit dem Abschluss in der Tasche schreibt er sich an der Bradley-Universität in Illinois ein, die zwar nicht besonders renommiert ist, aber nicht weit von seinem Heimatort entfernt liegt. Er studiert Betriebswirtschaft mit Schwerpunkt Marketing. Eigentlich hätte er als Bradley-Absolvent kaum eine Chance auf einen Job bei einer renommierten Wirtschaftsprüfungsfirma gehabt, wenn ihm nicht ein Zufall zu Hilfe gekommen wäre.

In jenen Tagen wird in Illinois ein Mann gefasst, der mehrere Krankenschwestern umgebracht hat. Einer von Shaheens Lehrern an der Bradley-Universität muss als ehrenamtlicher Vorsitzender einer Geschworenen-Jury über den Serienmörder urteilen. Der Professor hat deswegen keine Zeit mehr für seine Studenten. Der Programmierkurs, den er erhalten soll, droht auszufallen. Deswegen überredet er Shaheens, seinen Kommilitonen die Programmiersprache Fortran beizubringen. Der Student erhält ein Lehrbuch für den Kurs und muss das vermitteln, was er zuvor gelesen hat. Shaheen meistert diese Aufgabe und bekommt dafür ein exzellentes Abschlusszeugnis ausgestellt. Der dankbare Professor streicht dabei vor allem die Softwarekenntnisse des Studenten heraus. »Das sah verdammt gut aus bei meiner Bewerbung. Ich wirkte dadurch wie ein erfahrener Computerexperte, obwohl ich eigentlich nur Grundkenntnisse besaß«, so Shaheen später gegenüber amerikanischen Journalisten.

1967 startet Shaheen seine Karriere bei Arthur Andersen. Zehn Jahre später wird er zum Partner gewählt. In den folgenden Jahren steigt er weiter auf, wird Gebietschef für North und South Carolina, dann für Kalifornien, den gesamten Südwesten der USA und schließlich für Nordamerika, Japan und einige andere asiatische Länder. 1989 wachsen die Spannungen zwischen den Consultants und den Wirtschaftsprüfern ins Unerträgliche. Shaheen und seine Leute gehen auf Konfrontationskurs und setzen schließlich durch, dass sich die Consultants in einer rechtlich selbstständigen Einheit organisieren können. Der Chef von Arthur Andersen, Jim Wadia, verpflichtet die Berater im Gegenzug, ihre Gewinne mit den Prüfern zu teilen.

Die neue Einheit erhält den Namen Andersen Consulting, und Shaheen wird zu ihrem Chef gewählt. In den kommenden Jahren expandiert Andersen Consulting mit rasender Geschwindigkeit. Nicht nur der Wandel in der Computertechnik treibt das Wachstum voran, die Firma profitiert auch mehr als andere von einem neuen Managementtrend. Anfang der neunziger Jahre veröffentlichen der Informatik-Professor Michael Hammer und der Consultant James Champy das Buch *Reengineering the Corporation*. Darin fordern die Autoren, die starren, hierarchischen Strukturen in Großunternehmen aufzubrechen und grundlegend neu zu gestalten. Im Zentrum des Buches steht ein Kapitel über den Nutzen der Informationstechnik. Diese sei nicht nur dazu da, die Automatisierung in Fabrikhallen und Büros voranzutreiben. Vielmehr erlaubten es intelligent eingesetzte Computer, flexiblere Strukturen zu schaffen, um näher am Kunden zu sein und schneller auf Marktveränderungen zu reagieren. Das Werk wird ein Bestseller, und die darauf einsetzende Welle des Reengineering sorgt für ein Bombengeschäft bei den Beratern. Schließlich sind sie die Experten für jene neuen Management-Informationssysteme, die bei einer solchen Transformation in den Unternehmen installiert werden müssen.

Das Expansionstempo, das die Consultants in diesen Jahren an den Tag legen, verblüfft selbst die an Superlative gewöhnten amerikanischen Journalisten: »Stellen Sie sich ein Unternehmen vor, das vor acht Jahren noch nicht einmal existiert hat. Ein Unternehmen, das 50 000 Mitarbeiter beschäftigt, auf sechs Kontinenten arbeitet, mit IBM und AT & T konkurriert, obwohl es weder ein Computerproduzent noch ein Telefonkonzern ist, mit einem Umsatz von 6 Milliarden Dollar in seiner Branche führt und eine jährliche Wachstumsrate von mehr als 25 Prozent aufweist.« So die Einleitung eines Artikels über Andersen Consulting, der 1997 im US-Wirtschaftsmagazin *Fortune* erscheint.

Die Wirtschaftsprüfer können mit diesem Tempo nicht mithalten. Die Wachstumsrate von Arthur Andersen liegt bei weniger als 8 Prozent im Jahr. Das Missverhältnis wird noch deutlicher, wenn man sich die Zahl der Partner ansieht, die als Teilhaber der Firma nicht nur Anspruch auf ihr Gehalt, sondern auch auf einen Anteil am Gewinn haben: Im Geschäftsjahr 1996/97 erwirtschaften die damals rund 1 100 Partner von Andersen Consulting einen Honorarumsatz von 6,1 Milliarden US-Dollar. Jeder dieser Partner hatte also im Durchschnitt 5,5 Millionen Dollar kassiert. Die zirka 1620 Partner von Arthur Andersen jedoch kommen dagegen nur auf einen Umsatz von 5,2 Milliarden Dollar. Das sind 3,3 Millionen Dollar pro Partner. Als Folge muss Andersen Consulting allein in jenem Geschäftsjahr einen dreistelligen Millionenbetrag in den gemeinsamen Topf einzahlen. Schätzungen zufolge sollen es 200 Millionen Dollar gewesen sein, welche die Berater 1997 zubuttern müssen. Hinzu kommt, dass die Prüfer eine ganze Reihe teurer und das Image schädigender Haftpflichtprozesse am Hals haben. Außerdem beginnen sie, hinter dem Rücken von Andersen Consulting ihren Klienten Beratungsleistungen anzubieten.

Die Situation spitzt sich immer mehr zu. Bei einem Treffen der

Partner in Paris soll Wadia als Nachfolger von Larry Weinbach zum Präsidenten der Dachgesellschaft Andersen Worldwide gewählt werden. Die Berater blockieren diese Entscheidung und schlagen stattdessen Shaheen als Nachfolger vor. Doch auch Shaheen erhält nicht die nötige Mehrheit, da ihm einige hundert Stimmen aus dem gegnerischen Lager fehlen. Daher muss ein Interimspräsident bestellt werden. 1997 kommt es schließlich zum Prozess zwischen den heillos zerstrittenen Lagern. Wadia fährt sofort schwere Geschütze auf. Andersen Consulting soll im Falle der Trennung 10 Milliarden Dollar an Arthur Andersen zahlen und zusätzlich noch auf den gut eingeführten Namen verzichten. Shaheen kontert mit einer vergleichsweise bescheidenen Gegenforderung und dem Wunsch nach Scheidung. So beginnt ein jahrelanger, erbitterter Rechtsstreit.

Vermutlich hat Shaheen nicht an einen Erfolg dieses Prozesses geglaubt. Das Gericht hatte jedenfalls noch nicht einmal eine Entscheidung angedeutet, als der Berater Andersen Consulting verlässt. Im September 1999 wird er Chef des Online-Unternehmens Webvan. »Nach mehr als 30 Jahren bei Andersen Consulting hätte ich mich sowieso irgendwann im kommenden Jahr zur Ruhe gesetzt«, so Shaheen als Erklärung für seinen Schritt, Chef eines Supermarkts zu werden, der seine Produkte via Internet an den Kunden bringen will. »Vielleicht eine passende Karriere für den Sohn eines Lebensmittelhändlers«, feixen Journalisten. Der wahre Grund: Die Eigentümer von Webvan wollen möglichst schnell an die Börse. Sie locken Shaheen mit einem hohen Gehalt und einem dicken Aktienpaket. »Eine einmalige Chance«, denkt Shaheen. Damals weiß er noch nicht, dass Webvan Pleite machen wird – so wie Tausende andere Internet-Unternehmen.

Die Partner bei Andersen Consulting sind geschockt. Hastig ernennen sie einen Interimschef, der die Geschäfte führen soll, bis sie sich auf einen endgültigen Nachfolger für Shaheen geeinigt haben. Der Abgang ist umso schmerzlicher, als es keineswegs der einzige ist: Dutzende, zumeist hoch qualifizierter Berater kehren in diesen

Tagen der Internet-Hysterie Andersen Consulting den Rücken, um Jobs in der New Economy anzutreten. »Obwohl die Internet-Blase jederzeit platzen kann, ist die Verlockung, innerhalb weniger Monate reich zu werden, stärker als die Aussicht, acht bis zwölf Jahre zu warten, um dann vielleicht Partner zu werden«, so die Einschätzung von Stan Lepeak, Analyst beim Marktforschungsunternehmen Meta Group.

Anfang November 1999 wählen die Partner Joe Forehand zu ihrem neuen Chef. Wadia denkt, der Neue an der Spitze von Andersen Consulting sei leichter um den Finger zu wickeln als Shaheen, und lässt einen Testballon steigen, um die Chancen für eine Einigung zu sondieren: »Ich kenne Forehand seit langem und glaube, gut mit ihm zusammenarbeiten zu können«, so der Chef von Arthur Andersen. Forehand bleibt jedoch hart. Der Streit kulminiert Ende November, als sich auch noch die Dachgesellschaft Andersen Worldwide in den Prozess einmischt. Sie klagt auf Zahlung einer Summe, die die Forderung von Arthur Andersen noch übertrifft. Die Berater sollen im Falle der Trennung 14,6 Milliarden Dollar zahlen.

Eine der ersten Maßnahmen Forehands zielt darauf ab, den ständigen Aderlass beim Personal zu stoppen. Im März 2000 stellt der neue Chef 200 Millionen Dollar bereit und schafft damit einen Fonds, der in Internetunternehmen investieren soll: Andersen Consulting Ventures lautet der Name dieses Investmentvehikels. Regelmäßige Ausschüttungen aus diesem Fonds sollen besonders treuen und leistungsstarken Mitarbeitern zugute kommen. Außerdem verbessert Forehand die Aufstiegsmöglichkeiten der Consultants. In den folgenden Monaten verkürzt er die Karrierewege und macht mehr als 1 000 Berater zu Partnern. Die Zahl der Mitarbeiter, die am Gewinn beteiligt sind, verdoppelt sich dadurch.

Die Maßnahme kommt reichlich spät. Gerade die leistungsstarken Consultants haben sich längst anderweitig umgesehen. Noch Wochen nach der Ankündigung dieser Maßnahmen verlassen zahlreiche Berater die Firma, darunter Gregory Boyer, ein Experte für die Gründung von E-Business-Unternehmen, oder Rich Vanatsky, ein Marketing-Spezialist, der in der für die Firma extrem wichtigen Supply Chain Practice gearbeitet hatte.

Anfang August 2000 fällt das Schiedsgericht der Internationalen Handelskammer in Paris endlich sein Urteil: Andersen Consulting wird zu einer Zahlung in Höhe von 1 Milliarde Dollar an Arthur Andersen verurteilt. Bis zum Ende desselben Jahres muss der Beratungskonzern außerdem seinen Namen ändern.

In der eingangs zitierten Presseerklärung findet sich kein Wort von alledem. Die Geschichte zeigt: Bei Accenture wird Reklame groß geschrieben. Sie dient unter anderem dazu, all die peinlichen Vorfälle in der Geschichte dieser Firma vergessen zu machen und dem Publikum Sand in die Augen zu streuen. Dafür machen die Berater jede Menge Geld locker. Die stolze Summe von 175 Millionen US-Dollar ließ sich das Unternehmen allein die Kampagne zur Umbenennung kosten. Auch in den vorausgegangenen Jahren beliefen sich die Werbeausgaben jeweils auf rund 100 Millionen US-Dollar. Klar, dass mit solchen Summen nicht nur brave Broschüren finanziert werden – so wie das früher bei Arthur Andersen üblich war. Accenture wirbt mit teuren Spots im Fernsehen, schaltet ganzseitige Anzeigen in der Wirtschaftspresse, sponsort die Formel 1, und viele andere, zumeist hochkarätige Events. Daneben fördert Forehand Kunst und Kultur und tut noch Etliches mehr, um den Namen Accenture in aller Munde zu hören.

Auch wenn sich Consultingpioniere wie Marvin Bower im Grabe umdrehen würden, für Forehand ist dies alles kein Grund, rot zu werden. Im Gegenteil: Der Consultant ist stolz auf seine Rolle als Pionier der Massenwerbung in der Beraterbranche. Und der Erfolg gibt ihm Recht. Außerdem sind ihm nahezu alle großen, weltweit operierenden Consultingunternehmen mit eigenen, wenngleich weitaus bescheideneren Kampagnen gefolgt. Dies ist gewissermaßen das äußere Zeichen für den rapiden Wandel von einem eher im Verborgenen wirkenden Berufsstand zu einer ans

Rampenlicht der Öffentlichkeit drängenden, milliardenschweren Industrie.

Die gewaltigen Werbeausgaben sind auch Ausdruck des Willens, Profil zu gewinnen und in das lukrative und hoch angesehene Beratungssegment einzudringen, das von den traditionellen Beratungshäusern dominiert wird: das Ausformulieren von Unternehmensstrategien unter Anwendung neuester wirtschaftswissenschaftlicher Erkenntnisse und der Einsatz hoch entwickelter Management Tools. Diese Arbeit spielt bei Accenture auch heute nur eine untergeordnete Rolle. Oder vielleicht sollte man es etwas anders formulieren: Die Strategieberatung ist hier durchaus wichtig, aber eher so wie das Salz in der Suppe. Jedenfalls erzielt Accenture den Löwenanteil seines Umsatzes nicht mit klassischer Managementberatung. Stattdessen dominiert nach wie vor die technologienahe Beratung, wobei mit Technologie in erster Linie IT oder Informationstechnik, also Computer und Programme, gemeint sind. Das ist der Grund, weswegen Forehands Truppen oft als die Handwerker der Branche verspottet werden. Viele Konkurrenten tun so, als würden die Berater von Accenture lediglich Computer programmieren und die dazugehörigen Kabel verlegen, während sie selbst die Kopfarbeit leisten. Das stimmt so natürlich nicht.

Die Arbeit der Berater kann durchaus strategische Bedeutung haben, etwa wenn zwei Banken fusionieren und vorab entschieden werden muss, ob das Computersystem von Bank A oder das von Bank B weiter benutzt werden soll. Im Unterschied zu McKinsey und anderen Beratungsfirmen lassen es Forehands Consultants nicht beim guten Rat bewenden, sondern packen mit an, damit der Rat in die Tat umgesetzt wird. Sie verkaufen nicht nur Ideen und Konzepte, sondern auch die damit zusammenhängenden Dienstleistungen. Im Fall der Bankenfusion würde Accenture dafür sorgen, dass beide Geldhäuser zu einem festgelegten Zeitpunkt mit dem Computersystem arbeiten können, für das sich das Management zuvor entschieden hat.

Der Unterschied zu einem klassischen Beratungshaus wird an einem konkreten Beispiel noch deutlicher: Die Commerzbank entschloss sich vor einigen Jahren, ihr gesamtes Privatkundengeschäft umzugestalten. Die Strategie für dieses Projekt mit dem Namen P 2000 entwickelte Accentures Vorgängerfirma Andersen Consulting gemeinsam mit dem Management der Bank. Die Berater überarbeiteten die Produktpalette, gestalteten die Arbeitsprozesse des gesamten Bereichs neu, bauten ein so genanntes Database Marketing für die Privatkundenbetreuer auf und teilten den Kundenstamm in bestimmte Segmente ein. Das alles sind Arbeiten, die auch die anderen Beratungshäuser übernehmen würden. Zusätzlich aber installierte Andersen Consulting ein neues Computersystem und brachte dieses auch zum Laufen. Das ist die Stärke von Accenture: Strategie- und IT-Beratung aus einer Hand.

Ein weiterer, maßgeblicher Unterschied zeigt sich beim Blick in den Vertrag, den die Berater mit der Commerzbank geschlossen hatten. Darin heißt es, dass der Auftrag zu einem festen Preis abgewickelt werde. Die Berater geben auch eine Garantie für das Funktionieren des »Gesamtgewerkes«. Sie verpflichteten sich, wie Juristen sagen, zu einem konkreten Werk, garantieren einen bestimmten, überprüfbaren Erfolg ihrer Arbeit. Die Commerzbank wäre also nicht zur Zahlung verpflichtet gewesen, wenn das Computersystem nicht funktioniert hätte. Klassische Consultingfirmen wie McKinsey akzeptieren dagegen grundsätzlich nur Dienstverträge. Vertraglich geschuldet ist hier eine Dienstleistung, kein bestimmtes Arbeitsergebnis – so wie ein Arzt nur die Behandlung des Patienten nach den Regeln der medizinischen Kunst schuldet und nicht einen bestimmten Heilungserfolg. Führt die Tätigkeit eines Consultants, der mit seinem Kunden einen Dienstvertrag geschlossen hat, nicht zum gewünschten Erfolg, muss der Kunde zumeist trotzdem zahlen.

Manche von Accentures Kunden lagern ihre gesamte Datenverarbeitung an das Beratungsunternehmen aus und überlassen es Forehands Leuten, Dienstleistungen wie die Lohn- und Gehaltsabrechnung Monat für Monat frei Haus zu liefern. Die Fachleute sprechen von Outsourcing. Accenture gehört weltweit zu den größten Anbietern in diesem Geschäft. Die Eckdaten von Mitte 2001 sind mehr als nur beeindruckend: Über 75 000 größtenteils hoch qualifizierte Mitarbeiter, 110 Büros in 46 Ländern rund um den Globus und ein Umsatz von über 10 Milliarden US-Dollar.

Ein Ende des irrwitzigen Wachstumstempos dieses Unternehmens schien zunächst gar nicht absehbar. Im Gegenteil. Wäre alles so gelaufen, wie sich Forehand und seine führenden Partner sich die Zukunft vorgestellt hatten, dann wären sie heute vermutlich nicht nur die Chefs des größten Beratungskonzerns, sondern vermutlich auch die reichsten Männer der Welt.

Blicken wir noch einmal zurück in die Zeit kurz nach Forehands Wahl zum Nachfolger von George Shaheen. Es ist die Zeit, in der die Consultants eine geradezu atemberaubende Vision propagieren. Es geht um die Schaffung eines Beratungskonzerns »völlig neuen Typs«, wie es in einer Mitteilung an die Medien heißt. Accenture soll zum dominierenden Spieler der New Economy ausgebaut werden. Ziel ist es, zugleich Marktführer, Architekt und Baumeister der Internetwirtschaft zu werden. Und dies erscheint nicht einmal zu hoch gegriffen.

Das Angebot an Consulting und Outsourcing bietet für diese Pläne eine gute Plattform. Die Berater verfügen außerdem über die besten Beziehungen zu den interessantesten Technologieunternehmen der Welt. Mit dem Softwareriesen Microsoft etwa gründet Andersen Consulting das Gemeinschaftsunternehmen Avanade, das auf Internet-Beratung spezialisiert ist. Mit Sun Microsystems hebt es ein so genanntes eProcurement-Unternehmen aus der Taufe, das seinen Kunden Online-Einkäufe ermöglichen soll: das Bestellen von Büromaterial, Flugtickets oder Computer per Internet. Mit dem deutschen Softwarehersteller SAP entwickelt Accenture Lösungen zur Verbesserung der Geschäftsprozesse und der IT-Infrastruktur für Kunden bestimmter Branchen. Und mit dem Internetunternehmen Yahoo versucht Accenture, seinen Kunden so genannte Portallösungen, also Internetanwendungen für betriebliche Zwecke, zu verkaufen. Nahezu jeden Monat kommen neue Bündnisse dieser Art hinzu. Anfang 2001 sind es bereits über 100 solcher Allianzen.

Im Rahmen dieser Allianzen erhalten die Berater Einblick in die Entwicklung neuester Internettechnologie. Teilweise helfen sie sogar bei der Entwicklung von neuen Produkten, sind Geburtshelfer von Softwareproduzenten wie Siebel, die an der Technologiebörse Nasdaq Furore machen. Jetzt aber wollen die Berater noch mehr: Sie möchten diesen Unternehmen nicht nur Rat, sondern auch Geld und Dienstleistungen bieten – im Austausch gegen Firmenanteile. Hierzu lässt Accenture im Jahre 2000 zwei Dutzend so genannter »Dot-Com Launch Center« aus dem Boden stampfen: großzügige Büroetagen, in denen zumeist junge Technologieexperten und Betriebswirte an der Realisierung ihrer Geschäftsideen arbeiten können. Forehand ist sich sicher: »Wir schaffen ein Netzwerk von Unternehmen und decken so die Bedürfnisse jeder Organisation des 21. Jahrhunderts ab – Beratung, Technologie, Outsourcing, Allianzen und Risikokapital«, heißt es in einer Presseerklärung vom Januar 2001. Allein in Europa will das Unternehmen in einem Zeitraum von fünf Jahren eine Milliarde US-Dollar investieren. »Wir werden Europas Silicon Valley bauen«, so Accenture.

Das nötige Geld, um Beteiligungen an Unternehmen zu kaufen und die Expansion noch schneller voranzutreiben, muss vom Kapitalmarkt kommen. Deswegen ändert Accenture zunächst die Rechtsform der Firma, die zuvor aus einem über 48 Länder gespannten Netz von Partnerschaften bestand. Hierzu gründen die Berater die Dachgesellschaft Accenture Ltd. mit Sitz im Steuerparadies Hamilton auf den Bermudas. Doch die Zeit der Höhenflüge am Aktienmarkt ist längst vorbei. Deswegen behalten die Partner

82 Prozent der Firmenanteile und bringen im Frühjahr 2001 lediglich die restlichen 18 Prozent an die New York Stock Exchange. Ein »Go-Slow IPO«, ein vorsichtiger Börsengang, kommentieren amerikanische Zeitungen. Auf diese Weise sind die Berater vor einem Kursdesaster sicher. Immerhin lassen sich zahlreiche Anleger von Accentures Technikkompetenz zum Kauf der Anteile verleiten. So fließen 1,67 Milliarden Dollar in die Kassen der Consultants.

Es ist bekannt, dass der Ideenklau bei Consultants weit verbreitet ist: Kein Konzept, das sie nicht kopieren, kein Schlagwort, das sie nicht nachbeten. Nichts ist vor ihnen sicher. Forehand macht da keine Ausnahme. Der Börsengang? Selbst der schwerfällige Konkurrent KPMG (heute Bearing Point) war da schneller als Accenture. Die Dot-Com Launch Center? Sie waren nichts anderes als so genannte Inkubatoren. Die ersten dieser Brutkästen für Internetunternehmen wurden schon Jahre zuvor von Risikokapitalgebern in den USA eingerichtet. Und auch die Idee von der Geburt eines völlig neuen Beratungsunternehmens stammt nicht von Forehand. Er hat sie von Robert F. Bernard, dem Chef des US-Beratungskonzerns MarchFIRST.

7. Berater des Jahres 2000

Amerika, du hast es besser. Das Land der unbegrenzten Möglichkeiten ist voll von Geschichten, bei denen Studienabbrecher wie Bill Gates oder Michael Dell als High-Tech-Pioniere Furore machen und schier unermessliche Reichtümer anhäufen. Auch die Story von Robert F. Bernard liest sich wie ein weiteres Kapitel der unendlichen Saga vom American Dream. Zumindest beginnt sie so.

Der 22 Jahre alte Computerbastler macht sich 1984 in Chicago selbstständig. Sein Unternehmen ist damals nur eine weitere von vielen hundert Klitschen, bei denen die mittelständischen Unternehmer in dieser Großstadt PCs samt Zubehör kaufen und alles fachgerecht installieren lassen. Und Bernard ist keineswegs der Erste, der mit dem drögen Zusammenstecken von Platinen und dem Nerv tötenden Installieren von Software Geld machen will. Aber er hat ein Gespür für Marketing: Um sich von seinen Konkurrenten abzuheben, tauft er sein Unternehmen Whittman-Hart. Das klingt viel versprechend, so als ob sich da zwei erfahrene Partner unter einem Dach zusammengeschlossen hätten. Die Namen hat er einfach übernommen – von zwei Charakteren aus dem Fernsehdrama »The Paper Chase«.

Der technisch begabte Frühstarter baut Whittman-Hart in zirka zehn Jahren zu einem ansehnlichen IT-Beratungsunternehmen aus. Bereits 1992 kürt ihn die Wirtschaftsprüfungsfirma KPMG zum »High-Tech-Entrepreneur des Jahres«. Weitere ähnliche Auszeichnungen folgen. Man lobt nicht nur Bernards Unternehmergeist, sondern auch seinen Weitblick – zu Recht. Denn als einer der Ersten erkennt er die Bedeutung des Internets für die Beraterbranche.

Bernard sieht, dass die Pioniere der digitalen Wirtschaft andere Bedürfnisse haben als seine traditionellen Kunden. Rat in technischen Dingen reicht hier nicht aus, denn mit Internetservern und Web Browsern allein kommen die Startup-Unternehmer nicht weit. Sie brauchen kühle Analytiker, die ihre halbgaren Ideen in packende Equity Stories verwandeln, sodass die Kapitalgeber bei der Stange bleiben. Gleichzeitig brauchen sie nüchterne Zahlenfresser, die ihnen Businesspläne schreiben und den gesamten Investitionsbedarf bis auf die Kosten für den obligatorischen Pizzaservice ausrechnen. Dann benötigen sie kreative Köpfe, Berater, die etwas vom Webseiten-Design verstehen, die sich zugkräftige Markennamen ausdenken und wirkungsvolle Werbekampagnen organisieren. Und schließlich brauchen sie erfahrene Logistikspezialisten, die wissen, wie man Lieferketten organisiert, sodass die per Internet bestellten Waren auch Kunden im hintersten Winkel der Welt erreichen.

Bernard hat einen klaren Blick für die Geschäftschancen, die sich hier bieten. Schnell hat er begriffen, dass sich mit solchen Dienstleistungen ein Vermögen machen lässt. Denn den Startup-Unternehmern sitzt das – geborgte – Geld weitaus lockerer als der traditionellen Zielgruppe der Berater. Für die zumeist junge Klientel ist die Höhe des Beratungshonorars nicht entscheidend. Das hat natürlich einen Grund, und der heißt »Speed«. In den Gehirnen dieser Unternehmer hämmert es: Geschwindigkeit ist alles. Jeder Tag, jede Stunde zähle siebenfach, so die Überzeugung der Internetavantgardisten. Sie glauben, sie hätten nur einen Bruchteil der Zeit, die einem normalen Unternehmen bleibt, um Marktmacht zu entwickeln. Das »Window of Opportunity«, das Fenster einer niemals wieder kommenden Gelegenheit, reich zu werden, stehe nur wenige Monate offen, lautet die allgemeine Überzeugung. In dieser kurzen Zeit gehe es darum – so wie Amazon als Buchhändler oder eBay als Internetflohmarkt –, Marktführer auf einem Segment der New Economy zu werden. Klar, dass bei diesen Kunden derjenige

Berater die Nase vorn hat, der schnell ist, etwas vom Internet versteht und alle Dienstleistungen aus einer Hand anbieten kann.

So wie diese Kunden hört auch Bernard die Sirenengesänge der Kapitalmarktexperten. Schnell an die Börse und aggressiv expandieren, heißt ihr Rat. Und genau das tut Bernard auch. 1996 bringt er Whittman-Hart erfolgreich an die Nasdaq. Jetzt hat er die Mittel, um qualifiziertes Spitzenpersonal anzuheuern. Er kauft die Berater sozusagen en gros, indem er eine Firma nach der anderen übernimmt. Auch für ihn spielt Geld jetzt keine Rolle mehr. So wie die Startup-Unternehmer kann Bernard jetzt mit Aktienpaketen winken und die besten Experten anlocken. Zwischen 1995 und 2000 wächst die Zahl der beschäftigten Mitarbeiter um satte 600 Prozent auf mehr als 4 000. Grund genug für das Wirtschaftsmagazin *Fortune*, den Namen zum ersten Mal auf eine jener legendären Tabellen zu setzen, auf denen die Großen der Weltwirtschaft gelistet sind.

Arbeit für Bernards Beraterheer gibt es mehr als genug, denn der Dot-Com-Boom sorgt für pralle Auftragsbücher. In diesen Tagen scheffeln die Consultants das Geld. Quartal für Quartal meldet Whittman-Hart seinen Aktionären neue Rekordzahlen. So setzt der Börsenkurs des Unternehmens zum Höhenflug an. Gestützt auf die hohe Bewertung der Aktien fusioniert Bernard im März 1999 mit dem Internetdienstleister US Web/CKS. Dessen Chef, Robert Shaw, war zuvor selbst auf Akquisitionstour gegangen. Unter anderem hatte er die Strategieberatungsfirma Mitchell Madison übernommen, die 1994 von erfahrenen Consultants gegründet worden war, darunter der Bankenberater Philip W. Langguth und der IT-Experte Thomas D. Steiner. Diese hatten zwei Jahre zuvor McKinsey den Rücken gekehrt, weil ihnen die Strukturen der Beratungsfirma zu antiquiert und zu hierarchisch erschienen. Mehr als zwei Dutzend weiterer McKinsey-Leute waren ihnen damals gefolgt. The Mitchell Madison Group war zum Zeitpunkt der Übernahme bereits ein ernsthafter Konkurrent der klassischen Beratungshäuser: 1997 erzielte die Firma mit 650 Mitarbeitern rund 200 Millionen Dollar Umsatz, und zwar nicht nur in den USA. Das Unternehmen unterhielt zahlreiche Büros in Europa und auf anderen Kontinenten.

Bernard hat mit der Fusion sein Ziel fast erreicht: ein komplettes Beratungsangebot für die Internetwirtschaft unter einem Dach. Was noch fehlt, ist ein klingender Name. Bernard entscheidet sich für »marchFIRST«: marschiereZUERST oder ersterMÄRZ – beide Übersetzungen sind möglich, und beide haben etwas für sich. Die erste Variante klingt nach Pioniergeist, nach Avantgarde. Die zweite erinnert an ein historisches Datum, an epochale Ereignisse, und genau so ist das auch gemeint: »Bernard führt ein revolutionäres, neuartiges Dienstleistungsunternehmen – eines, das Strategie, Technologie, Marketing und kreative Kompetenz in einem noch nie dagewesenen, weltweiten Maßstab zur Vollendung führt«, so der Text einer Presseerklärung des Unternehmens aus diesen Tagen. Mit seiner Elitetruppe aus Computerexperten, Webdesignern und Strategieberatern will Bernard vorneweg ins digitale Zeitalter marschieren.

Er ist aber nicht der Einzige, der das will. Eine ganze Gruppe von Internetconsultants stürmt in jenen Jahren an die Börse, und alle haben sie irgendwie interessant klingende, ausgefallene Namen: Razorfish, Sapient, Scient, Viant oder Proxicom. Es fällt heute schwer, in nüchternen Worten die damals euphorische Stimmung in dieser Szene zu beschreiben. Selbst erfahrene Manager, etwa der ehemalige McKinsey-Berater und Westinghouse-Sanierer Michael Jordan, lassen sich von der Begeisterung für diese Firmen mitreißen. Jordan wird Chairman von Luminant mit Sitz in Dallas.

Alle Experten sind sich einig: Der Markt für Internetdienstleistungen sei riesig. Und: Er wachse weitaus rascher als die Nachfrage nach traditionellem Consulting. 1998 hätten US-Unternehmen erst 7,8 Milliarden Dollar für den Service im Netz ausgegeben. Fünf Jahre später sollten es fast 80 Milliarden sein. So die Prognose des Marktforschungsunternehmens International Data Corporation. Kein Wunder, dass sich die Aktienexperten in den Wertpapierhäusern vor Begeisterung überschlagen: »Wenn du Internet und Consulting miteinander verbindest, bekommst du ein explosives Wachstum«, so Danny Rimer, Analyst bei der Wallstreet-Firma Hambrecht & Quist. Er ist nur einer von vielen, die die Aktien der Internetdienstleister zum Kauf empfehlen.

Die Newcomer sorgen nicht nur an der Börse für Aufregung. Auch die traditionelle Kundschaft der Consultants wird auf sie aufmerksam. Zahlreiche Studien belegen ein Umdenken in den Köpfen der Manager. So publiziert Forrester Research im Februar 2000 die Ergebnisse einer Umfrage unter zahlreichen Großunternehmen in den USA. Das Ergebnis ist nicht gerade schmeichelhaft für die vermeintliche Elite der Beraterszene: »Unsere Gesprächspartner sagten uns, sie seien gegenüber den traditionellen Consultants wie McKinsey und Bain skeptisch. 76 Prozent sagten, sie bevorzugten andere Berater als diese traditionellen Firmen, wenn es um Fragen der E-Business-Strategie gehe«, heißt es in der Studie. Forrester zitiert auch einige Befragte: »Wir zogen Managementconsultants in Betracht, hatten aber den Eindruck, dass deren Denken zu traditionell ist. Statt uns Handlungsanweisungen für die Internetwirtschaft zu geben, redeten sie die ganze Zeit darüber, wie sich Unternehmen in den bestehenden Märkten verhalten sollten«, so der Manager eines Finanzdienstleistungsunternehmens. Ein Forrester-Gesprächspartner aus der Konsumgüterbranche wird noch deutlicher: »Wir hatten kürzlich ein Treffen mit einer der größeren Beratungsfirmen, und es war ganz offensichtlich, dass ihre Consultants nicht viel über das Internet wussten.«

In Europa sind es andere Namen, die heiß gehandelt werden. Internetdienstleister wie Gft Technologies, Kabel New Media und Pixelpark feiern am Neuen Markt in Frankfurt am Main Erfolge. Auch hier hängen die Newcomer ihre traditionellen Konkurrenten ab. Eine Studie des Bonner Professors Dietmar Fink, die diesen

Trend belegt, macht Schlagzeilen in der deutschen Wirtschaftspresse. »Pixelpark schlägt McKinsey«, so der Wissenschaftler mit Blick auf die Ergebnisse seiner Umfrage. Die deutschen Manager schätzen die Kompetenz der Berliner Multimedia-Agentur in Sachen Internetberatung höher ein als die der klassischen Consultants. »McKinsey hat das Internet verschlafen«, höhnt die *Wirtschafts-Woche* und feiert Pixelpark-Chef Paulus Neef als den Messias der New Economy.

Inzwischen expandierte Bernard nicht nur in den USA, sondern auch in Europa. Rund um den Globus eröffnet er eine Niederlassung nach der anderen. Zuletzt sind es 73 Büros in 16 Ländern. Über 9000 Mitarbeiter, die meisten hoch qualifiziert und hoch bezahlt, stehen auf der Gehaltsliste seines Konzerns. Deutschland-Chef von MarchFIRST wird Wolfgang Zillessen, ein Mann mit Ellenbogen und ausgeprägtem Ego. Der Telekom- und High-Tech-Experte hat zuvor die Geschäfte von Arthur D. Little in Deutschland, Österreich und der Schweiz geleitet. Mit ihm verlassen weitere hochrangige Berater die laut Eigenwerbung »älteste Beratungsfirma der Welt«. Andere gehen zu Pixelpark. Das Beispiel ist nur eines von vielen, aber es zeigt: Im Jahr 2000 sehen klassische Consultingfirmen ziemlich alt aus.

Es sind gerade die zupackenden, dynamischen Unternehmertalente, die den traditionellen Beratungshäusern den Rücken kehren. Bestes Beispiel ist William »Bill« Nussey. Der gut aussehende Strahlemann, ein damals erst 34-jähriger Harvard-Absolvent und ehemaliger McKinsey-Berater, macht Karriere beim Internetdienstleister iXL. Seine Erfolge sind so spektakulär, dass ihn das US-Fachblatt *Consulting Magazine* auf das Titelblatt der Juni-Ausgabe hebt. Nussey habe den klassischen Managementberatern das Fürchten gelehrt, heißt es zur Begründung. Er habe McKinsey und anderen Häusern namhafte Klienten abspenstig gemacht. In der Tat: Nicht nur Dot-Coms, sondern auch Blue-Chip-Konzerne wie General Electric oder Delta Airlines lassen sich von Nussey den Weg in die Welt der Webseiten weisen. Von vielen dieser Unternehmen kassiert iXL Millionenbeträge an Honoraren. Und genauso wie Bernard kauft auch Nussey in kürzester Zeit Dutzende von Unternehmen auf und integriert sie unter dem Dach von iXL. Die Journalisten setzen ihn deswegen an die Spitze einer Tabelle mit den einflussreichsten Figuren der Consulting-Industrie. Nussey wird Consultant des Jahres 2000. Rajat Gupta und Joe Forehand landen abgeschlagen auf Platz 10 und 11 der Liste.

Es gibt nur wenige Experten, die sich nicht blenden lassen. Unter ihnen ist die Analystin Christine Ferrusi Ross von Forrester Research, die bereits Ende 1999 warnt, dass die Expansion einiger Internetconsultants zu hastig erfolgt sei. MarchFIRST etwa sei schlecht geführt, so Ross. Die Consultants arbeiteten nicht gut zusammen, lautete ihre Kritik.

Ross sollte Recht behalten. Erste Wolken ziehen im Frühjahr 2000 auf, im September ist die Euphorie schließlich vollends verflogen – vor allem bei iXL. Nussey muss seinen Posten an der Spitze des Unternehmens räumen. Rechtsanwälte überziehen ihn mit Klagen, und Anleger und Investoren fordern ihr Geld zurück. Denn bereits im April 2000 waren die Kurse der Internetberater an der Nasdaq eingebrochen. Anfang Oktober ist das Papier von iXL, das zu Glanzzeiten mit 58 Dollar gehandelt wurde, nicht einmal mehr 4 Dollar wert. Auch Michael Jordan muss hilflos mit ansehen, wie der Kurs von Luminant von seinem 52-Dollar-Hoch auf ein 2-Dollar-Tief stürzt. »Ich wünschte, ich hätte dieses Ende vorausgesehen«, sagt Jordan, als das Unternehmen in die Pleite rauscht.

Der steile Sturz der Internetconsultants steht im unmittelbaren Zusammenhang mit dem Platzen der Spekulationsblase an der Nasdaq. Dadurch geraten zunächst die Dot-Com-Unternehmer, denen die meisten dieser Berater den Großteil ihrer Aufträge verdanken, in Turbulenzen. Die Investoren, die die Startups kurz zuvor noch mit Geld überschüttet hatten, halten ihr Portemonnaie plötzlich geschlossen. Die Dot-Coms müssen sparen und fallen deshalb als Kunden für die Internetberater aus. Schlimmer noch: Sie zahlen die Honorare nicht, die sie ihnen schulden. Stattdessen bemängeln sie die schlechte Qualität der gelieferten Arbeit, behaupten, die Arbeit sei zu spät fertig geworden und klagen gar gegen die Berater. Viele Dot-Coms rühren sich auch gar nicht mehr. Kein Wunder: Sie sind pleite.

Die solventen Blue-Chip-Kunden, auf die Nussey so stolz war, wenden sich jetzt ebenfalls ab. Sie benötigen andere Dienstleistungen als früher: Das Front-End-Geschäft, also vor allem das Webdesign und die darauf bezogene Beratung, verliert rapide an Bedeutung. Doch gerade auf diesem Gebiet sind Internetservicefirmen wie iXL kompetent. Back-End-Dienstleistungen, also das Integrieren von betrieblicher Standard-Software und das Anbinden dieser Software ans Internet, zählt nicht zu ihren Stärken. »Die Kunden konzentrieren sich auf größere, komplexe Projekte«, klagt Bert Ellis, der Gründer von iXL. Ellis übernimmt das Steuer von Nussey und versucht, sein Unternehmen auf einen neuen Kurs zu bringen. Statt weiterer Expansion stehen jetzt Entlassungen an.

Das Eingeständnis von Schwierigkeiten kommt reichlich spät, und diese Situation lastet man vor allem Nussey an: »Das Unternehmen hat wiederholt behauptet, es erwarte ein starkes Wachstum, als de facto bereits die Nachfrage nach den Produkten und Dienstleistungen von iXL deutlich zurückgegangen war«, so die Rechtsanwälte von Stull, Stull & Brody, eine von vielen US-Kanzleien, die iXL im Namen geprellter Anleger auf Schadensersatz verklagt haben.

Dasselbe Bild zeigt sich wenig später in Deutschland, obwohl es hier weitaus weniger Unternehmen der New Economy gibt als in den USA. Anbieter wie Pixelpark oder Kabel New Media mussten deswegen schon von vornherein stark auf Kunden aus der traditionellen Wirtschaft setzen. Doch diese Auftraggeber wählen streng aus und verzeihen keine Fehler. Das muss zum Beispiel die deutsche Mannschaft von Razorfish erfahren, die bei einem Projekt für die Münchner Hypovereinsbank in Schwierigkeiten gerät. Und Pixelpark versagt beim Installieren eines komplexen Content-Management-Systems für den Versicherungskonzern Allianz.

Anders als in den USA kommt es in Deutschland jedoch nicht zu Prozessen. Deutsche Manager sind es gewöhnt, Schwierigkeiten unter den Tisch zu kehren. Außerdem liegt ein Teil der Schuld für chaotisch verlaufende Projekte oft auf Seiten des Kunden. Das ändert aber nichts daran, dass die Hauptverantwortung bei den Profis liegt. Denn ein straffes Risiko- und Projektmanagement ist ein Muss für jeden Consultant, der komplexe Aufträge annimmt. Das erkennen jetzt auch die Internetberater und ergreifen entsprechende Maßnahmen. Zu spät. Nicht nur die Kunden, auch die Aktienanalysten senken die Daumen. »Verkaufen« lautet ihre Empfehlung für alle diejenigen, die noch Aktien dieser Consultants in ihren Depots haben.

Für viele Kleinanleger kommt die Warnung zu spät. So auch für die Aktionäre von MarchFIRST. Nur wenige Wochen nach dem iXL-Skandal rauscht Bernards Unternehmen in die Pleite. Rund eine Milliarde Dollar an Schulden hat Bernard angehäuft. Teile des Konzerns werden verkauft, unter anderem an Andrew »Flip« Filipowski, Chef des Internetberatungshauses Divine. Der aber verschluckt sich an diesem Brocken und muss selbst Konkurs anmelden. Auch die deutsche Tochtergesellschaft von MarchFIRST macht Pleite. Als Letzte geht die Truppe der Strategieberater um Wolfgang Zillessen von Bord. Der Consultant hatte noch kurz vor der Insolvenz beteuert, dass MarchFIRST überleben werde. Sein Versuch, den deutschen Unternehmensteil separat zu verkaufen, scheitert. Einer der Interessenten, Dietmar Ostermann von A.T. Kearney, hatte zunächst Interesse signalisiert, dann aber einen Rückzieher gemacht.

8. Moderne Alchemisten

Jahrelang hatte er hinter der verschlossenen Tür seiner Hexenküche experimentiert. Dann glückte ihm endlich der große Wurf. Er mischte mehlfein zermahlenen Quarz mit Feldspat, Kaolin und Wasser, und rührte so lange, bis er eine teigartige Masse erhielt. Daraus formte er einen Becher, den er, kaum dass er trocken war, in einem Ofen brannte. Stunden später hielt er ein strahlend weißes Gefäß in seinen Händen. Das war im Oktober 1708, und der geheimnisvolle Mann war niemand anderer als der Alchemist Johann Friedrich Böttger. Der gelernte Apotheker hatte eigentlich den Auftrag, Gold zu machen. In die Geschichte ging er jedoch ein als der erste Deutsche, dem es gelang, Porzellan herzustellen.

Die Zeiten ändern sich, die Alchemisten bleiben. Heute wie damals lassen sich mit dem Versprechen, Reichtümer herbeizuzaubern, glänzende Geschäfte machen. Nur müssen die Alchemisten unserer Tage anders vorgehen als weiland Böttger, denn die Masche mit dem Stein der Weisen und der Hexenküche zieht nicht mehr. Die modernen Alchemisten sitzen in klimatisierten Büroetagen und bedienen handelsübliche Computer. Diese elektronischen Gehilfen füttern sie mit den Eckdaten von Tausenden Unternehmen und filtern daraus Informationen, die sie zu kryptischen Formeln kondensieren. Dann gehen sie auf Kundenfang. Ihre bevorzugte Zielgruppe sind die Chefs großer Unternehmen. Könige und Fürsten zählen nur noch in Ausnahmefällen zu ihren Opfern.

Die Alchemisten von heute sind Unternehmensberater. Sie stellen sich nicht mehr auf den Marktplatz, sondern bedrucken Folien für Präsentationen und versenden Einladungen zu Vorträgen an gute Kunden und solche, die es werden sollen. Kopien der Folien gehen an die Wirtschaftspresse in der Erwartung, dass die Journalisten daraus etwas Vorzeigbares machen. Das klappt normalerweise wie am Schnürchen, vor allem, wenn die Consultants eine »Exklusiv-Studie« versprechen. Bei weniger exklusiven Themen ist mehr Aufwand nötig, etwa eine Einladung zum Essen in einem schicken Restaurant, am besten für einen leitenden Redakteur. Der reicht das Material dann an irgendwelche bedauernswerten Spezialisten unter seinen Mitarbeitern weiter, die darüber etwas zu Papier bringen müssen. Der Artikel ist kaum erschienen, da lassen ihn die Berater nachdrucken und schicken ihn an alle Adressen auf ihrem Verteiler, damit auch jene Manager oder Unternehmer informiert werden, die nicht das Magazin X oder die Zeitung Y lesen.

Das sollte eigentlich reichen, um Aufmerksamkeit bei der Zielgruppe zu erregen und die ersten Geschäfte einzufädeln. Aber nein, der Stoff muss noch für einen Aufsatz in der Kundenzeitschrift, für eine Broschüre und oft gar für ein Buch herhalten. Dabei ist das Material zu diesem Zeitpunkt bereits veraltet, und zudem ist es ein Unterschied, ob jemand lediglich Kommentare zu verschiedenen Folien abgibt oder einen zusammenhängenden Text für ein Buch formuliert. Die Berater liefern oft nur einige mit Anglizismen gespickte Sätze als Erklärung für ihre Schaubilder. Dieses Material reicht natürlich nicht für die üblichen 200 bis 250 Seiten. Die Consultants stört das nicht. Wozu gibt es denn Lektoren? Das so zusammengeschusterte Werk erscheint zunächst in den USA, wird dann übersetzt und erreicht einige Monate später auch die Leser in Deutschland, Österreich oder der Schweiz. Parallel hierzu machen die Berater kräftig Werbung in der Wirtschaftspresse. Nicht zu glauben? Aber wahr. Viele Veröffentlichungen von Unternehmensberatern sind so oder ähnlich entstanden. Hier einige Beispiele aus der jüngeren Vergangenheit.

Ende Dezember 1999 preisen im Abstand von wenigen Tagen Herbert Henzler und Jürgen Kluge in der *Frankfurter Allgemeinen*

Zeitung ein Werk mit dem Titel *Die Alchemie des Wachstums*. Es handle sich um »schlicht das derzeit beste Buch zum Thema Wachstum«, so Kluge. Wen wundert's? Die Autoren Mehrdad Baghai, Stephen Coley und David White sind Kluges Kollegen, McKinsey-Berater wie er. In ihrem Buch behaupten sie, dass sich jedes Unternehmen – unabhängig von Branche oder Größe – auf Erfolgskurs bringen lasse. Um ihre These zu untermauern, verweisen die Consultants auf die Ergebnisse »eines globalen Forschungsprojektes«. Sie sagen, sie hätten über mehrere Jahre hinweg zahlreiche »Wachstumsunternehmen aus zehn Industriesektoren und zwölf Staaten« untersucht. Diese Unternehmen hätten ihren Umsatz jährlich um 23 Prozent und ihren Gewinn um sagenhafte 29 Prozent steigern können.

Die Berater geben auch eine Anleitung für das Erzielen solcher Erfolge: den »Drei-Stufen-Plan für dauerhaftes Wachstum«. Hierbei geht es in einem ersten Schritt darum, die Kernkompetenz zu stärken: Geschäftsbereiche, in denen das Unternehmen bereits erfolgreich ist, sollen in »ihrer strategischen Bedeutung« erfasst, konsolidiert und ausgebaut werden. Danach müssen neue Geschäftsfelder erschlossen, ausgebaut und in die Strategie des Unternehmens integriert werden. Sie sollen bald darauf zum Kerngeschäft zählen. In einem dritten Schritt soll das Management Chancen für eine erfolgreiche Weiterentwicklung des Unternehmens ausloten. Dabei komme der unternehmenseigenen Forschung und Entwicklung eine Schlüsselrolle zu, schreiben die Autoren. So weit McKinsey.

Fast zur selben Zeit gibt auch A.T. Kearney das Ergebnis einer »umfangreichen Untersuchung« bekannt. Wie bei McKinsey beruht die Studie dieses Hauses auf einer Auswertung des firmeneigenen Datenbestandes. A.T. Kearney habe weltweit 20 000 Unternehmen in einem Zeitraum von zehn Jahren beobachtet, um den Gründen für ein langfristig erfolgreiches Unternehmenswachstum auf die Spur zu kommen, heißt es in einer Einladung zu einem Vortrag von Fritz Kröger, Vice President bei dieser Firma. Auf der Basis von zahlreichen Fallstudien, 80 Interviews sowie mehreren »Tiefenanalysen« seien die Berater zu wichtigen, neuen Erkenntnissen gelangt, etwa der, dass nur wenige deutsche Unternehmen mit den weltweiten »Wachstumschampions« mithalten könnten.

Zu den vorbildlichen Unternehmen gehören laut A.T. Kearney die Softwarehersteller Microsoft und Oracle sowie der Chipkonzern Intel. Diese Spitzenreiter nennt Kröger »Value Grower«. Ihre Kennzeichen: ein konstant hohes Umsatzwachstum und eine außerordentliche, langfristige Aktienkurs-Entwicklung. Kröger sagt, das Wachstum der Value Grower sei »überlegenes Wachstum«, und ihr Erfolg keineswegs zufälliger Natur. Die Manager dieser Unternehmen handelten alle nach einem bestimmten Muster: mutiger Expansionskurs, Eroberung ausländischer Märkte, Erschließen neuer Geschäftsfelder. Krögers Schlussfolgerung: »Wachstum ist lernbar.« Dass alle erwähnten amerikanischen Unternehmen aus der High-Tech-Branche stammen, die Ende des 20. Jahrhunderts einen außergewöhnlichen Boom erlebt, stört den Berater nicht weiter. Ihr Erfolg sei keine Branchenerscheinung, sondern »hausgemacht« – ein »selbst induzierter Prozess, möglich unter fast allen Rahmenbedingungen«, behauptet der Consultant.

Manager in wachstumsschwachen Unternehmen erhalten von Kröger eine Bedienungsanleitung, um eine Art Wachstumsmaschine in Gang zu setzen. Dazu müssten acht »Hebel« geschickt bedient werden, um zu den Value Growern aufzuschließen. Hebel eins ist die Entwicklung einer »Wachstumsvision«, Hebel zwei die entsprechende strategische Ausrichtung. Hebel drei und vier betreffen das kulturelle Klima und die Führungsstruktur des Unternehmens. Weitere Hebel sind die Prozesse im Unternehmen, eine gute Organisations- und IT-Struktur, ein perfektes »Ressourcen- und Kompetenzprofil« sowie »Kunden-Interaktion und Beziehungsnetzwerke«. Für jeden dieser Hebel könne A.T. Kearney die Benchmarks, also Vergleichswerte aus den Vorzeigeunternehmen, per Knopfdruck aus der hauseigenen Datenbank abrufen. Damit werde eine Ausrichtung auf die Value Grower möglich, so Kröger. Eine Analyse unter Einbeziehung dieser Daten ermögliche zudem die »Quantifizierung des jeweiligen individuellen Wachstumspotenzials« eines Kunden, verspricht der Consultant von A.T. Kearney.

Etwas zurückhaltender gibt sich der Deutschland-Chef von Boston Consulting, Dieter Heuskel, in seinem 1999 erschienenen Buch *Wettbewerb jenseits von Industriegrenzen – Aufbruch zu neuen Wachstumsstrategien*. Auch dieses Werk basiert wie die der Konkurrenz auf einer groß angelegten, hauseigenen Untersuchung. Der Berater gibt im Vorwort jedoch zu, dass er noch keine fertige Managementtheorie habe. Er wisse aber, dass es künftig nicht mehr ausreiche, wenn sich Unternehmen mit den herkömmlichen Managementrezepten in der eigenen Industrie bewegten. »Neue Wettbewerbstypen mischen die Ordnung auf, große Chancen liegen außerhalb der angestammten Tätigkeitsfelder«, so der Consultant mit Blick auf Unternehmen wie den Mineralölkonzern Royal Dutch Shell, der sich erfolgreich auf das Terrain des Lebensmitteleinzelhandels wagte. Weitere Beispiele folgen. Dem Consultant gelingt es mit diesem hübsch bebilderten Band sogar, von einem deutschen Wirtschaftsmagazin in eine Reihe mit den Managementgurus Coimbatore K. Prahalad und Gary Hamel gestellt zu werden. Eine Meisterleistung in Sachen PR.

Fest steht, dass alle genannten Berater bzw. Beratungsunternehmen etwa zur selben Zeit ein und dasselbe Thema, nämlich »Unternehmenswachstum«, variieren. Kenner der Wirtschaftsliteratur wissen, dass Hamel und Prahalad dieses Thema bereits Anfang der neunziger Jahre entdeckt haben. Mit ihrem Werk *Competing for the Future* (deutscher Titel: *Wettlauf um die Zukunft*) stürmen die Autoren 1994 die Bestsellerlisten. In dem Buch kritisieren sie die damals vorherrschenden Managementtrends, vor allem das Reengineering und Downsizing, und vergleichen Chefs, die Stellen streichen und Kosten drücken, mit »Instandhaltungs-Ingenieuren«. Die Aktionen dieser Manager seien geistlos, so die Überzeugung der Autoren. Sparmaßnahmen dienten ihnen häufig nur dazu, eigene Fehler zu kaschieren. Modernes Management dürfe sich nicht darin erschöpfen, schnelle Abläufe und schlanke Strukturen zu schaffen. Weitaus wichtiger sei es, die Unternehmen mit gezielten Initiativen auf Wachstumskurs zu bringen.

Es ist nun keineswegs neu, dass Unternehmensberater Ideen aus der Wissenschaft aufgreifen und – so wie die genannten Beispiele – für eigene Zwecke vereinnahmen. Wer die vergangenen 30 Jahre Revue passieren lässt, bemerkt, dass Consultants selten eigene Konzepte entwickelt und als Buch veröffentlicht haben. Egal ob Kaizen oder Total Quality, Benchmarking oder Shareholdervalue, Lernende Organisation oder Balanced Scorecard – es waren zumeist Wissenschaftler, die die Grundlagen für diese Managementrezepte erarbeitet haben. Dies gilt selbst für einen der erfolgreichsten Titel aus der Feder von Consultants, nämlich für das Werk *Auf der Suche nach Spitzenleistungen.* Dessen Autoren, die ehemaligen McKinsey-Berater Tom Peters und Robert Waterman, gestehen ganz offen, dass vieles in ihrem Bestseller auf der Vorarbeit anderer beruhe. Beispiel: Das berühmte »McKinsey-7S-Modell«, mit dem Peters und Waterman die Erfolgskriterien im Management veranschaulichen. Dazu heißt es in einer Fußnote: »Wir haben sicherlich nicht als Erste ein Modell mit mehreren Variablen ersonnen.« So habe der Organisationspsychologe Harold J. Leavitt mit seinem »Diamanten«, einer grafischen Darstellung von sechs für die Unternehmensführung zentralen Begriffen, ganze Managergenerationen beeinflusst.

Auch der Kunstgriff der Alliteration stammt nicht von den Autoren. Der Wissenschaftler Antony Athos musste die Berater geradezu drängen, sich sieben Begriffe mit dem Anfangsbuchstaben S zu suchen, weil sich diese leichter einprägen als andere Wörter.

Wer eine wirkliche Eigenentwicklung aus einem Beratungshaus

sucht, muss bis in die sechziger Jahre des 20. Jahrhunderts zurückgehen. Damals beschreibt der legendäre Gründer von Boston Consulting, Bruce D. Henderson, die »Erfahrungskurve« und macht die »Portfolioanalyse« populär. In den darauf folgenden Jahren aber drehen die Consultants zumeist nur die Gedanken anderer weiter, bauen sie in ihre Werkzeugkästen ein und machen Millionen mit der geschickten Vermarktung dieser Ideen. So ist es zum Beispiel der Harvard-Professor Michael Porter, der das Thema »Strategie« in den siebziger Jahren bei seinen Vorlesungen behandelt und in wissenschaftlichen Aufsätzen vertieft. 1980 erscheint sein Bestseller *Competitive Strategy*, der einer ganzen Generation von Beratern und Managern den Weg weist. Die Fragen, die Porter stellt, hat in dieser Klarheit und Schärfe kein anderer Wissenschaftler zuvor aufgeworfen – und erst recht kein Consultant: Welche Kräfte treiben den Wettbewerb in einer Industrie? Wie werden meine Konkurrenten handeln? In welche Richtung entwickelt sich meine Branche? McKinsey zeichnet den Managementtheoretiker 1979 aus – und baut auf seinen Ideen eine ganze Reihe von Beratungsprodukten auf. Die Beratungsfirma Monitor, bei deren Geburt Porter Pate steht und mitarbeitet, zehrt heute noch vom Ruf dieses großen Wissenschaftlers.

Wer genau hinsieht, entdeckt, dass es sich mit den Consultants nicht anders verhält als mit dem Alchemisten Böttger. Nicht er war der erste Deutsche, der das Geheimnis der Porzellanherstellung lüftete, sondern Ehrenfried Walter von Tschirnhaus. Böttger war lediglich sein Gehilfe. Tschirnhaus verstarb wenige Wochen nach seiner Entdeckung, sodass Böttger die Früchte von dessen Arbeit ernten konnte.

Der Ideenklau ist so alt wie die Menschheit, und es sind natürlich nicht nur Consultants, die bei anderen abkupfern. Neu ist aber, dass die Berater mit ihren Publikationen weit hinter wichtigen Managementtrends her hinken. So reiten sie zu der Zeit, als *Competing for the Future* erscheint, noch unverdrossen auf der

Lean-Management-Welle und sorgen dafür, dass Hunderttausende von Jobs verschwinden. Dass mit den Entlassenen auch das wertvolle Wissen dieser Mitarbeiter verloren geht, erkennen die Berater erst Jahre danach – und zwar als Verkaufschance: »Knowledge Management« wird zum Consulting Tool.

Die erhebliche Verzögerung bei der Rezeption des Themas »Wachstum« belegen auch die Publikationen von zahlreichen anderen Consultants. So dominieren Mitte der neunziger Jahre auf der Frankfurter Buchmesse fast ausschließlich Titel zum Thema »Effizienz«. Erst Ende der neunziger Jahre, als sich auch in Europa Schrumpfkuren und Sparprogramme nicht mehr verkaufen lassen, beginnen die Berater, die Wachstumsmelodie nachzuträllern. Doch wieder kommen sie zu spät.

Das Thema ist zu diesem Zeitpunkt eigentlich schon wieder out. Denn jetzt redet alles vom Internet. In der *Alchemie des Wachstums* finden sich hierzu nur einige wenige Bemerkungen, die obendrein zeigen, dass die McKinsey-Autoren die Bedeutung dieses Mediums noch nicht erkannt haben. Sie packen das Wachstumsthema eher klassisch an und verfehlen damit den Zeitgeschmack. Der Titel verkauft sich nicht sonderlich gut und liefert allenfalls Anlass zu ätzender Kritik: »Wie man eine Broschüre in ein Buch verwandelt: Man verwende große Lettern und füge einen riesigen Anhang bei (etwa die Hälfte des Buchs)«, schreibt ein Leser aus den USA auf der Website von Amazon und wundert sich, dass so viele Autoren für so wenig Inhalt nötig waren. Die Essenz des Buchs lasse sich in einem Satz zusammenfassen: »Manage drei Dinge gleichzeitig.«

Das schlechte Timing und der Mangel an eigenen Ideen sind schlimm genug für Leute, deren Geschäft es eigentlich ist, anderen zu sagen, wo es langgeht. Schlimmer noch ist, dass sich vieles von dem, was Consultants heute als unumstößliche Wahrheit hinstellen, bereits morgen als überholt erweist. Schon Peters und Waterman mussten sich fragen lassen, warum sie in ihre Liste mit Erfolgsunternehmen auch die Computerhersteller Atari und Wang Laboratories aufgenommen hatten. Denn Atari wurde zerschlagen, kaum dass das Buch erschien, und Wang ging wenig später Pleite. Die Berater aber reagierten – wie bei dieser Berufsgruppe üblich – überhaupt nicht auf die Kritik. Zunächst jedenfalls. Erst im Jahre 2001 rang sich Peters, der McKinsey damals längst verlassen hatte, zu einer Erklärung durch: »Wir vergaßen einen Hinweis: Warnung! Nichts hält ewig. Jede Übertreibung ist Gift«, so der Berater im US-Magazin *Fast Company*.

Den Warnhinweis haben ganz offensichtlich auch andere vergessen. So beschreibt Dieter Heuskel in *Wettbewerb jenseits von Industriegrenzen* den französischen Konzern Vivendi als positives Beispiel für die Wandlung eines Wasserversorgers zu einem »erfolgreichen Konglomerat«. Heuskel lobt ausdrücklich Vivendis damaligen Chef, Jean-Marie Messier. Der Consultat ahnt nicht, dass sich Messier wegen seines extravaganten Lebens- und Führungsstils den Spitznamen »Sonnenkönig« einhandeln wird. Der Manager geht 1998 in großem Stil auf Einkaufstour. Zunächst übernimmt er für weit über 6 Milliarden Euro den französischen Medienriesen Havas. Heuskel applaudiert: Vivendi gewinne mit dieser Akquisition einen »Hebel«, um den Ausbau des Mediengeschäfts »im großen Stil fortzusetzen«. Genau das tut Messier auch in den folgenden Jahren. Sein erklärtes Ziel ist es, Vivendi zum größten Medienhaus der Welt zu machen. Der Manager erwirbt Dutzende weiterer Unternehmen aus dieser Branche, unter anderem den US-Konzern Universal. Die meisten seiner Käufe tätigt Messier zu Höchstpreisen, da die Börse gerade haussiert. Kurz danach stürzen die Kurse der Medienwerte an den Börsen. So auch die Aktien von Vivendi. Messiers Medienimperium ist plötzlich ein Sanierungsfall. Der Konzern steckt bis zum Hals in Schulden. Nach neueren Berechnungen hat der Sonnenkönig des französischen Managements in den Jahren des Booms rund 30 Milliarden Euro in den Sand gesetzt. Messier wird gefeuert.

Die Autoren der *Alchemie des Wachstums* feiern dagegen den Japaner Masayoshi Son und dessen Unternehmen Softbank als Vorbild. Die Consultants beschreiben Son noch als Software-Händler und Herausgeber von PC-Zeitschriften, denn das Buch basiert auf einer angestaubten Studie, die McKinsey bereits Jahre zuvor in der Wirtschaftspresse veröffentlicht hatte. Der Beobachtungszeitraum reicht nur bis 1996. Die Berater hätten sicher noch lauter gejubelt, wenn sie es nicht unterlassen hätten, ihre Studie 1999, also kurz vor der Veröffentlichung als Buch, zu aktualisieren. Denn zwischen 1996 und 1999 investiert Son massiv in Internetbeteiligungen. Die Aktien seines Konzerns schießen deswegen steil nach oben – und stürzen im Frühjahr 2000 ab. Von diesem Crash haben sie sich seither nicht mehr erholt.

Ob Boston Consulting Vivendi beraten hat oder ob McKinsey für Softbank tätig war, ist nicht bekannt. Etwas mehr wissen wir über die Beziehungen der Consultants zu einem weiteren Vorzeigeunternehmen: Bertelsmann. Der Gütersloher Medienriese ist ein guter Kunde von McKinsey. Den ersten Auftrag ziehen Herbert Henzler und sein Kollege Hajo Riesenbeck Mitte der achtziger Jahre an Land, als das Management des westfälischen Konzerns seinen Fuß in den US-Musikmarkt setzt. Bertelsmann wächst in den folgenden Jahren zu einem Global Player heran. Henzler versteht sich prächtig mit dem damaligen Vorstandschef Mark Wössner und seinem Nachfolger Thomas Middelhoff – der ideale Hintergrund für eine jener fruchtbaren Geschäftsbeziehungen, die diesen Mann so ungemein erfolgreich gemacht haben. Im Laufe der Jahre nistet sich McKinsey an vielen Stellen des Unternehmens ein. Zahlreiche ehemalige Berater wechseln zudem auf wichtige Posten bei Bertelsmann. McKinsey erhält einen Auftrag nach dem anderen. Bertelsmann wird zum Dauerkunden der Consultants.

Henzler weiß, wie man sich spendable Freunde erhält. Es ist kein Zufall, dass Christoph und Brigitte Mohn, die Kinder der Bertelsmann-Eminenzen Liz und Reinhard Mohn, bei McKinsey das Beraterhandwerk lernen dürfen. Die Mohns kontrollieren den Konzern über eine Stiftung. Es ist auch kein Zufall, dass Bertelsmann in der *Alchemie des Wachstums* Erwähnung findet. Dort heißt es, die Gütersloher hätten während der neunziger Jahre ein »starkes Interesse an neuen Medien« gezeigt. Die Autoren loben ausdrücklich die Beteiligung an dem Unternehmen Pixelpark, das sie – noch etwas umständlich – als »Multimediagesellschaft, die Internetdienste anbietet«, beschreiben. Auf spätere Investments wie den Internet Provider AOL Europe, die Musiktauschbörse Napster, das Webportal Lycos Europe oder Bertelsmann Online (BOL) können die Berater ebenso wenig eingehen wie auf kleinere Beteiligungen, etwa Sport1, Gamechannel, OneList oder T1. Denn Bertelsmann investiert in diese Unternehmen erst nach 1996, also nach Abschluss der Studie, die als Grundlage für das Ende 1999 erschienene McKinsey-Buch dient.

Konzernchef Middelhoff setzt nicht nur stark aufs Internet, sondern auch auf McKinsey. Mit Unterstützung der Berater will er Bertelsmann an die Börse bringen. Der zu Vorsicht mahnende Aufsichtsratsvorsitzende Gert Schulte-Hillen steht ihm dabei im Weg. Henzler soll den Posten besetzen, so die Zeitung *Die Welt*. Doch dazu kommt es nicht mehr. Reinhard und Liz Mohn, die bei einem Börsengang einen großen Teil ihrer Macht verlieren würden, reißen den Manager aus seinen Internetträumen. An einem heißen Sommertag Ende Juli 2002 muss Middelhoff sein Büro in der Konzernzentrale räumen.

Er verlässt seinen Posten mit einer dicken Abfindung. Schließlich hatte der Verkauf von AOL Europe und einer weiteren Internetbeteiligung fast 10 Milliarden Euro in die Kassen des Konzerns gespült. Das war allerdings kein Verdienst Middelhoffs, sondern pures Glück. Der Manager hatte gegen Ende des Jahres 1999 seine Strategie geändert. Online-Dienste wie AOL Europe zählten nach Middelhoffs neuer Definition nicht mehr zum Kerngeschäft. Er stieß sie konsequenterweise ab. Dass die Internetblase wenig später platzen würde, ahnte er nicht, sonst hätte er sich auch von den anderen Beteiligungen getrennt. Die meisten dieser Investments haben für herbe Verluste gesorgt. Pixelpark allein reißt ein Loch in der Größe von mindestens 63 Millionen Euro in die Bilanz. Middelhoffs Nachfolger Gunter Thielen beendet innerhalb weniger Wochen nahezu alle Internetaktivitäten, die nicht direkt ans traditionelle Geschäft des Konzerns angebunden sind und zum Vertrieb der hauseigenen Produkte beitragen.

Wer mit den Beratern über solche Fälle diskutieren will, stößt auf eine Mauer des Schweigens. Über Klienten rede man nicht, heißt es unisono und offiziell aus allen diesen Häusern. Geschäftsgeheimnis, Marvin Bower lässt grüßen. Nur hinter vorgehaltener Hand verteidigt sich der eine oder andere Consultant. Die Strategie sei ja im Grunde nicht schlecht gewesen, heißt es dann. Nur die Umsetzung habe nicht so recht geklappt. Aber die Verantwortung für die Umsetzung treffe das Management, so die stereotype Argumentation. Und da sich die meisten Manager nach Fehlinvestitionen lieber auf die Lippen beißen und schweigen oder gar das Unternehmen verlassen müssen, kann die Frage einer Mitverantwortung der Consultants nicht im Detail geklärt werden. Die Öffentlichkeit weiß nur, dass die Berater – genauso wie die Analysten – bis zuletzt lauthals »Expansion« riefen und den Konzernchefs bereitwillig Businesspläne schrieben, obwohl es zu diesem Zeitpunkt richtig gewesen wäre, das Pulver trocken zu halten.

Was aber, wenn der Chef eines Konzerns ein ehemaliger Consultant ist? Was, wenn die Beratungsfirma über Jahre hinweg für diesen Konzern arbeitet und wenn dieser Konzern schließlich krachend zusammenbricht? Dann reagiert sogar ein cooler Berater wie ein aufgescheuchtes Huhn. Und er schickt seinen Hausjuristen los, um die Lage zu prüfen. Doch immer der Reihe nach. Wir müssen auch diese Geschichte mit den Alchemisten beginnen, und wieder stammen sie aus dem Hause McKinsey.

Unter den Erfolgsbeispielen in der *Alchemie des Wachstums* befindet sich auch die texanische Enron Corporation, die bis vor wenigen Jahren nur Experten aus der Energiebranche ein Begriff gewesen sein dürfte. »Enron wurde 1930 als Northern Natural Gas Company gegründet«, heißt es in dem Buch. Nach der Akquisition von Houston Natural Gas sei das Unternehmen in Enron umbenannt worden. Als Eigentümer eines rund 60 000 Kilometer langen Netzes von Pipelines liefere Enron nahezu 18 Prozent des Erdgases, das in den USA verbraucht werde. McKinsey begleitet das in der Stadt Houston ansässige Unternehmen seit Anfang der achtziger Jahre als Berater. Jeffrey Skilling, der damals das gesamte Beratungsgeschäft mit Chemie- und Energieunternehmen bei McKinsey leitet, betreut diesen Kunden.

Interessant wird die Geschichte erst Ende der achtziger Jahre. Damals liberalisiert die US-Regierung den amerikanischen Energiemarkt. Consultant Skilling erkennt die Chancen, die sich Enron durch die Freigabe der Preise und die Lockerung von Liefervorschriften bieten. Er geht zu Kenneth Lay, dem Chef des Konzerns, und schlägt ihm vor, Enron um eine Abteilung für Energiehandel zu erweitern und ihn, Skilling, zum Manager dieser Abteilung zu machen. Nach anfänglichem Zögern stimmt Lay dem Plan zu. Die Abteilung erhält den Namen Enron Gas Bank. Skilling sammelt in dieser »Bank« gewissermaßen Gasreserven, indem er mit den Produzenten langfristige Verträge schließt. Gleichermaßen bietet er den Endkunden, etwa den Kraftwerksbetreibern, lang laufende Verträge an. So können diese das Risiko schwankender Preise abfedern. Die Differenz zwischen An- und Verkaufspreis streicht Enron als Gewinn ein. Die Idee hat einen durchschlagenden Erfolg. Bereits kurz nach dem Start des Projekts verkauft Enron pro Woche Gas im Wert von 800 Millionen Dollar. Innerhalb von zwei Jahren schließt Skilling Verträge mit 35 Produzenten und mehr als 50 Endabnehmern.

Ebenso erfolgreich ist Skilling mit einer weiteren Idee. Er leiht den Gasproduzenten Geld für Investitionen zur Steigerung der

Fördermenge, denn von den damals noch risikoscheuen amerikanischen Banken hätten die Produzenten keinen Kredit bekommen. Im Gegenzug verpflichten sie sich, Enron mit Gas zu einem bestimmten Preis zu beliefern. Das Gas verkauft Enron über die Gas Bank. Skilling wird damit als Risikomanager auf beiden Seiten des Erdgasmarktes tätig. Und er macht Enron zur führenden Kraft auf den Terminmärkten und den nachgeordneten Märkten von Gas. Hinzu kommen eine aggressive Bilanzierungstechnik sowie einige Tricks aus der Kiste von Finanzexperten wie dem McKinsey-Consultant Lowell Bryan. Auf diese Weise wird Skilling zum Star bei Enron.

Lay ist beeindruckt. Er überträgt Skilling in den folgenden Jahren immer mehr Macht. Dieser nutzt sie, um den Konzern Abteilung für Abteilung zu verändern. Bald gibt es nur noch vier Hierarchiestufen: Vice President, Director, Manager und Associate oder Analyst – ganz so wie in einer Beratungsfirma. Skilling stellt Hunderte hoch qualifizierter junger Leute ein, viele davon aus dem Hause McKinsey, und gibt ihnen Freiheiten, die anderswo undenkbar wären. So dürfen sie Geschäfte mit einem Volumen von fünf Millionen Dollar abschließen, ohne zuvor die Zustimmung der Konzernleitung einzuholen. Skilling ermuntert seine Manager auch, ihren Fuß in neue Geschäftsfelder zu setzen, und zwar ohne Rücksicht auf die Folgen für bestehende Geschäfte.

Parallel dazu richtet Skilling ein »System zur Leistungskontrolle« ein, mit dem er sich leichter von leistungsschwachen, alten oder unflexiblen Mitarbeitern trennen kann. Ein Plädoyer für diese als »Loose-Tight« bekannt gewordene Personalpolitik findet sich bereits bei Peters und Waterman. Eine weitaus detailliertere Anleitung hierzu liefern zwei weitere Alchemisten: Robert N. Foster und Sarah Kaplan. Die beiden McKinsey-Consultants räumen dieser Art der Personalpolitik in ihrem Buch *Creative Destruction* (deutscher Titel: *Schöpfen und Zerstören*) viel Platz ein. Auch dieses Werk beruht auf einer umfangreichen Studie. McKinsey habe hierfür die Daten von 1 008 Großunternehmen aus 15 Industrien über einen Zeitraum von 26 Jahren ausgewertet, so die Autoren.

Foster, Senior Partner und Director bei McKinsey, berät die Konzernleitung von Enron bis zum Oktober 2001 und nimmt in seiner Funktion als Berater an zahlreichen Sitzungen des Management Board teil. In seinem Buch preist Foster auch die so genannte Asset-Light-Strategie. Bei dieser Strategie geht es darum, kontinuierlich neue Geschäftschancen am Rande einer Industrie oder auch in weiter entfernten Branchen zu prüfen, dort zu investieren und sich parallel dazu aus den angestammten Geschäftsfeldern zurückzuziehen, wenn diese nicht mehr zum Wachstumskurs passen. Zum anderen zielt die Strategie darauf ab, dass sich ein Unternehmen nicht weiter mit den technischen Details und dem Betrieb von »Assets« aufhält, im Fall von Enron also mit Gas- oder Ölförderanlagen. Das Management könne den mühsamen Betrieb solcher Assets durch andere erledigen lassen und sich stattdessen auf das lukrative Aushandeln von Verträgen und die Finanzierung von Deals konzentrieren. So könne ein Unternehmen schneller und leichter zu den führenden Wertschöpfern einer Industrie aufsteigen. Enron dient als Paradebeispiel für die gelungene Umsetzung einer solchen Strategie.

Skilling lässt mit allem handeln, was nur irgendwie handelbar ist, nach Gas und Öl mit Strom, Wasser, Papier, Metallen und Telefonleitungskapazitäten. Der Konzern gleicht schließlich eher einer internationalen Investmentbank als einem Energieunternehmen. Innerhalb weniger Jahre klettert Enrons Umsatz bis über die Marke von 100 Milliarden Dollar. Das Unternehmen wird zum siebtgrößten der Vereinigten Staaten. Es sieht ganz so aus, als hätte Skilling den Stein der Weisen gefunden. Längst ist der Manager kein Abteilungsleiter mehr. Bereits 1996 ernennt ihn Lay zum Chief Operating Officer, also zum Mitglied der Konzernleitung. Ein US- Magazin wählt ihn zur Nummer zwei unter den besten

Managern der Welt. Im Februar 2001 steigt er zur Nummer eins auf. Er wird Chef von Enron.

Skilling bleibt nur wenige Wochen an der Spitze. Im August 2001 zieht er sich – angeblich aus privaten Gründen – aus dem Konzern zurück. Mit ihm gehen zahlreiche ehemalige McKinsey-Consultants, etwa David Berberian, zuvor Chef von Enron Networks, oder Stephen Abbanat von Enron Broadband Services. Sie verlassen Enron – so wie die Ratten ein sinkendes Schiff. Im November 2001 berichtet die Presse von Unregelmäßigkeiten in der Buchführung. Zunächst heißt es lediglich, die Bilanzen müssten um ein Fünftel nach unten korrigiert werden, dann aber taucht ein gigantischer Schuldenberg auf. Der Aktienkurs stürzt ins Bodenlose, Enron fällt zusammen wie ein Kartenhaus. Es ist die bis dato größte Pleite in der Wirtschaftsgeschichte.

Kurz nach der Aufdeckung des Skandals schickt Rajat Gupta seinen Chefjustiziar nach Texas. Der prüft die Lage und gibt Entwarnung. Gupta ist erleichtert: »Die Probleme des Konzerns haben mehr mit Finanzierungstechnik und Finanzpraktiken zu tun, auf die wir keinen Einfluss hatten«, so der McKinsey-Chef gegenüber der Presse.

In der Tat hatten Enrons Manager über ein komplexes System an Beteiligungen Phantomprofite ausgewiesen, offensichtlich aus purer Habsucht. Denn klar ist: Je fetter die schwarzen Zahlen in der Bilanz, desto höher die Boni, desto wertvoller die Aktienpakete der Manager. 28 Führungskräfte des Konzerns haben vor dem Zusammenbruch Enron-Aktien im Wert von rund 1,2 Milliarden Dollar verkauft.

Der US-Kongress beschäftigt sich mit dem Fall und richtet einen Untersuchungsausschuss ein. Die Abgeordneten stellen unter anderem fest, dass Skilling eine »substanzielle Verantwortung« für die Pleite treffe. Er habe »aktiv« mitgeholfen, die negativen Unternehmensergebnisse zu verschleiern und den mit der Konzernaufsicht betrauten Mitgliedern des Management Board Sand in die

Augen zu streuen, heißt es in einem Bericht des Ausschusses. Skilling verteidigt sich: Er sei schließlich nur ein Manager und kein Wirtschaftsprüfer. Die illegalen Machenschaften habe er nicht durchschaut.

Eigenartig daran ist nur: Auch Skilling hat vor dem Bekanntwerden der Manipulationen einen großen Teil seiner Enron-Aktien verkauft und hierfür laut Presseberichten 33 Millionen Dollar kassiert. Und noch eine andere Geschichte spricht gegen Skillings völlige Ahnungslosigkeit: Bereits 1999 hatte Skilling dem Management des Düsseldorfer Energiekonzerns Veba (heute E.ON) den Vorschlag gemacht, miteinander zu fusionieren. Die Deutschen schalteten daraufhin die Wirtschaftsprüfungsfirma PricewaterhouseCoopers ein. Die Finanzexperten sahen sich verschiedene öffentlich zugängliche Berichte und Unterlagen durch und rieten wegen Enrons undurchsichtiger Transaktionen zur Vorsicht. Das Veba-Management forderte Einblick in Enrons Bücher – Skilling lehnte ab. Die Verhandlungen, an denen nach einem Bericht der *New York Times* auch McKinsey beteiligt war, verliefen im Sande.

Die Ermittlungen werden wohl noch Jahre dauern. Nach dem derzeitigen Stand der Untersuchung sieht man die Hauptschuld am Zusammenbruch des Konzerns bei Enrons ehemaligem Finanzchef, Andrew S. Fastow. In die Schusslinie gerieten auch die Wirtschaftsprüfer von Arthur Andersen, die die gefälschten Bilanzen testiert und kurz nach der Aufdeckung des Skandals beim Vernichten von Dokumenten geholfen hatten. Damals verschwanden ganze Kisten von belastendem Material. Andersen wurde mit Prozessen überzogen und schließlich aufgelöst. Auch die Banken und Rechtsanwälte, die Enron bei der Konstruktion der Beteiligungen behilflich waren, wurden angeklagt. Nicht jedoch McKinsey. Beweise für eine Mitwisser- oder gar Mittäterrolle der Consultants ließen sich nicht finden. Richard Foster soll demnächst vernommen werden – als Zeuge.

9. Die Jagd nach dem E-Business-Weltrekord

James Moloney Phelan sorgte wie ein Vater für seine Mitarbeiter. Der ehemalige Chef von A.T. Kearney nahm stets ein Care-Paket mit auf die Reise, wenn er seine Consultants in Düsseldorf besuchte. Zumeist brachte er dicke amerikanische Rindersteaks und duftenden Virginia-Tabak aus einem Spezialgeschäft an Chicagos belebter Wabash Avenue mit. Quasi im Gegenzug verlangte Jim, wie Phelan von allen Mitarbeitern genannt wurde, ein hohes Maß an Seriosität und Sorgfalt bei der Arbeit. Berater werden sei nicht schwer, pflegte er zu sagen. Man brauche dazu nicht mehr als ein Firmenschild und ein Telefon. Weitaus schwerer sei es, in der Branche zu bleiben: »Ein Consultant hat nur seinen Ruf und seine Arbeit, die für ihn sprechen«, so Phelan. Niemand wusste dies besser als er. Schließlich blickte er als langjähriger Präsident des Beraterverbands Association of Management Consulting Firms hinter die Kulissen zahlreicher Firmen, sah Consultants kommen und gehen – und manche davon untergehen. Das Geschäft von A.T. Kearney aber florierte und dehnte sich unter seiner Führung bis nach Europa aus. 1964 ließ Phelan einen Stützpunkt in Düsseldorf aufbauen, kurz danach einen weiteren in London.

Das Jahr 1995 stellt eine Zäsur in der Geschichte von A.T. Kearney dar. Damals gerät das Beratungshaus ins Visier des texanischen Outsourcing-Riesens Electronic Data Systems, besser bekannt unter seinem Kürzel EDS. Die Manager von EDS beschließen, ihr breites Angebot an Computerservice und IT-Lösungen zu erweitern. Sie wollen ihren Kunden auch klassische Managementberatung bieten. Und weil ihnen der Aufbau einer eigenen Consultingtruppe zu lange dauert, machen sie den Partnern von A.T. Kearney ein Angebot, das diese einfach annehmen müssen: Für 600 Millionen Dollar schlüpfen die Berater unter das Dach von EDS. Mit dem dicken Portemonnaie der börsennotierten Muttergesellschaft können die Consultants schneller denn je expandieren. A.T. Kearney weist in diesen Jahren die größte Wachstumsrate unter den großen, klassischen Beratungsfirmen auf. 1997 springt der Honorarumsatz zum ersten Mal über die Marke von einer Milliarde Dollar. Auch die anderen Eckdaten sind beeindruckend: 65 Büros in mehr als 30 Ländern, 4 500 Mitarbeiter, davon zwei Drittel Berater. Dieses Wachstumstempo hält in den folgenden Jahren an.

Trotz des Erfolgs gilt A.T. Kearney lediglich als solides Beratungshaus mit einigen Besonderheiten. So betätigt sich das Unternehmen zum Beispiel auch auf dem Gebiet des Executive Search, beschäftigt also so genannte Headhunter, die für A.T. Kearneys Kunden nach Managern im Wege der telefonischen Direktansprache suchen. Liest man die Medienmitteilungen aus dieser Zeit, gewinnt man den Eindruck, dass sich die Zusammenarbeit mit EDS lediglich punktuell bemerkbar macht, etwa auf dem Gebiet des Sourcings, wo es darum geht, den Einsatz von Ressourcen bei einem Unternehmen zu optimieren. In Kundenkreisen und bei Branchenbeobachtern heißt es, A.T. Kearney liefere gute Qualität zu vergleichsweise günstigen Tarifen. Dagegen seien McKinsey, Boston Consulting und Bain teuer, aber oho.

Kaum einer hält A.T. Kearney für besonders interessant oder gar für einen Vorreiter der Branche. Dazu passt, dass auch das Wort »Internet« erst sehr spät in den Medienmitteilungen dieses Unternehmens auftaucht. Kein Wunder: A.T. Kearney wird – so wie andere traditionelle Berater auch – von der ersten Welle des Internetgeschäfts schlicht überrollt. Das Unternehmen fällt gegenüber den neuen Konkurrenten wie Sapient, Viant oder MarchFIRST zurück. In den USA macht sich dies zuerst bemerkbar, denn dort feiern die Internetberater ihre größten Erfolge. A.T. Kearneys Führung muss handeln – und zwar schnell. Schließlich zeigen die Umfragen bei den Kunden, dass deren Interesse am Thema E-Commerce – und wenig später am E-Business – seit 1998 sprunghaft gestiegen ist, während das Interesse an Organisationsberatung oder anderen klassischen Themen gegen Null geht.

Bei der zweiten Welle, in der es hauptsächlich um Business-to-Business geht, also um das internetgestützte Geschäft zwischen den Unternehmen, muss alles anders und besser werden. A.T. Kearney soll endlich mit seinen Pfunden wuchern, sprich: die technologische Kompetenz von EDS nutzen und das Methodenwissen von großen IT-Projekten einsetzen, das dort gebündelt ist. Das hat sich jedenfalls Dietmar Ostermann geschworen. Der gebürtige Hamburger, Sohn einer gutbürgerlichen Juristenfamilie, macht in diesen Jahren eine außergewöhnliche Karriere bei A.T. Kearney. 2001 gelingt ihm das Kunststück, zum Weltchef des Beratungshauses gekürt zu werden. Das hat vor ihm noch kein anderer Europäer geschafft, und zwar weder bei A.T. Kearney noch bei einer anderen, großen US-Consultingfirma.

Ein Blick auf den drei Schreibmaschinenseiten umfassenden Lebenslauf zeigt, dass Ostermann schon früh nach oben strebt. Er schreibt ein exzellentes Abitur, obwohl er sich nicht nur als Schulsprecher, sondern auch in der Kommunalpolitik engagiert, ja sogar für die CDU in den Gemeinderat gewählt wird. Nach der Bundeswehr, die er als Offizier der Reserve verlässt, studiert er Wirtschaftsingenieurwesen in Hamburg und absolviert zahlreiche Industriepraktika. Mit einem Stipendium der CDU-nahen Konrad-Adenauer-Stiftung geht er für ein Jahr in die Vereinigten Staaten. An der University of California in Los Angeles erwirbt er den Titel »Master of Science in Industrial and Systems Engineering«. Zurück in Deutschland schreibt er seine Diplomarbeit. Noch bevor er den Abschluss in der Tasche hat, klopft er bei A.T. Kearney an und wird eingestellt.

Ostermann arbeitet zunächst in Düsseldorf. Dann baut er das

Prager Büro von A.T. Kearney auf, wechselt nach New York und schließlich nach Detroit, wo er das gesamte Geschäft mit der US-Autoindustrie leitet. Der Deutsche versteht sich außerdem gut mit dem damaligen Chef von A.T. Kearney, Fred Steingraeber. Das liegt nicht nur an den exzellenten Leistungen von Ostermann. Der deutschstämmige Steingraeber hat in den sechziger Jahren das Düsseldorfer Büro geleitet und eine Deutsche geheiratet. Im August 1997 ernennt er den zu diesem Zeitpunkt 35-jährigen Ostermann zum Sprecher der Geschäftsleitung von A.T. Kearney Deutschland. Damit überträgt er ihm die Verantwortung für einen Umsatz von rund 200 Millionen Mark. Zu diesem Zeitpunkt rangiert die Firma auf Platz 11 der deutschen Consultingbranche, weit hinter Branchenriesen wie Andersen Consulting oder McKinsey.

Ostermann bringt A.T. Kearney schnell nach vorn. Vier Jahre später hat er den Umsatz bereits verdoppelt und das Unternehmen auf den fünften Platz der Rangliste katapultiert. Doch seine Ziele sind höher gesteckt. Er will McKinsey überrunden und A.T. Kearney zur Nummer eins im Consulting Business machen. Wohlgemerkt: nicht nur in Deutschland, sondern weltweit. Und er weiß auch schon, wie er das anpacken will.

Ende März 2000 lädt Ostermann die Presse zu einer Konferenz nach Düsseldorf ein. Auf dieser Veranstaltung präsentiert er seine Firma als Powerhouse der Internetberatung. Schon seit Jahren sei A.T. Kearney auf diesem Feld tätig, lässt er die Medienleute wissen. 1999 hätten ein Viertel aller Aufträge einen Bezug zu diesem Thema gehabt. Auch zahlreiche Startup-Unternehmen habe man beraten. »E-Business ist unsere Wachstumsrakete«, prahlt Ostermann. Jetzt gehe man daran, die zweite Stufe dieser Rakete zu zünden. Hierzu hätten EDS und A.T. Kearney einen Risikokapitalfonds aufgelegt. Tatsächlich wollen die Texaner und ihre ehrgeizigen Consultants in den folgenden fünf Jahren 1,5 Milliarden Dollar in die New Economy stecken. Der Fonds sei der größte, den es je in der Geschichte der Topmanagement-Beratung gegeben habe, so die

Firma. Mit Nachdruck versichert Ostermann, dass er beabsichtige, mit dieser Initiative seine Konkurrenten zu »deklassieren«. Mehr noch: »Wir wollen der E-Business-Weltmeister werden«, tönt der Berater.

Einen Nutznießer dieser neuen Einrichtung hat Ostermann gleich mit auf die Konferenz gebracht. Es ist Patrick Sturm, ein knapp 30-jähriger Mann im dunklen Anzug und Krawatte. Sturm stellt sich als »Chief Operating Officer«, als Vorstandsmitglied der Münchner StarWap AG, vor. Er sei einer von drei ehemaligen Kearney-Beratern, die dieses Internetunternehmen wenige Wochen zuvor gegründet hätten. Den Businessplan haben die Jungunternehmer von Ostermann prüfen lassen. Der zeigt sich hellauf begeistert. Mit dem Geld und der tatkräftigen Unterstützung von A.T. Kearney werde StarWap in Kürze auf dem gerade entstehenden Markt für M-Commerce Fuß fassen, sagt Sturm. M stehe dabei für Mobil: für das Geschäft mit Informationen und Anwendungen für Mobiltelefone und Taschencomputer.

Diesem Sektor der New Economy sagen die Marktforscher damals eine goldene Zukunft voraus. Das mobile Internet werde die Kommunikation revolutionieren, heißt es beispielsweise in einer Studie von Durlacher Research aus London. Die Analysten prophezeien der europäischen M-Commerce-Branche bereits für 2001 Umsätze von etwa 4 Milliarden Euro. Von diesem Kuchen wollen sich die StarWap-Gründer ein dickes Stück abschneiden. Dabei ist ihre Geschäftsidee im Grunde simpel. Sie wollen per Internet stadtbezogene Informationen, zum Beispiel über Partys, Sportveranstaltungen oder Kinoprogramme auf das Handy-Display ihrer Zielgruppe senden. Das Ganze natürlich gegen Bezahlung, denn durch Werbung allein, das ahnt man schon, lässt sich so ein Unternehmen nicht finanzieren. Das Kürzel Wap im Namen der AG steht dabei für Wireless Application Protocol, einen Standard zur drahtlosen Übertragung von Informationen an mobile Endgeräte.

A.T. Kearney ist nicht das einzige Beratungshaus, das in dieser Zeit auf den bereits in voller Fahrt befindlichen Internetzug aufspringt. Auch Accenture, Boston Consulting, Bain, Berger und andere Konkurrenten stellen ähnliche Initiativen vor. Nur wenige sind dabei später dran als A.T. Kearney, die meisten aber einen Tick früher. So auch McKinsey: Die Berater haben ihr Startup-Programm mit dem Namen New Venture bereits beim Jahresendschmaus 1999 in Düsseldorf gegenüber den Wirtschaftsjournalisten vorgestellt. Das entsprechende Geschäftsfeld existiere seit 1996, versichert Lothar Stein, einer der führenden Köpfe bei McKinsey. Warum er aber erst jetzt damit an die Öffentlichkeit geht, lässt er offen. Im Gegensatz zu Accenture oder A.T. Kearney will McKinsey aber kein eigenes Geld investieren. Man wolle es beim Rat bewenden lassen, heißt es. Weil Jungunternehmer über weniger liquide Mittel verfügten als die übliche Klientel, werde man Aktien oder andere Anteile akzeptieren und im Gegenzug auf einen Teil des Honorars verzichten. Consulting for Equity, sagen die Fachleute hierzu.

Dass sich Berater an Unternehmen beteiligen, ist im Grunde nicht neu. Das bekannteste Beispiel ist Bain & Company. Die Firma betätigt sich seit 1984 über ihre in Boston ansässige Tochtergesellschaft Bain Capital als Risikokapitalgeber und als so genannter Private-Equity-Investor bei traditionellen Unternehmen. Letzter bekannter Coup: Ein Investment bei dem US-Kofferhersteller Samsonite Corporation. Bain Capital hält insgesamt Anteile im Wert von 14 Milliarden Dollar. Dagegen wirken die Aktivitäten von A.T. Kearney oder McKinsey bescheiden. Neu ist aber der Hintergrund, vor dem sich diese Aktivitäten abspielen: Es ist der Druck, den Internetberater, Startups und Kunden in den neunziger Jahren auf die klassischen Consultants ausüben, der sie zu diesen Initiativen zwingt.

Das zeigt auch ein Bericht im *Wall Street Journal* vom Oktober 2000, wonach McKinsey begonnen habe, Internetunternehmer als

Teilzeitberater zu beschäftigen. Die Kunden verlangten erfahrene E-Business-Experten, heißt es in der Zeitung, möglichst solche, die bereits selbst ein Unternehmen an die Börse geführt hätten. Das lässt Zweifel an Steins Behauptung aufkommen, dass das Geschäftsfeld New Venture schon 1996 existiert habe. Zumindest scheint McKinsey in den seit dieser Zeit verstrichenen vier Jahren keine ausreichenden Erfahrungen in der Startup-Szene gesammelt zu haben. Klar ist jedenfalls: Mit frisch von den Business Schools geworbenen Jungberatern oder altgedienten Internetlaien gerät das Beratungshaus bei E-Business-Projekten in Gefahr, sich zu blamieren. McKinsey hat deswegen gar keine andere Wahl, als erfahrene Internetprofis einzukaufen, und zwar zu Höchstpreisen. Die »Entrepreneurs in Residence«, wie jene Teilzeitberater mit Unternehmer-Background bei McKinsey genannt werden, kassieren bis zu 450 000 Dollar Gehalt im Jahr. So jedenfalls das *Wall Street Journal.*

Früher wäre so etwas in der Branche undenkbar gewesen. Entweder Berater oder Unternehmer, lautete das Gesetz bei McKinsey. Wer es nicht beachtete, riskierte den Rauswurf. So entließ Herbert Henzler 1991 mindestens zwei seiner Topleute fristlos, weil sich diese den ostdeutschen Anlagenbauer Elpro unter den Nagel gerissen hatte. Das Unternehmen gehörte zu dem Bestand an Sanierungsobjekten, welche die Treuhandanstalt zu privatisieren hatte. Genüsslich berichtete das Düsseldorfer Lokalblatt *Rheinische Post* über diesen Prozess. So erfuhr die Leserschaft schwarz auf weiß, was sie schon zuvor geahnt hatte: McKinseys Berater kassieren Traumgagen. Einer der Geschassten bezog ein Jahresgehalt von 1,7 Millionen Mark. Auf die Frage, wie dieser Consultant die Treuhand noch objektiv beraten sollte, obwohl er mit ihr Geschäfte machte, geht das Blatt nicht ein.

Die Frage nach der Objektivität stellt sich erst recht dann, wenn nicht nur ein einzelner Berater, sondern eine ganze Beratungsfirma bei einem Kunden oder einem anderen Unternehmen investiert. Solche Aktivitäten verstoßen klar gegen das Prinzip der strikten

Neutralität. Marvin Bower hatte gute Gründe, warum er diese Grenze nie überschritt und warum er dies auch seinen Mitarbeitern zur Pflicht machte: Ein Berater, der Anteile an einem Unternehmen hält, gerät schnell in den Verdacht, eigene Interessen zu verfolgen. Die Konflikte sind vorprogrammiert: Wie kann beispielsweise McKinsey noch Autokonzerne objektiv beraten, wenn sich die Firma – wie im Sommer 2001 in verschiedenen amerikanischen Medien gemeldet – an dem kalifornischen Startup-Unternehmen Built-to-Order beteiligt, das individuell nach Kundenwunsch produzierte Fahrzeuge übers Internet vertreiben will?

Indes, die Berater haben an dieses Problem gedacht. Sie haben sich eine Reihe von Vorsichtsmaßnahmen einfallen lassen. Im Zentrum dieser Maßnahmen stehe der so genannte »Blind Trust«, heißt es bei McKinsey: ein Fonds, in dem die Beteiligungen gehalten werden und dessen Portfolio für den einzelnen Berater nicht einsehbar sein soll. Außerdem akzeptiere die Firma lediglich Beteiligungen in Höhe von 5 Prozent des gesamten Anteilswerts und stoße diese so schnell wie möglich ab, so die Firma. Langfristige Investments, so wie bei Bain Capital, lehne man ab.

Startup-Programme, Beteiligungsfonds, Consulting for Equity – das alles sind nur einzelne Aspekte einer Neuorientierung, wie sie noch nie zuvor in der Consultingbranche stattgefunden hat. Ein Ruck geht Ende der neunziger Jahre durch die gesamte Riege der klassischen Unternehmensberater, und hinter den Kulissen spielen sich dramatische Szenen ab: Da werden altgediente und erfahrene Partner aus den Unternehmen gedrängt, weil die Beratertools, die sie beherrschen, nicht mehr gefragt sind und sie sich nicht schnell genug mit dem Internet vertraut machen. Headhunter werden eingeschaltet und E-Business-Experten zu Höchstpreisen von den Konkurrenten abgeworben. Es werden Hierarchien infrage gestellt und Gehaltsstrukturen geändert, neue E-Business-Abteilungen und Internet-Gründerzentren eröffnet, andere Abteilungen und sogar Büros geschlossen – Ersteres mit viel Trara, Letzteres in aller Stille. Nur in Ausnahmefällen dringen die peinlichen Vorfälle an die Öffentlichkeit. So etwa im Februar 2000 bei Booz Allen Hamilton. Das *Wall Street Journal* zitiert damals aus einem internen Papier der Firma. Darin appelliert das Management mit Nachdruck an seine Consultants, dem E-Business »höchste Priorität« einzuräumen. Gleichzeitig schichtet Booz eilends Personal aus anderen Bereichen des Unternehmens zugunsten der Internetberatung um. Wer nicht die geforderte Flexibilität zeigt, musste gehen.

Die Berater übertönen ihre massiven internen Probleme durch ein wahres Trommelfeuer an Propaganda. Sie bombardieren die Redaktionen mit Medienmitteilungen, worin jede Firma die Führungsrolle bei der Gestaltung der New Economy für sich reklamiert. Gleichzeitig flattern den Kunden zahllose Einladungen zu Konferenzen und Events auf den Schreibtisch. Hier ist nichts zu teuer, zu laut oder zu spektakulär. Die Krönung einer solchen PR-Kampagne aber ist ein Auftritt auf dem Gipfeltreffen der globalisierten Wirtschaft, eine Präsentation beim World Economic Forum im schweizerischen Wintersport-Dorado Davos. Im Februar 2000 redet hier alles vom Internet, so auch Fritz Kröger. Vor 180 hochrangigen Managern stellt der Consultant die Ergebnisse einer Untersuchung von A.T. Kearney vor, bei der es um das »E-Business-Potenzial« der Unternehmen geht. Hierzu hat Kröger eine grafische Übersicht über die Wirtschaftslandschaft erstellt, die er als »E-Business-Matrix« bezeichnet. Auf dieser Matrix sind die Unternehmen in verschiedene Gruppen eingeteilt. Unterscheidungskriterium ist der jeweilige internetbezogene Beratungsbedarf.

Die erste Gruppe ist vergleichsweise uninteressant – aus Sicht der Beratungsfirmen. Denn hier geht es um die damaligen Stars am Technologiehimmel, etwa die Jenaer Softwareschmiede Intershop oder um den kalifornischen Netzwerkausrüster Cisco Systems. Diese Unternehmen seien nicht nur fit für das Internetzeitalter, sie seien die Avantgarde der New Economy, referiert Kröger. Der Beratungsbedarf sei hier gleich null. Interessanter sei die zweite Gruppe, die Kröger »New Spaces« nennt. Diese Unternehmen erschließen neue Geschäftsfelder im Internet. Leuchtendes Vorbild ist hier Amazon. Das Unternehmen revolutioniere den Buchhandel, sagt der Berater. Und er vergisst nicht, darauf hinzuweisen, dass es viele solcher Geschäftsfelder im World Wide Web gebe, die noch niemand entdeckt habe, oder die zwar entdeckt, aber noch nicht erschlossen seien. Für besonders aussichtsreich hält er virtuelle Handelsplattformen, auf denen die Unternehmen beispielsweise Rohstoffe einkaufen können. Etablierte Großkonzerne hätten dieses enorme Potenzial erkannt und investierten massiv in diese neuartigen Unternehmen, lobt der Berater.

Die dritte Gruppe bezeichnet Kröger als »New Games«. Es handelt sich um einige Unternehmen aus traditionellen Branchen wie Finanzdienstleister oder Telefonkonzerne. Diese Unternehmen definierten die Spielregeln ihrer Branche neu und attackierten die Marktposition ihrer etablierten Konkurrenten. Als Beispiele nennt er den US-Internet-Broker Charles Schwab oder sein deutsches Pendant ConSors. Der Einfluss dieser Pioniere sei bereits jetzt zu spüren. Sie veränderten die »Geschäftsmodelle« in ihren Branchen, und damit die Art und Weise, wie man dort Geschäfte macht. Eindringlich warnt Kröger vor den Gefahren, die von diesen Herausforderern drohten. Traditionelle Unternehmen, die jetzt nicht handelten, würden »kannibalisiert« – von den neuen Konkurrenten gefressen. Hier gebe es natürlich jede Menge Arbeit für die Consultants. Ebenso bei einer weiteren Gruppe von Unternehmen, die der Berater mit Schwerkranken in einem Operationssaal vergleicht. Hierzu zählt Kröger vor allem Unternehmen aus Branchen wie Auto, Pharma oder Einzelhandel, wo die Vertriebskosten stark zu Buche schlagen. Diese könnten bis zu einem Drittel ihres Umsatzes über das Internet erzielen, prognostiziert der Berater. Das allerdings nur, wenn das Management die »Wertschöpfungsketten«

durchleuchten lasse und mit gezielten chirurgischen Eingriffen – im Beraterdeutsch »Surgery« – neu gestalte.

Die letzte Gruppe bilden laut Kröger die Unternehmen der Land- und Forstwirtschaft, Papierhersteller, Metallerzeuger, Öl- und Gasunternehmen. Diese hätten nur eine geringe »E-Business-Affinität«, das Internet führe hier auf kürzere Sicht zu keiner ernsthaften Bedrohung ihrer Geschäfte. Allerdings sei auch das E-Business-Potenzial dieser Unternehmen gering. Hier sieht Kröger kaum Handlungsbedarf. Ein »Fitness-Check«, also das Überprüfen der Kernfunktionen auf den Einfluss des Internets, reiche aus.

Heute wissen wir, dass Krögers E-Business-Matrix viele Fehler aufweist. So hatte sich der Consultant ganz offensichtlich noch nicht mit dem Fall Enron beschäftigt, wo Jeff Skilling zeigte, welche Bedeutung das Internet für die Energiebranche haben kann. Und auch die Einschätzung, dass Softwareunternehmen wie Intershop keinen Beratungsbedarf hätten, wurde sehr bald von den Finanzmärkten widerlegt. Klar ist, dass auch erfahrenen Beratern immer wieder schwer wiegende Irrtümer unterlaufen.

Kröger und A. T. Kearney sind nicht die Einzigen, die sich damals in Position bringen. Alle Berater machen zu dieser Zeit mit ähnlichen Papieren für sich und ihre Leistungen auf dem Gebiet des E-Business Reklame. Alle beteuern, sie hätten exzellentes Personal an Bord – obwohl der extreme Wettbewerb am Markt für Internetexperten bekannt ist. Dutzende von Studien über die angeblich grenzenlosen Möglichkeiten im digitalen Business ergänzen diese Mitteilungen. Hinzu kommen zahllose unkritische Berichte über die Helden der New Economy in den Medien, und dies nicht nur in der Wirtschaftspresse und im Börsenfernsehen. Die Propagandamaschine dringt bis in die hintersten Winkel der Republik vor. Selbst Provinzblätter berichten von der Internetbranche wie über den Goldrausch von Alaska.

Gleichzeitig wird die Rhetorik schriller und schriller. Man gewinnt den Eindruck, es gehe darum, sich für eine Schlacht zu rüsten. Da werden Startup-Unternehmen mit U-Booten verglichen, die nur noch auf den richtigen Zeitpunkt warten, um ihre Torpedos auf die trägen Tanker der Großindustrie abzufeuern. Da ist die Rede von Abschussbasen, von denen aus Raketen in den Kosmos der New Economy aufsteigen. Da appellieren die Berater an die Kapitäne der großen Industriekonzerne, sich gegen die Attacken der Startups zur Wehr zu setzen und hierzu Schnellboote in Stellung zu bringen. Gemeint sind die Tochterunternehmen, mit denen die Manager endlich das Online-Geschäft anpacken sollen.

Parallel dazu machen die Berater den Konzernchefs Mut. Sie versichern, dass lediglich die erste Runde an die Pioniere der New Economy gehe und die Schlacht um die Vorherrschaft im Internet noch lange nicht verloren sei. Bain & Company etwa tröstet die Manager von Handelsunternehmen: In vielen Segmenten des Einzelhandels würden reine Internetshops lediglich Nischenanbieter bleiben. Traditionelle Händler aber, die ihr stationäres Geschäft geschickt mit dem E-Business verbinden, hätten die besten Chancen am Markt.

Diese Ansicht teilen auch Andreas Biagosch und Dieter Spälti von McKinsey. Dabei loben sie die E-Commerce-Aktivitäten des Fürther Quelle-Konzerns. »Europas größte Katalogfirma« setze konsequent auf ihre »hoch entwickelten Fähigkeiten in der Abwicklung und ihren gut eingeführten Markennamen«, so die Berater im Februar 2000 in der *Neuen Zürcher Zeitung*. Mit keinem Wort erwähnen sie das Lehrgeld, das die Manager bei ihrem ersten Internetabenteuer mit dem Namen »Myworld.de« bezahlen mussten. Auch Bertelsmann dient den Beratern als Vorzeigeobjekt: Der Konzern nutze seine »etablierten Kundenbeziehungen«, um mit BOL.de ein europaweites Online-Buchgeschäft aufzuziehen. Der Erfolg gebe den Gütersloher Managern Recht. »Heute sind sie bereits Nummer zwei hinter Amazon in Europa«, so Biagosch und Spälti.

Zum Abschluss folgt ein Rezept, das an die Erfolgsformel von

Peters und Waterman erinnert: Erfolg habe nur, wer mit »sieben Waffen« in den Kampf ziehe. Erstens und vor allem: nicht kleckern, sondern klotzen. »Hohe Investitionen, besonders in Marketing und PR, sind angebracht«, schreiben die Consultants. Zweitens: eine klare Vision und eine blitzschnelle Umsetzung der entsprechenden Ideen. Drittens: »hervorragende operative Prozesse«. Viertens: herauslösen so genannter E-Ventures, also die Gründung weitgehend autonom agierender E-Business-Töchter. Fünftens: Spitzenpersonal einstellen. Sechstens: konsequentes Outsourcing. Im Internetzeitalter dürften die Unternehmen nicht mehr alles selbst machen. Siebtens: Performance Management, letztlich also die Ausrichtung des konzerneigenen E-Business an den Benchmarks der Konkurrenten.

Für jede dieser »Waffen« benennen die Berater Erfolgsbeispiele, von denen sich einige wenig später als Flops erweisen: so das inzwischen insolvente Internetunternehmen Excite-At-Home oder der Online-Kleiderversand Bluefly, der bereits mehrere Male auf der Kippe stand und lediglich durch massive Geldspritzen des New Yorker Finanziers George Soros am Leben erhalten wurde.

Mit einer Fülle von Beispielen beschwören die Berater zudem die Gefahr durch aggressive Startups. Der Online-Spielzeughändler E-Toys hole zum Schlag gegen den Giganten Toys R Us aus, virtuelle Banken wie E-Trade oder Egg machten den traditionellen Geldhäusern die Kunden abspenstig, Napster und andere Musikanbieter im Internet kannibalisierten das Geschäft von Bertelsmann und Sony. Deshalb fordern die Berater radikale Strategiewechsel von den etablierten Unternehmen. Booz Allen Hamilton etwa nimmt in einer Pressemitteilung vom Juni 1999 die Telekommunikationsindustrie genauer unter die Lupe und stellt fest, dass mehr als die Hälfte der Wertschöpfung im Internetbereich auf die Herstellung und Vermarktung von Inhalten und Anwendungen entfalle. Als Konsequenz daraus folgern die Berater: Wer lediglich Infrastrukturleistungen, also Telefone und Leitungen, zur Verfügung stelle, werde weniger Profit machen. Die Telefonkonzerne müssten deswegen umdenken und sollten auch »netzfernen Mehrwert« bieten, so die Berater. Gemeint ist damit: Die Konzernchefs sollen sich auf Online-Banken, Medienkonzerne oder andere Branchen zubewegen. Und zwar möglichst schnell, denn »die zur Verfügung stehende Zeit wird immer knapper«, heißt es bei Booz Allen Hamilton.

Alle Consultants mahnen zur Eile. Der Schlachtruf »Speed«, den sie von den Pionieren der New Economy übernommen haben, reißt Redakteure in der tiefsten Provinz aus dem Schlaf: »Wer zu spät kommt, den bestraft das Internet«, zitiert etwa die *Ostsee-Zeitung* im Januar 2000 einen Berater von Boston Consulting.

McKinsey begibt sich im Oktober und November 2000 auf eine so genannte Roadshow: Gemeinsam mit den Technologiekonzernen Cisco Systems und Asera und flankiert von den Marktforschern der Meta Group unterziehen die Berater auf einer Serie von Veranstaltungen Manager aus ganz Deutschland einer Gehirnwäsche. Sie rechnen vor: Normalerweise vergeht zwischen dem Start eines E-Business-Projekts und dem Abschluss aller Arbeiten ein ganzes Jahr. Drei Monate verstreichen bei der Suche nach Ressourcen, der Auswahl von geeigneter Internettechnologie und dem Abschluss entsprechender Verträge. Weitere sechs Monate braucht das Management, um eine Integrationsstrategie für das Projekt zu entwickeln und die Internetinfrastrukur wie Server und Netzwerke einzurichten. Die meiste Zeit aber koste das Testen und Ausprobieren der Anwendungen und das Aufrüsten der Technik für künftige Anforderungen. »Vergessen Sie es. Sie haben keine zwölf Monate Zeit«, hämmert McKinsey den Managern ein. Es gehe auch schneller, natürlich nur mit der Hilfe der Veranstalter dieser Roadshow. Das Versprechen lautet: »E-Business-Lösungen in 90 Tagen.«

Anderswo klingt der Ton schon fast gereizt. So bei Arthur D. Little. Das Beratungshaus veröffentlicht im November 2000 in mehreren deutschen Zeitungen eine Studie, die belegt, dass die meisten deutschen Unternehmen noch nicht einmal eine konkrete E-Business-Strategie formuliert haben. Lediglich international operierende Großkonzerne seien schon weiter. Der größte Teil der Befragten aber taste sich voran, statt kräftig in die New Economy zu investieren. »Der Wandel vollzieht sich im Schneckentempo«, kritisieren die Berater von Arthur D. Little.

Ausgerechnet Arthur D. Little. Die Berater dieses Unternehmens klingen damals ganz so, als wenn ihnen selbst die Angst im Nacken sitzt. Und dazu haben sie auch allen Grund. Das 1886 als Spinoff des renommierten Massachusetts Institute of Technology gegründete Unternehmen steckt bis zum Hals in einer Krise. Der »Granddaddy« aller Consultingfirmen, wie Arthur D. Little in den USA genannt wird, war bereits von der Reengineering-Welle überrollt worden. Auch das Internet haben die Berater verschlafen. Der Auftragsbestand sinkt, zuerst nur in den USA, später in Europa und anderen Teilen der Welt. Der damalige Chef des Unternehmens, Lorenzo Lamadrid, versäumt es, das Beratungsangebot an die geänderte Nachfrage anzupassen. Stattdessen fasst er die techniknahen Beratungssparten in der Tochtergesellschaft C-Quential zusammen, um diese an die Börse zu bringen. Zu spät: An den Finanzmärkten hat die Talfahrt der Technologieaktien bereits eingesetzt. Statt wie erwartet 150 Millionen Dollar einzuspielen, verursacht Lamadrid Kosten in Höhe von über 50 Millionen Dollar.

Plötzlich hat die Firma ein Liquiditätsproblem. Fieberhaft sucht Lamadrid nach einem Ausweg aus der Krise. Er verhandelt über eine Fusion mit dem britischen Konkurrenten PA Consulting. Als die Verhandlungen scheitern, macht jede Partei die andere dafür verantwortlich. PA Consulting klagt schließlich gegen Arthur D. Little auf Schadensersatz wegen Vertrauensbruchs. Jetzt muss auch Lamadrid seinen Hut nehmen. Seine Nachfolgerin, Pamela McNamara, hält sich nicht lange auf dem Chefsessel. Im Frühjahr 2002 ist das Beratungshaus pleite. McNamara tritt von ihrem Posten zurück, um Platz für einen Krisenmanager zu machen. In den daraus folgenden Monaten wird das Unternehmen zerschlagen.

Arthur D. Little ist – neben dem Sturz der Internetconsultants – der offensichtlichste Fall von eklatantem Beraterversagen. Aber er ist keineswegs der Einzige, und auch nicht der Schwerste. Weitaus fataler für die betroffenen Unternehmen ist, dass von den Beratern bereitete Wechselbad aus Mahnungen, Empfehlungen und Kritik Wirkung zeigt. Denn obwohl Ende 2000, Anfang 2001 bereits dunkle Wolken am Konjunkturhimmel aufziehen, investieren die meisten Unternehmen immer noch massiv ins Internet. Das belegen zahlreiche Studien, zum Beispiel eine im Sommer 2001 in der *WirtschaftsWoche* publizierte Umfrage des Marktforschungsunternehmens Dialego. Auch die zitierte Studie von Arthur D. Little dokumentiert, dass bereits 20 Prozent der von den Beratern befragten Unternehmen E-Business-Tochtergesellschaften gegründet haben, ganz so wie es auch die McKinsey-Berater Biagosch und Spälti in der *Neuen Zürcher Zeitung* empfohlen hatten. Es sind vor allem die Großunternehmen, allen voran Banken und Telefonkonzerne, aber auch Chemieriesen, Medienhäuser, Autohersteller, Fluggesellschaften und Handelsunternehmen, die zu der »vierten Waffe« greifen und sich in den Kampf um die Vorherrschaft im Internet stürzen.

Die Berater zeigen sich durch die Bank begeistert von dieser Entwicklung: Deutsche Konzerne machen sich fit für die New Economy, lobt Roland Berger. Die Kapitäne der dickeren Schiffe bewegen sich endlich, applaudiert Jürgen Kluge. Die Old Economy springt auf den Internetzug auf, jubeln andere. Alle Consultants spenden Beifall. Keiner warnt die Manager, dass ein Platzen der Internet-Blase negative Folgen für die gesamte Wirtschaft haben könnte. Im Gegenteil. Den wenigen Zauderern versichern die Berater, dass das Internet einen »nachhaltigen Strukturwandel« bewirkt habe und sich die gesamte Wirtschaft darauf einstellen müsse. Natürlich auch der Mittelstand – sofern er in der Lage ist, die gepfefferten Rechnungen der Berater zu bezahlen. Der Erfolg dieses Propagandafeldzuges ist phänomenal: Die Beratungshäuser verbuchen Rekordumsätze.

Und sie richten sich auf einen verschärften »War for Talent« ein. Andersen Consulting veröffentlicht im Juli 2000 eine Studie, wonach bis zum Jahr 2002 eine Million Internetjobs entstehen: vor allem bei Telefonunternehmen, Technologieunternehmen, Internet-Serviceprovidern sowie E-Commerce-Unternehmen und Medienhäusern. Der Arbeitsmarkteffekt, den das Internet auslöse, sei weitaus größer als im Jahreswirtschaftsbericht der Bundesregierung prognostiziert, heißt es. Diese Einschätzung teilen die meisten Konkurrenten von Andersen Consulting. Der dramatische Fachkräftemangel werde sich noch verschärfen. Entspannung sei zunächst nicht zu erwarten. Konsequenterweise stellen die Berater Personal auf Vorrat ein. Die Manager wollen es den Beratern gleichtun. Doch weil auf dem Arbeitsmarkt gar nicht so viele Internet- und Technikspezialisten zu bekommen sind, wie gesucht werden, drängen die Unternehmen die Regierung, die Grenzen für Einwanderer mit den gesuchten Fachkenntnissen zu öffnen. Bundeskanzler Schröder kommt der Wirtschaft entgegen, und Deutschland erhält eine Greencard-Regelung.

Die Unternehmen hasten jetzt ins Internet. Anfänglich enthielten ihre Websites lediglich nüchterne Informationen und ein paar Fotos. Schnell jedoch werden die Auftritte komplexer: Wenn etwa ein Kunde ein Bestellformular auf der Website eines Unternehmens ausfüllt, so soll sein Wunsch auch in Erfüllung gehen. Hierzu muss die Information über die internen Kanäle an die richtige Person weitergeleitet werden. Internetauftritt und interne Informationstechnik müssen miteinander harmonieren. Das gelingt den meisten Unternehmen relativ gut. Etwas schwieriger gestaltet sich die Vernetzung mit den Lieferanten eines Unternehmens. Die großen Probleme aber entstehen, wenn beispielsweise ein Touristikkonzern oder eine Bank ihre über Jahre gewachsenen IT-Systeme an das Internet anbinden oder ein Chemieunternehmen seine gesamte Wertschöpfungskette mittels neuester Software internettauglich machen wollen. Die entsprechenden Arbeiten gleichen einer Herzoperation: So wie der Chirurg nicht einfach den Patienten für die Dauer des Eingriffs abschaltet, soll auch während eines E-Business-Projekts der normale Geschäftsbetrieb weitergehen. Aber das ist leichter gesagt als getan, und in vielen Unternehmen laufen solche Vorhaben aus dem Ruder.

Oft existieren mehrere E-Business-Baustellen in ein und demselben Konzern. Die Folge davon ist, dass der Vorstand den Überblick über die zahlreichen Beratertruppen verliert, die an den verschiedenen Projekten arbeiten. Dies vor allem dort, wo die Topmanager keine aktive und konsistente Internetstrategie verfolgen, sondern lediglich auf Anregungen von Bereichsleitern reagieren. Hinzu kommt: Die mit einem Projekt befassten Manager wählen die externen Dienstleister nicht systematisch aus. Sie lassen sich keine Referenzen vorlegen, oder sie überprüfen diese nicht. Sie unterschätzen Umfang, Kosten und Dauer eines Beratereinsatzes und korrigieren im Nachhinein die Anforderungen, denen das Projekt gerecht werden soll.

Umfragen bei Großunternehmen vermitteln den Eindruck, dass das blanke Chaos in den Unternehmen herrscht: kein Projektcontrolling, zu wenig Unterstützung durch das Topmanagement, unbewegliche und schlecht qualifizierte Mitarbeiter. Immer wieder kommt es an den Schnittstellen von so genannten Gewerken zu Problemen. Die Teile eines Projekts, die eigentlich nahtlos aufeinander folgen sollen, passen nicht zusammen. Mit anderen Worten: Es zeigen sich die alten Fehler, die schon bei der Einführung komplexer Unternehmenssoftware oder beim Reengineering gemacht wurden. Nur dass die Fehler bei E-Business-Projekten sehr schnell sehr viel mehr Geld kosten als früher. Schaden: Mindestens 41 Milliarden Euro im Jahr – und zwar allein bei den Top 100 der deutschen Unternehmen. So lautet jedenfalls das Ergebnis einer im

September 2002 publizierten Umfrage des Beratungshauses Droege. Diese Zahl bezieht sich zwar auf alle Projekte in den Unternehmen, nicht nur solche, die mit dem Internet zu tun haben. Der größte Teil davon dürfte aber unter »E-Business« zu verbuchen sein. Außerdem haben die Berater nur den Schaden bilanziert, der durch abgebrochene Projekte entstanden ist. Der Schaden durch unrentable Internetprojekte, die das Management auf Sparflamme gesetzt hat, statt sie zu beenden, wurde nicht errechnet.

Die Folgen sind nicht weiter erstaunlich. Die meisten dieser Projekte halten nicht das, was sich die Manager von ihnen versprechen. So veröffentlicht das IT-Beratungshaus American Management Systems im Sommer 2000 das geradezu niederschmetternde Ergebnis einer Umfrage unter europäischen Topmanagern: Nur 14 Prozent von 131 teilnehmenden Managern zeigen sich mit den Resultaten ihrer E-Business-Investitionen zufrieden. Auch spätere Umfragen, etwa durch KPMG im April 2001, liefern keine besseren Ergebnisse. Ein Lernprozess ist nicht feststellbar. Die Zufriedenheitswerte bei Internetprojekten verharren im Keller.

Weitere Umfragen vermitteln einen Eindruck vom Ausmaß der Fehlinvestitionen. Demnach haben allein im Jahre 2000 die im deutschen Aktienindex DAX notierten 30 Großunternehmen rund sieben Milliarden Mark für etwa 2 000 Internetprojekte investiert, so jedenfalls die Zahlen, die Mercer Management Consulting im Mai 2001 veröffentlicht. Für 2001 waren laut dieser Umfrage noch größere Investitionen geplant: 3 000 Projekte mit einem Volumen von 12 Milliarden Mark. Doch die Berater bei Mercer wissen: »Nach der großen Netzparty der vergangenen Jahre stehen in den Unternehmen viele begonnene Internetprojekte wieder zur Diskussion.«

Dies ist auch kein Wunder. Die meisten Befragten befürchten, dass sich die geplanten Investitionen nie auszahlen werden. Und inzwischen gibt es abschreckende Beispiele zuhauf. Gleich neben dem Friedhof der Dot-Coms liegen die Millionengräber der Finanzindustrie. Die Manager dieser Konzerne bauten in den neunziger Jahren reihenweise Online-Wertpapierhäuser und Internetbanken auf, fast so leichtfertig wie bei einem Monopoly-Spiel. Schlaue Consultants hatten ihnen erzählt, dass sie bei jeder finanziellen Transaktion, die über das Internet ablaufe, Geld sparen würden. Eine virtuelle Bank könne ihren Kunden höhere Zinsen und geringere Gebühren bieten, gleichzeitig aber höhere Profite machen, so die Berater. Und wenn man die profitable Tochter an die Börse bringe, winke ein hübscher Emissionserlös.

Heute wissen wir: Die Kalkulation der Berater besaß die Qualität einer Milchmädchenrechnung. Die meisten Businesspläne waren das Papier nicht wert, auf dem sie standen. Beispiel DAB: Der Online-Broker der HypoVereinsbank machte bis 2002 nach Schätzungen der *WirtschaftsWoche* 300 Millionen Euro Verlust. Oder das Finanzportal Moneyshelf der Deutschen Bank: Es wurde geschlossen, weil es die Kunden nicht akzeptierten. Die Kosten beliefen sich auf etwa 40 Millionen Euro – Peanuts für diesen Finanzriesen.

Bedrohlicher sind die Folgen solcher Fehlinvestitionen für kleinere Banken. So stürzt der Aktienkurs der schweizerischen Bank Vontobel steil ab, als diese im Sommer 2001 den Bau ihrer Online-Bank »Y-o-u« stoppt. An diesem Projekt arbeiteten zeitweise über 100 Berater von PricewaterhouseCoopers und dem deutschen Internetdienstleister ID Media. Der Grund für den Abbruch: Die Berater sprengten den Kostenrahmen und hielten den Zeitplan nicht ein. Gekostet hat das Projekt 250 Millionen Schweizer Franken. Wer den Businessplan geschrieben hat, ist nicht bekannt. Anders bei der zum Allianz-Konzern gehörenden und ebenfalls extrem verlustträchtigen Advance-Bank. Ihr Geschäftsmodell soll laut *WirtschaftsWoche* von McKinsey erstellt worden sein.

Ähnlich ernüchternde Erfahrungen mit solchen E-Ventures haben auch Unternehmen anderer Branchen gemacht. In vielen Fällen erwies sich jene »vierte Waffe« aus dem Hause McKinsey als völlig wirkungslos. Die entsprechenden Aktivitäten zielten zumeist auf einen Börsengang ab und wurden beendet, als keine Aussicht mehr bestand, dass sich der Kapitalmarkt in absehbarer Zeit wieder belebt. Die *Financial Times* berichtete bereits im Februar 2001 unter Berufung auf eine Studie aus dem Hause KPMG über einen riesigen Abschreibungsbedarf aufgrund gescheiterter E-Business-Projekte in der britischen Wirtschaft. Großunternehmen könnten die Verluste noch gut wegstecken, hieß es in dem Bericht. Mittelständler aber gerieten in Gefahr, zu Sanierungsfällen zu werden.

Die Schnelllebigkeit des Internets war einer der Hauptgründe für das Scheitern zahlreicher Projekte, so jedenfalls das bereits im Sommer 2000 veröffentlichte Ergebnis einer Umfrage von Boston Consulting unter 30 amerikanischen Topmanagern.

Das Umfrageergebnis wird besser verständlich, wenn man sich den Ablauf eines Projekts vor Augen hält. Die Berater entwickeln das Geschäftsmodell für ein Online-Projekt und schreiben den Businessplan. Wenig später mussten sie ihr Konzept wieder über den Haufen werfen. Die Prozedur wiederholte sich im Rhythmus von wenigen Monaten. Lapidare Begründung für die häufigen Wechsel: Man betrete Neuland und wisse nicht, wie sich das Internet entwickle. Die Halbwertszeit einer Internetstrategie sei eben kürzer als die bei einem traditionellen Geschäft.

Dies zeigte sich auch bei den virtuellen Marktplätzen, die mit komplexer Software betrieben werden. Die Manager hasteten auf diese Internetplattformen, als sitze ihnen der Satan im Nacken. Die Berater hatten ihnen erzählt, sie könnten Millionen sparen, wenn sie ihre Einkäufe über das Internet abwickelten. Doch B-to-B geht nicht so einfach wie das Ersteigern von Trödel beim Internet-Flohmarkt eBay. Der Teufel lag im Detail. Kaum hatten sich einige Konzerne zusammengetan und mit Millionenaufwand einen Marktplatz aufgebaut, zeigte sich, dass die Software nicht hielt, was die Hersteller versprachen. Schlimmer noch: Das Geschäftsmodell erwies sich als realitätsfremd, die Strategie war auf Sand gebaut. Als Folge blieben die Lieferanten auf Distanz, und die Kartellbehörden drohten mit rechtlichen Schritten. Hunderte dieser Marktplätze entstanden – um wenig später wieder zu verschwinden. Berater und Softwareunternehmer lernten dabei jede Menge hinzu. Das Lehrgeld aber zahlten die Kunden. Wie zum Hohn veröffentlichten die Consultants in ihren Kundenzeitschriften Analysen, die sich mit den entsprechenden Problemen auseinander setzten.

Wer einzelnen Fällen nachgeht, muss dieselben Erfahrungen machen wie bei gescheiterten IT-Projekten in früheren Jahren. Die Berater sagen nichts, und den Unternehmen ist das Ganze entsetzlich peinlich. Und während die Startup-Unternehmer durchaus den einen oder anderen Internetberater verklagen, kehren die Chefs der großen Konzerne alles unter den Teppich. Hin und wieder rollen die Köpfe einiger Manager, deren Projekte gescheitert sind. So etwa bei Vontobel, ebenso bei Bertelsmann und weiteren Medienkonzernen. Bei anderen Konzernen beschneidet das Topmanagement lediglich die Kompetenzen der E-Business-Verantwortlichen und lässt die entsprechenden Aktivitäten zurückfahren.

Die Berater versuchen, auch aus dieser Situation noch Kapital zu schlagen. Mercer etwa stellt zutreffend fest, dass es bei vielen Unternehmen ein »Wirrwarr« an Internetprojekten gebe und rät dazu, dieses Durcheinander – man ahnt es schon – mit Hilfe der Consultants zu durchforsten. Die Unternehmen sollten keine isolierten Projekte mehr verfolgen, sondern sich auf solche Vorhaben konzentrieren, die ihr Kerngeschäft nachhaltig unterstützen.

Doch dazu kommt es nicht mehr. Die Konjunktur lahmt und zwingt die Unternehmen zu harten Sparmaßnahmen. Das lässt sich deutlich an den Zahlen der IT-Berater ablesen. Die Umsätze von Accenture, KPMG Consulting, PricewaterhouseCoopers (heute ein Teil von IBM Global Services) oder Cap Gemini Ernst & Young gehen bereits 2001 drastisch zurück. Ausgerechnet jene Häuser, die noch Ende 2000 im Vertrauen auf die anhaltende Investitionsbereitschaft der Unternehmen und aus Angst vor dem War for Talent Personal eingestellt haben, müssen ab 2001 massenweise Mitarbeiter entlassen.

Auch wenn es nur ein schwacher Trost ist: Einige Beratungshäuser teilen das Schicksal ihrer Kunden und müssen Millionenbeträge abschreiben. Dazu gehört vor allem Accenture. Joe Forehand begräbt seine Vision vom führenden Beratungshaus der Welt und verkauft nahezu den gesamten Beteiligungsbestand zum Schleuderpreis an den Finanzdienstleister CIBC. Accenture hatte in den Jahren des Booms viel Geld in Startups und Technologiefirmen gesteckt. Im Frühjahr 2002 verbucht das Unternehmen einen entsprechenden Verlust in Höhe von 211,4 Millionen Dollar. Bereits im vorangegangenen Quartal hatte das Beratungshaus über 17 Millionen wegen dieser Fehlinvestitionen abschreiben müssen. Die Berater sind wieder auf dem Teppich der Realität gelandet.

So auch Dietmar Ostermann von A.T. Kearney. Im Rennen um den E-Business-Weltrekord geht ihm sehr schnell die Puste aus. Den Plan, gemeinsam mit EDS die Internetberatungstochter »Kearney Interactive« zu gründen, muss er fallen lassen. Auch sein Interesse an einem Kauf von MarchFIRST zeigt, dass er die Situation seiner eigenen Branche völlig falsch eingeschätzt hat. Das Geschäft läuft alles andere als gut. Bereits 2001 hat A.T. Kearney Personal entlassen müssen – zum ersten Mal in der Geschichte des Beratungshauses.

Das von Ostermanns Beratern für gut befundene und von der Wirtschaftspresse bejubelte Geschäftsmodell der StarWap AG erweist sich schnell als realitätsfremd, Consulting for Equity durch A.T. Kearney als glatter Fehlschlag. Eine Vielzahl von Gründen lassen das Unternehmen scheitern: Es beginnt damit, dass die Handybesitzer, für die das Angebot gedacht ist, ins Internet gehen müssen, um die StarWap-Dienste zu abonnieren. Die Masken, die sie dazu auszufüllen haben, sind nicht gerade benutzerfreundlich.

Das System sei »enervierend, zeitraubend und unflexibel«, urteilen Tester. Hinzu kommt: Der von den Marktforschern und Beratern vorausgesagte »universelle Erfolg des Wap-Standards« bleibt aus. Die Technik hat Tücken, und der Konsument keine Geduld. Als sich der Kapitalmarkt dreht und die Hoffnungen auf einen erfolgreichen Börsengang schwinden, lassen Investoren und Berater das Projekt fallen wie eine heiße Kartoffel. Bereits am 15. Dezember 2000 meldet StarWap Konkurs an. Laut Medienberichten hält sich der Schaden in Grenzen. Lediglich 1,7 Millionen Mark sollen Patrick Sturm und seine Vorstandskollegen in den Sand gesetzt haben. Das dürfte wenig mehr sein als der Betrag, den Ostermann für eine gigantische Party in Berlin verpulvert hat – zu einer Zeit, als er noch vom Internet schwärmte.

Erheblich teurer kommt A.T. Kearneys Mutterkonzern EDS das Investment in verschiedene Software-Produkte zu stehen. Auch der Aufbau der Business-to-Business-Auktionsplattform Ebreviate, die eigentlich an die Börse gehen sollte, erweist sich nicht gerade als erfolgreich. Kenner sprechen von Kosten in Höhe von über 50 Millionen Dollar, denen nur geringe Einnahmen gegenüber stünden. Doch das sind alles vergleichsweise harmlose Dinge. Schlimmer ist: EDS befindet sich in einer schweren Krise. Konzernchef Dick Brown hatte den Mund ebenso voll genommen wie Ostermann. Noch im August 2002 prahlte der Manager damit, dass sein Geschäft besser laufe als das der Konkurrenz. »Was hat er sich nur dabei gedacht«, fragte das Wirtschaftsmagazin *Business Week* im Januar 2003, denn bereits im September 2002 musste er seine Prognosen stark nach unten korrigieren. Statt weiter wachsender Umsätze verzeichnete der Konzern einen dramatischen Umsatzeinbruch. Großkunden von EDS wie der amerikanische Telefonkonzern Worldcom und die Fluggesellschaft USAirways sind pleite, und die Börsenaufsicht Securities & Exchange Commission ermittelt gegen den Konzern. Laut *Business Week* zählt Brown zu den zehn schlechtesten Managern Amerikas.

Die angespannte Finanzlage zwingt den Konzernchef zu drastischen Sparmaßnahmen. A.T. Kearney soll deswegen seinen Beratern schon seit geraumer Zeit keine Boni mehr zahlen können, heißt es in Branchenkreisen – und dies, obwohl die Consultants teilweise gute Arbeit machen und dafür sorgen, dass Geld ins Haus kommt. In der Folge wechseln Spitzenleute wie der Bankenexperte Ingo Wagner zur Konkurrenz. Auch Sarah Pfaff, ehemalige Beraterin bei A.T. Kearney und Mitglied des Gründungsteams von Ebreviate, verlässt das Unternehmen und nimmt einen neuen Job bei dem Konkurrenten FreeMarkets an. Amerikanische Medien berichten, dass EDS seit Monaten einen Käufer für Ebreviate sucht. Der Konzern nimmt zu solchen Berichten keine Stellung.

Im März 2003 muss Brown seinen Chefsessel räumen. Sein Nachfolger ist Michael Jordan – jener ehemalige McKinsey-Berater, der sich als Sanierer von Westinghouse bewährt und als Chairman des Pleite gegangenen Internetberaters Luminant blamiert hat. Schwer zu glauben, dass er Ostermann dabei helfen wird, die Konkurrenten zu deklassieren und McKinsey zu überrunden. Jordan dürfte froh sein, wenn es ihm gelingt, EDS zu stabilisieren.

10. Aufstieg und Fall der Kopfjäger

Der Brief datiert vom 15. November 1993. Er ist an Helmut Kohl, den damaligen deutschen Bundeskanzler, gerichtet. Der Absender prangert einen »Skandal« an. Er berichtet über »Kopfschütteln und Unverständnis« bei ausländischen Investoren und bittet den Kanzler, endlich ein »politisches Machtwort« zu sprechen. Das Papier trägt die Unterschrift des Frankfurter Headhunters Jürgen B. Mülder. Der Anlass: eine Änderung des Arbeitsförderungsgesetzes. Die entsprechende Novelle hatte bereits, wie Mülder voller Empörung schreibt, »alle drei Lesungen durch den Bundestag unangefochten passiert« und musste nur noch durch den Bundesrat bestätigt werden. Für den Headhunter bedeutete das Alarmstufe Rot. Die Regelung hätte das so genannte Vermittlungsmonopol der Bundesanstalt für Arbeit zementiert und die Headhunter in ihren langjährigen Bemühungen um ungehinderte Berufsausübung weit zurückgeworfen. Dies obwohl das Gesetz dem europäischen Recht widerspreche und vermutlich ein paar Jahre später von den Luxemburger Richtern ohnehin gekippt worden wäre. So lange jedoch wollte Mülder nicht warten. Der 56 Jahre alte Consultant brannte vor Zorn und Ungeduld. Er wollte weiter an seinem Lebenswerk arbeiten und die Anerkennung seines Berufsstandes durch die deutsche Gesellschaft durchsetzen.

Dazu gehörte die Gleichstellung der deutschen Headhunter mit ihren ausländischen Konkurrenten. Denn davon war man damals weit entfernt. Die Vermittlung von Arbeitskräften blieb nahezu ausschließlich der Nürnberger Behörde vorbehalten. Das Monopol war die Folge jahrzehntelanger, schlechter Erfahrungen mit privaten Vermittlern, die das Elend arbeitssuchender Menschen schamlos ausgenutzt hatten. Der Handel mit menschlicher Arbeitskraft galt seitdem als anstößig. Kein Wunder, dass der schlechte Ruf der Vermittler nach dem Krieg auf Zeitarbeitsfirmen und Headhunter überging. Der Ruf der Bundesanstalt war allerdings nicht viel besser. »Bundesanstalt für Arbeitslose« hieß noch eines der harmloseren Schimpfworte. Laut klagten die Unternehmer, sie würden kein geeignetes Personal über die Arbeitsämter bekommen. Erst recht keine hoch qualifizierten Führungskräfte über die Zentralstelle für Arbeitsvermittlung in Frankfurt am Main, die für die arbeitslose Business Class zuständig war. Die Behörde arbeite zu langsam und zu bürokratisch. Doch trotz dieses Missstands durften die Headhunter weder Mittelmanager noch niedriger qualifiziertes Personal suchen.

Anders in den USA. Dort entwickelten sich die so genannten Recruitment Agencies nach dem Zweiten Weltkrieg zu einer florierenden Branche, weil sie keinen Restriktionen unterlagen und weil es mit der Wirtschaft aufwärts ging. Henry Wardwell Howell war einer der Ersten, der auf die Idee kam, die Personalsuche per Telefon unter dem Namen Executive Search oder Direct Search als Dienstleistung anzubieten. 1951 machte sich der ehemalige McKinsey-Consultant unter dem Namen Ward Howell in New York selbstständig. Er sollte nicht der einzige ehemalige Management Consultant in diesem Gewerbe bleiben. 1953 kam Gardner Heidrick, der zuvor für Booz Allen Hamilton gearbeitet hatte, auf die gleiche Idee. Er schloss sich mit seinem Freund John Struggles in Chicago zusammen und gründete Heidrick & Struggles. Ebenso Spencer Stuart, der sich 1956 selbstständig machte. Stuart hatte zuvor als Management Consultant für Booz Allen gearbeitet.

Andere Headhunter blickten auf eine langjährige Karriere als Industriemanager zurück, so auch James T. Fulghum, der 1964 als Personalberater anfing. Der Ingenieur, der in Harvard seinen MBA gemacht hatte, war zuvor beim US-Telefonriesen AT & T sowie für den Elektronikmulti ITT in Europa tätig gewesen. Er gilt zusammen mit dem Schweizer Egon P. S. Zehnder als einer der Pioniere des europäischen Executive Search. Die langjährige Nummer eins in der Headhunting-Weltliga, Korn Ferry International, wurde erst 1969 von Lester Korn und Richard Ferry in den USA gegründet. Damals hatte Heidrick & Struggles bereits den Schritt nach Europa getan. Drei Jahre später zog Korn/Ferry nach und eröffnete Büros in Brüssel und London. Die Szene entwickelte sich diesseits des Atlantiks fast genauso gut wie in den USA. Selbst in Japan und anderen asiatischen Staaten konnten sich die Consultants frei entfalten.

Nicht so in Deutschland. Hier durften die Headhunter lediglich nach Topmanagern fahnden. Und das auch nur aufgrund einer Art Gentleman's Agreement zwischen der Nürnberger Bundesanstalt und den Verbänden der Personalberater. Die Consultants operierten in einer rechtlichen Grauzone. Nahm ein Headhunter einen Auftrag zur Suche nach einem Mittelmanager an, konnte es ihm passieren, dass er kein Honorar erhielt oder ein erhaltenes Honorar zurückzahlen musste. Gewiefte Unternehmer und Personalchefs nutzten die Gesetzeslage eiskalt aus. Zumeist weil sie mit dem Ergebnis einer Suche nicht zufrieden waren, hin und wieder aber auch in Fällen, in denen ein Consultant eine tadellose Leistung erbracht und erfolgreich nach einem Manager gesucht hatte. Vor Gericht hatten die Headhunter in keinem Fall eine Chance. Die Richter gaben den Auftraggebern Recht. Und die Prozesse schadeten weiter dem Image des Berufsstands.

Von ihren Kollegen hatten die Headhunter anfangs wenig Solidarität zu erwarten. Auch der Nestor des deutschen Consultings, Gerhard Kienbaum, stand nicht auf ihrer Seite. 1945, als der ehemalige Oberleutnant der Kriegsmarine und Diplomingenieur sein Gewerbe anmeldete, gab es noch keine Personalberater. Selbst der Begriff Unternehmensberater existierte noch nicht. Den will der Gummersbacher gemeinsam mit einem seiner Partner erfunden haben – aber erst Jahre nach der Gründung seiner Firma. In dem formlosen Antrag, den Kienbaum beim Bürgermeisteramt des bergischen Städtchens Gummersbach einreichte, stand lediglich: »Das geplante Arbeitsgebiet umfasst: Technische Beratung, Übersetzungen, Vertretungen.« Erster Auftrag: Instandsetzung einer von Besatzungssoldaten demontierten Feuerungsanlage in einem Holzverarbeitungsbetrieb der Region. Und: Reparatur eines gusseisernen Druckbehälters bei einer Kammgarnspinnerei im benachbarten Engelskirchen. Dienstfahrzeug: Ein Fahrrad. Bilanzsumme des Jahres 1946: 3200 Mark, davon immerhin 511,63 Mark Gewinn.

Personalberatung war für Kienbaum ein Nebengeschäft, das sporadisch bei der technischen Beratung seiner Kunden anfiel. Genauer gesagt: Viel Beratung war da nicht. Führungspositionen wurden früher fast ausschließlich mit internen Kräften besetzt. Und wenn ein Unternehmen ausnahmsweise doch einmal jemanden von außerhalb suchte, dann fragte der Chef in den Kreisen herum, die er kannte. Personalleiter schalteten Stellenzeigen oder riefen beim Arbeitsamt an, wenn sie Arbeiter oder Angestellte suchten. Selbst Kienbaum stellte sein Personal nach eher hausbackenen Kriterien ein. Der Hinweis, »er war doch bei der Marine«, genügte dem Firmengründer, um über den Makel einer fehlenden beratungsbezogenen Ausbildung oder über mangelnde Berufserfahrung hinwegzusehen. So jedenfalls eine Anekdote in seiner Autobiografie.

Headhunter waren Kienbaum suspekt. Wiederholt warnte er vor den damals noch geheimnisumwitterten Konkurrenten. Vielleicht spielte da auch ein bisschen der Neid mit. Denn das Geschäft kann sehr einträglich sein. Pro Auftrag kassiert ein Executive Search Consultant mindestens ein Drittel von dem Bruttojahresgehalt, das der Gesuchte erhalten soll. Der Wert von Nebenleistungen wie Dienstwagen oder Altersversorgung wird dabei eingerechnet. Hinzu kommen happige Spesen, welche die Consultants meist pauschal auf das Honorar aufschlagen. Billiger wird es nur, wenn die Unternehmen mit den Headhuntern Rahmenverträge für eine ganze Reihe von Aufträgen über einen längeren Zeitraum schließen. Firmen mit gut eingeführtem Namen können es sich zudem leisten, Mindesthonorare und so genannte Retainer zu verlangen: Vorauszahlung in zumeist drei gleichen Raten.

Trotzdem setzten sich die Headhunter durch. Ihre Argumente überzeugten immer mehr Unternehmer und Personalchefs. Heute weiß jeder: Gute Manager, egal ob Frau oder Mann, melden sich nicht auf ein Stelleninserat. Sie wollen umworben werden. Deswegen nimmt jeder, der Spitzenpersonal von außen benötigt und es sich leisten kann, die Dienste von Headhuntern in Anspruch. Mittlerweile ist sogar Jochen Kienbaum, der Sohn und Nachfolger des Gummersbacher Gründers, stolz darauf, in diesem Geschäft vorne mitzumischen. Während Kienbaum auf dem Gebiet der klassischen Managementberatung nicht mit den großen Consultingfirmen Schritt halten konnte, ist das Headhunting zu einem seiner Hauptumsatzträger geworden. Nach eigenen Angaben erzielte die Personalberatungstochter des Unternehmens im Jahre 2001 etwa 55 Millionen Euro Honorarumsatz. Ein großer Teil des Suchgeschäfts läuft aber immer noch über die großformatigen Stelleninserate in den Zeitungen. Ihnen verdankt die Firma einen erheblichen Teil ihres hohen Bekanntheitsgrads. Aber trotz dieser sozusagen von den Anzeigenkunden gesponserten Reklame gelten die Gummersbacher nicht als erste Adresse in ihrer Branche.

Was Jim Phelan von A.T. Kearney für die Managementberater gesagt hat, trifft auch auf die Headhunter zu. Es gehört nicht viel dazu, ein Büro als Executive Search Consultant zu eröffnen. Doch nicht jeder hat in dieser Branche Erfolg. Wer schon einmal versucht hat, einen Topmanager »kalt« ans Telefon zu bekommen, weiß, wie schwer das ist. Die meisten Anrufer dringen nur bis zur Sekretärin oder zum Assistenten durch und werden dann abgewimmelt. Anfänger in diesem Gewerbe, häufig sind das nur oberflächlich angelernte Studenten, behelfen sich mit Lügengeschichten: »Ich bin der Urologe von Herrn X« oder »Ich schreibe einen

Artikel für das Wirtschaftsmagazin Y« sind beliebte Vorwände, mit denen unseriöse Gestalten ans Ziel gelangen wollen.

Ein erfahrener Headhunter hat so etwas nicht nötig. Er verfügt über ein gutes Netzwerk, kennt eine möglichst große Zahl an Topleuten und Erfolg versprechenden Nachwuchskandidaten im obersten Segment des Arbeitsmarkts oder in der Branche, für die er bevorzugt arbeitet. Seine Informationen beschränken sich nicht auf die Privatnummern und den beruflichen Background der Führungskräfte. Sie reichen bis weit in die Privatsphäre hinein. Er pflegt seine Kontakte, trifft sich mit Aufsichtsräten, Firmenchefs und Managern – nicht nur auf dem Golfplatz –, wenngleich verblüffend viele Headhunter Golf spielen. Und falls ein solcher Berater tatsächlich einmal im Büro einer Führungskraft anrufen muss, bereitet es ihm keine Probleme, durchgestellt zu werden.

Hinzu kommt eine Menge systematischer Arbeit. Headhunter – darunter übrigens immer mehr Frauen – archivieren die Unterlagen von Kongressen und die Personalnachrichten in den Wirtschaftsteilen der Tagespresse sowie in den Mitarbeiterzeitungen von Unternehmen. Sie durchforsten dickleibige Nachschlagewerke mit den Daten von leitenden Angestellten. Die meisten größeren Headhunteragenturen haben bereits vor langen Jahren damit begonnen, systematisch Dateien mit den Lebensläufen und anderen berufsrelevanten Informationen von Managern anzulegen. Heute sind solche Datensammlungen Standard – selbst bei kleineren Firmen.

Eine mit all diesen Mitteln betriebene Suche bietet neben der Gewissheit, bessere Kandidaten als per Stellenanzeige zu finden, einen weiteren Nutzen. Der Auftraggeber erhält einen Überblick über die Szene der Führungskräfte in seiner Branche und in angrenzenden Sektoren der Wirtschaft. Das sind strategisch wichtige Informationen. Allein schon deswegen bezeichnen sich Headhunter zu Recht als Consultants. Sie sind aber noch mehr. Viele Manager treffen sich gern mit ihnen, weil sie deren Erfahrung und Diskretion schätzen. Sie pflegen mit ihrem Experten in Sachen Karriere einen intensiveren und offeneren Gedankenaustausch als mit ihrer eigenen Ehefrau oder mit den Mitgliedern ihres Vorstands. Headhunter wie der deutsche Branchenpionier Rolf van Emmerich, der seinen Geschäftssitz in Mülheim an der Ruhr hat, blicken auf diese Weise so tief wie kaum andere hinter die Kulissen der deutschen Wirtschaft.

Das Geschäft mit der Suche und Auswahl von Personal ist kein stetiges Geschäft. Die im Topsegment der Branche tätigen Profis wie der in Grünwald bei München ansässige Dieter Rickert wickeln in einem Jahr mehr, im folgenden weniger Aufträge ab. Mehr als 20 »Assignments« bewältigt nur derjenige, der mit einem schlagkräftigen Team aus mehreren Consultants auf die Jagd geht. Doch weder Rickert noch andere Topheadhunter bedienen sich solcher Hilfstruppen. Eine Sekretärin, ein Researcher, ein Assistent, mehr ist da meist nicht. Deswegen schwanken auch die Honorarumsätze dieser Einzelkämpfer. Rickert etwa kassiert im Jahr zwischen 3 und 5 Millionen Euro – je nachdem, ob ihm, wie er gerne sagt, »ein paar dicke Fische« ins Netz gehen oder nicht. Mit der Konjunktur hat das nichts zu tun. Die Volatilität ist eher zufälliger Natur.

Anders beim Massengeschäft. Die Nachfrage der Unternehmen nach Hochschulabsolventen, Fachkräften und Mittelmanagern und damit nach Führungskräften auf den Ebenen unterhalb von Vorstand und Geschäftsführung unterliegt konjunkturbedingten Schwankungen. So auch in dem Jahr, in dem Mülder seinen Brief an Kanzler Kohl schrieb. Damals steckte Deutschland in einer Rezession. Die im Vergleich zu heute ohnehin dürftigen Umsätze vieler Headhunter gingen stark zurück. Einige wurden von dem Konjunktureinbruch kalt erwischt, wie Michael B. Lehmann, der das Düsseldorfer Büro der einst angesehenen Firma Carré Orban & Partner leitete und nun Pleite machte. Wenig später eröffnete er frech in Frankfurt am Main ein neues Büro. Und weil das alles andere als ein Einzelfall war, entstand wieder einmal der Eindruck, bei den Headhuntern handle es sich um zwielichtige Gestalten. So jedenfalls der Tenor eines Artikels, der damals in der *Wirtschafts-Woche* erschien.

Mülder schäumte vor Wut, als er den Bericht las. Er schrieb einen Protestbrief an die Chefredaktion und sorgte dafür, dass zahlreiche Headhunter dasselbe taten. Mit Nachdruck wies er darauf hin, dass er mit Gleichgesinnten in Frankfurt am Main die Vereinigung Deutscher Executive-Search-Berater gegründet und deren Mitgliedsfirmen zur Einhaltung von gewissen Mindeststandards bei ihrer Arbeit verpflichtet hatte. So heißt es im Ehrenkodex des Verbands, dass ein Headhunter keine Arbeitsvermittlung betreiben darf. Er darf sich also nie für einen Kandidaten auf Jobsuche begeben, sondern lediglich im Auftrag eines Unternehmens oder einer Behörde tätig werden. Das ist einer der Gründe, weswegen sich Headhunter wie Rickert von dem Verband fern halten. Der Grünwalder bekennt sich offen dazu, dass er hin und wieder auch Jobs für Manager sucht, von denen er weiß, dass sie sich verändern wollen. Diese »Maklertätigkeit« (Mülder über Rickerts Geschäftsgebaren) ist den Mitgliedern der Frankfurter Vereinigung untersagt.

Ebenso dürfen die Mitglieder des Verbands kein Outplacement betreiben. Das Geschäft mit der Beratung von Unternehmen, die sich von Mitarbeitern trennen wollen, soll Spezialisten vorbehalten bleiben. Der Verband will dadurch vermeiden, dass die Consultants in den Verdacht geraten, Headhunting und Outplacement zu vermischen. Die Kunden sollen sicher sein, dass ihnen die Berater keine Kandidaten präsentieren, die sie ihm Rahmen eines Outplacements betreuen. Im Gegenzug sollten sie aber auch akzeptieren, dass die Consultants nur unter bestimmten Bedingungen für sie arbeiten. Dazu gehört vor allem, dass keine so genannten Windhundrennen veranstaltet werden. Das sind Suchaufträge, bei denen zwei oder mehrere Headhunter gegeneinander antreten und nur derjenige bezahlt wird, dessen Kandidat den Job erhält. Die Verbandsmitglieder bestehen stattdessen auf Exklusivverträgen.

Mülder und seine Branchenkollegen hatten also bereits einiges erreicht, um das Headhunting in Deutschland salonfähig zu machen. Sie wollten aber mehr. Ihre feste Absicht war es, das Vermittlungsmonopol zu durchlöchern. Sie wollten neue Jagdgründe erschließen und endlich ungehindert auf die Pirsch nach Mittelmanagern gehen – wie die Headhunter in den anderen Ländern. Geschickt nutzte Mülder seinen Einfluss als Mitglied des CDU-Wirtschaftsrats. Er suchte Verbündete und fand sie bei Industrieverbänden und in den Reihen der Freien Demokraten. Mit ihnen machte er Front gegen die Mitglieder des Arbeitnehmerflügels der Union. Denn die kämpften Schulter an Schulter mit den Gewerkschaften und den Sozialdemokraten. Und um ein Haar wäre es ihnen gelungen, die Macht der Bundesanstalt weiter auszudehnen.

Doch Mülders Démarche beim Kanzler hatte Erfolg. Die Bundesregierung ließ die Novelle tatsächlich noch einmal überarbeiten. 1994 fiel das Vermittlungsmonopol, und die Headhunter triumphierten. Mit der Branche ging es seitdem sprunghaft bergauf. Personalberatungsfirmen schossen wie Pilze aus dem Boden. Im Jahre 2000 tummelten sich bereits 7400 Consultants in der Szene. Sie wickelten etwa 89000 Suchaufträge ab, wofür sie umgerechnet rund 1,3 Milliarden Euro an Honorar kassierten. So jedenfalls die Zahlen, die der Bundesverband Deutscher Unternehmensberater veröffentlicht hat.

Den Hauptgewinn der Liberalisierung strichen die Großen des Geschäfts ein, vor allem Mülder selbst. Sein Geschäft blühte. 1995 erzielte er umgerechnet etwa 15 Millionen Euro Umsatz, 1997 war es nahezu das Doppelte. So wie er konnten fast alle größeren Unternehmen nach dem Fall des Monopols ihre Anteile am Umsatz der Branche ausbauen. Heute dominieren die Top 30 ungefähr die Hälfte des Markts. Mülder gelang es zudem, seine ärgsten Konkurrenten zu überholen und seine Firma als Nummer eins in

Deutschland zu etablieren. Damit schuf er die Voraussetzungen für einen Sprung in die Weltliga. Bis 1997 war sein Unternehmen lediglich in das locker geknüpfte grenzüberschreitende Firmennetzwerk Amrop International eingebunden. Dann interessierte sich die mittlerweile zum Headhuntingmulti herangewachsene Firma Heidrick & Struggles für den Branchenprimus. Das Engagement des Headhunters für seinen Berufsstand zahlte sich ein weiteres Mal aus. Im Oktober 1997 konnten er und seine elf Partner ihr Unternehmen für rund 27 Millionen Dollar verkaufen. Die Deutschen blieben weiter an Bord und unterstützten die ungestüme Expansion des Konzerns. Ihr Ziel war der Gang an die Börse. Mülder wusste genau: Die Anteile an Heidrick & Struggles, die er jetzt hielt, würden um ein Vielfaches an Wert gewinnen.

Heidrick war nicht der einzige Beratungskonzern, der diesen Plan verfolgte. Auch der Rivale Korn Ferry International, mit dem sich Heidrick ein Kopf-an-Kopf-Rennen um die Spitzenstellung im weltweiten Headhunting Business lieferte, drängte an den Aktienmarkt. Kein Wunder, denn die Rahmenbedingungen für ein Going Public waren so günstig wie nie zuvor. Die US-Regierung hatte zahlreiche Vorschriften gelockert, die den Kapitalmarkt bislang einengten. Die Investoren befanden sich im Kaufrausch, und der Arbeitsmarkt für Manager boomte. Nichts deutete darauf hin, dass sich dies sehr schnell ändern würde. Im Gegenteil. Alles redete vom »War for Talent«. Jeder glaubte, dass sich der Wettbewerb um Spitzenkräfte noch verschärfen würde.

Hinzu kam: Die Headhunter brauchten dringend frisches Kapital für die Finanzierung der weiteren Expansion und vor allem für die Personalsuche per Internet. Wer im Online Recruiting mitmischen wollte, musste sich eine Gelddruckmaschine zulegen. Dabei hatte diese Entwicklung erst Anfang der neunziger Jahre begonnen, und zwar mit eher harmlosen, ja geradezu dilettantischen Gehversuchen von Anzeigenagenturen im Internet. Die so genannten Job Boards waren zunächst nichts anderes als Stellenanzeigen, die Unternehmen wie der 1967 gegründete New Yorker Gelbe-Seiten-Gigant TMP einfach ins Netz stellten. Und weil es so viele Inserate waren, tauften die TMP-Manager ihre Website auf den Namen »Monster Board«. Der neue Service kam bei den Kunden nicht gut an, da die Personalchefs in einer Flut von Bewerbungen ertranken. Und schlimmer noch: Die meisten E-Mails stammten von Kandidaten, die nicht annähernd dem ausgeschriebenen Profil entsprachen. Wen wundert's. Übers Internet kann schließlich jeder, der nur will, endlos viele elektronische Bewerbungsmappen samt eingescannten Zeugnissen versenden. Der Aufwand ist lächerlich. Wenige Mausklicks genügen.

Die Betreiber von Monster Board mussten sich also etwas einfallen lassen. Sie verfielen auf die Idee, den Markt von der Bewerberseite her zu bearbeiten, indem sie versuchten, qualifizierte Kandidaten auf ihre Website zu locken. Deswegen gingen sie dazu über, den Besuchern der Website mehr zu bieten als lediglich Jobofferten. Sie übernahmen den Karriereberater Online Career Center, überarbeiteten dessen Internetauftritt und integrierten die Inhalte in die Website von Monster. Das Ganze nannte sich dann Online Network für Karrieren. Das Angebot bestand im Wesentlichen aus Jobofferten, Bewerbungstipps und E-Mail-Nachrichtendienst. Alles natürlich kostenlos – für die Bewerber. Hauptsache, die Kandidaten füllten einen Online-Fragebogen aus. Das Vorbild machte Schule. Andere zogen nach.

Heute sind solche Karrierenetzwerke Standard. Drei Dinge sind hierfür charakteristisch: Eine Datenbank mit Bewerberprofilen, eine weitere mit Stellenanzeigen und eine so genannte Matching Machine, ein Computerprogramm, das Profile und Offerten miteinander vergleicht und so Anbieter und Nachfrager zusammenbringt. Das alles ist mit erheblichem technischen Aufwand verbunden und kostet immense Summen. Noch teurer ist das Marketing. Auch hier setzte Monster Maßstäbe, die seinem Namen gerecht wurden. Das Unternehmen investierte über Jahre hinweg jeweils mehrstellige Millionen-Dollarbeträge, um die Website bekannt zu machen. Mit Erfolg. Aus dem Trendsetter wurde schnell der mit weitem Abstand führende Anbieter unter den Online-Stellenbörsen. Die Technik setzte sich durch. Der Markt entwickelte sich explosionsartig. 1998 gaben Unternehmen in den Vereinigten Staaten nur 105 Millionen Dollar für Stellenanzeigen im Internet aus, zwei Jahre später waren es bereits 250 Millionen, und im Jahre 2003 sollten es dann 5,1 Milliarden Dollar sein – die Hälfte dessen, was im klassischen Suchgeschäft in den USA umgesetzt wird. Diese Zahlen entsprechen den damaligen Prognosen von Marktforschungsunternehmen wie Forrester Research und Hunt-Scanlon. Und nicht nur in den Vereinigten Staaten stieg die Akzeptanz der elektronischen Stellenbörsen. In allen entwickelten Industriestaaten der Welt feierte das Online Recruiting einen Siegeszug.

Mit dieser Technik attackierte Monsters Muttergesellschaft TMP die Personalberater im unteren und mittleren Segment des Suchgeschäfts. Gleichzeitig blies der Konzern zum Angriff auf das obere Segment der Branche. 1999 schluckte er die Personalberatungsfirmen Tasa International, LAI Worldwide und PMM Management Consultants. In Deutschland kaufte der Konzern Baumgartner & Partner, eine Stuttgarter Firma, die im anzeigengestützten Suchgeschäft zu den führenden Adressen zählte. Weitere Akquisitionen folgten. Das Geld für diese atemberaubende Einkaufstour lieferte die Börse: TMP galt wegen Monster als Internet Company. Entsprechend hoch waren die Aktien des Konzerns bewertet.

Vor diesem Hintergrund mussten Heidrick & Struggles, Korn Ferry und andere reagieren. Sie wollten dem Herausforderer beim Online Recruiting Paroli bieten und ihre Position im traditionellen Suchgeschäft verteidigen. Zudem hatte die Headhunter das Internetfieber gepackt. Auch Heidrick wollte am New-Economy-Boom teilhaben. Das Management orientierte sich dabei nicht nur an TMP, sondern auch an Accenture und McKinsey. Der Konzern gründete eine Tochtergesellschaft fürs Internet Recruiting namens

Leaders Online sowie die Risikokapitalfirma Heidrick Ventures. In Deutschland übernahm die Firma den Hamburger Online Recruiter Westerwelle Consulting & Media. Im April 1999 erfolgte das Going Public an der Nasdaq, und auch Leaders Online sollte möglichst bald börsenfit gemacht werden.

Jetzt wachten die Konkurrenten langsam auf – sogar in Deutschland. Jochen Kienbaum ließ verlauten, er wolle ebenfalls an die Börse gehen. Dazu kam es aber nicht. Der Grund: Keiner hatte wirklich Zeit, die Situation in Ruhe zu analysieren und sich mit den anstehenden Fragen zu beschäftigen. New Economy und Technologieboom sorgten für pralle Auftragsbücher. Die Kunden rannten den Headhuntern die Türen ein. Die Kassen klingelten unaufhörlich. In diesen hektischen Monaten blieb vieles von dem auf der Strecke, wofür Mülder und seine Kollegen jahrelang gekämpft hatten.

Namhafte Headhunter arbeiteten plötzlich genauso wie windige Menschenmakler. Typisch war der Fall von Joseph Galli. Der amerikanische Manager hatte fast zwanzig Jahre lang für den Bohrmaschinenhersteller Black & Decker gearbeitet und war dort bis in den Vorstand aufgestiegen. Im Frühsommer 1999 erhielt Galli einen Anruf von Heidrick & Struggles. Die Headhunter boten ihm einen millionenschweren Topjob beim Limonaden- und Fastfoodriesen PepsiCo. Galli hatte den unterschriftsreifen Vertrag bereits in der Tasche, da machte ihm Spencer Stuart ein noch attraktiveres Angebot. Der Manager zerriss den Vertrag mit Pepsi und wechselte zum Online-Buchhändler Amazon, wo er die Nummer zwei neben Amazon-Gründer Jeff Bezos wurde. Dreizehn Monate später lockte ihn ein anderer Headhunter zum Internetportal-Betreiber VerticalNet. Auch dort hielt es den Manager nicht lange. Erneut wechselte Galli seinen Job und heuerte als Chef des Haushaltswaren- und Büroartikelkonzerns Newell-Rubbermaid an. Wieder war es die Firma Spencer Stuart, die ihn abgeworben hatte.

Das gleiche Bild bot sich in Deutschland. »Wir haben große Firmen, Namen, die man vom Hörensagen kennt und die als seriös gelten, mit der Suche nach Managern beauftragt und ihnen viel Geld gezahlt«, klagte beispielsweise Verena Mohaupt, damals Vorstandsmitglied beim Online-Verbraucherportal Ciao.com in München. Eine teure Fehlinvestition: »Die Kandidaten, die wir über diese Headhunter bekommen hatten, haben unser Unternehmen bereits wieder verlassen«, so Mohaupt gegenüber dem *Handelsblatt.*

Rasch zeigte sich, dass die Headhunter die unerfahrenen Aufsteiger der New Economy reihenweise über den Tisch zogen. Und es waren ausgerechnet die Firmen mit den klingenden Namen, die sich hierbei negativ hervortaten. Auch Volker Wiever, der Gründer und Chef von E-Circle Multimedia in München, berichtete dem *Handelsblatt* von der unerträglichen »Arroganz« dieser Consultants. Er habe den Eindruck gewonnen, dass es die großen, weltweit tätigen Beratungshäuser gar nicht nötig hätten, für ein Startup-Unternehmen zu arbeiten. Damit traf er ins Schwarze. Denn andere Kunden zahlten weitaus besser. Die Jungunternehmer wurden demgegenüber wie Kunden zweiter Klasse behandelt, weil sie ihren Managern nur vergleichsweise niedrige Gehälter offerieren konnten. Deswegen bestanden die Headhunter knallhart auf ihren Mindesthonoraren. Für weniger als umgerechnet 65 000 Euro wollte kein Berater einen Finger krumm machen. Zähneknirschend zahlten die meisten Jungunternehmer – und mussten es bitter bereuen. Dazu Wiever: »Sie haben mir Kandidaten angeboten, mit denen sie bereits bei anderen Startups abgeblitzt waren.«

Das böse Wort vom »Parallel Processing« machte die Runde: Headhunter schickten dieselben Kandidaten gleich zu mehreren Unternehmen. Mit seriöser Suche und Personalauswahl hatte das wirklich nichts mehr zu tun. Außerdem nahmen es die Berater nun nicht mehr ganz so genau mit der Pflicht, den beruflichen Werdegang ihrer Kandidaten zu überprüfen. Häufig war es so, dass die erfahrenen Consultants nur noch zu den Kunden fuhren, die Aufträge entgegennahmen und die Suche sowie die Auswahl der Kandidaten jüngeren, teilweise hastig angelernten Kräften überließen. Diese standen extrem unter Druck. Verbissen versuchten sie, ihre Vorgaben zu erfüllen. Hinzu kamen Headhunter, die hartnäckig und mit aggressiven Methoden arbeiteten. Die Unternehmen stöhnten über diese Plage. Einige setzten sich zur Wehr, zum Beispiel der Chef des schwäbischen Technologieunternehmens Bechtle, der einen Rechtsanwalt einschaltete. Dieser machte systematisch Jagd auf die Kopfjäger. Reihenweise mahnte er die Consultants ab, die Bechtles Mitarbeiter aufs Korn genommen hatten. Im Schreiben des Anwalts hieß es, Anrufe zum Zweck der Abwerbung von Personal seien »sitten- und wettbewerbswidrig«. Die Headhunter sollten gefälligst weitere Rechtsverstöße dieser Art unterlassen, eine entsprechende Erklärung unterzeichnen und die Gebühren des Anwalts zahlen.

Die Headhunter waren geschockt. Sie riefen bei ihren eigenen Anwälten an und fragten, was zu tun sei. Die Juristen rieten zur Defensive, da die Rechtslage unsicher sei und ein Prozess dem Image schade. Deswegen streckten zahlreiche Consultants in renommierten Firmen die Waffen. Eilends überwiesen sie die geforderte Summe und waren froh, dass der Vorfall nicht öffentlich wurde. Lediglich zwei Headhunter zogen vor Gericht. Der eine verlor seinen Prozess vor dem Oberlandesgericht Stuttgart, während der andere heute noch streitet. Das Stuttgarter Urteil war ein Schlag ins Kontor der Consultants. Headhunter, entschieden die Richter, dürfen keine Angestellten am Arbeitsplatz anrufen. Punkt. Keine Ausnahmen.

Die Entscheidung sorgte in Unternehmerkreisen für Schadenfreude. Mehr noch. Einige Chefs wiesen ihre Angestellten an, künftig jeden Anruf eines Headhunters zu melden. Sie wollten die Consultants ebenfalls abmahnen. Ein Düsseldorfer Manager lobte gar eine hausinterne Prämie aus. Jeder, der einen Headhunter wegen eines Anrufs verpfiff, sollte umgerechnet an die 13 000 Euro Kopfgeld bekommen. Das hatte es noch nie zuvor gegeben. Damit war klar: Der Ruf der seriösen Consultants, für den sich Mülder und seine Kollegen engagiert hatten, war völlig ruiniert. Gleiches belegte eine Umfrage von Bain & Company bei 450 deutschen Internet- und Technologieunternehmen. Eine überwältigende Mehrheit der Befragten berichtete über »ausgesprochen schlechte Erfahrungen« mit Headhuntern. Nur ein Viertel war zufrieden. Fazit der Studie: Executive Search zeichnet sich durch ein krasses Missverhältnis von Preis und Leistung aus.

Doch die meisten Headhunter waren so beschäftigt, dass ihnen all dies nicht weiter auffiel. Sie hatten genug damit zu tun, ihre Aufträge abzuwickeln. Zum Nachdenken blieb keine Zeit und erst recht nicht für anstrengende strategische Überlegungen. Viele hatten angefangen, etwas Geld ins Online Recruiting zu stecken, weil es die anderen auch machten. Sie merkten aber bald, dass sich solche halbherzigen Investitionen nicht auszahlten. So war es auch bei Spencer Stuart. Die beste Zeit für einen Börsengang hatte man verpasst. Das Jahr 2000 neigte sich bereits dem Ende zu. Die weitere Entwicklung des Aktienmarkts stand in den Sternen. Sollte man den Trendsettern dennoch folgen oder bequem und konservativ auf Linie bleiben – und vielleicht später machtlos mit ansehen, wie die Chefs der börsennotierten Konzerne mit dicken Geldbündeln winkten und ihnen die besten Berater weglockten? Die Partner der Firma waren zerstritten. Sie riefen McKinsey zu Hilfe.

Hätte Spencer Stuart diesen Auftrag ein oder zwei Jahre früher erteilt, so hätte McKinsey mit Sicherheit eine ähnliche Strategie empfohlen, wie sie Heidrick & Struggles verfolgte. Dazu war es nun aber zu spät. Spencer Stuart befand sich in einer ähnlichen Situation wie McKinsey selbst – angesichts der Herausforderung durch die börsennotierten Internetconsultants. Der Rat an die Headhunter fiel dementsprechend aus: Die Firma könne im Wettbewerb als partnerschaftlich organisiertes Unternehmen bestehen, heißt es salbungsvoll in der Studie, allerdings nur, wenn man eine fokussierte Strategie akzeptiere. Gemeint war: Die Headhunter sollten sich anders als ihre großen Wettbewerber verhalten. Sie sollten nicht auf einen Zuwachs im mittleren Segment des Markts hinarbeiten, sondern die Stellung im Topsegment ausbauen.

Typisch McKinsey. Manche Empfehlung aus diesem Hause erinnert an das Orakel von Delphi. Fast gewinnt man den Eindruck, dass sich die Autoren der Studie über die Headhunter lustig machen. Denn jeder weiß, wie schwierig es ist, diesem Rat zu folgen. Im Topsegment der Branche bewegen sich nämlich die alten Hasen, die den Wert ihres persönlichen Netzwerks nur zu genau kennen. Die Headhunting-Stars sind sensibel wie Primadonnen. Sie wechseln zur Konkurrenz oder eröffnen ihre eigene Boutique, sobald ihnen auch nur das Geringste missfällt. Bestes Beispiel: Hermann Sendele. Der ehemalige Deutschland-Chef von Spencer Stuart, der zuvor in den Reihen von Mülder & Partner gearbeitet hatte, heuerte beim Londoner Unternehmen Whitehead Mann an, weil dort die Konditionen besser waren. Doch auch bei den Engländern hielt es ihn nicht lange. Heute ist er Mitgesellschafter der Firma Sendele Schuricht. Dabei könnte er genauso gut als Einzelkämpfer wie Rickert oder van Emmerich bestehen. Seine persönlichen Kontakte sichern ihm ein Einkommen in Millionenhöhe.

Dennoch folgte Spencer Stuart dem Rat von McKinsey. Und man hatte ja eigentlich auch gar keine andere Wahl mehr. Trotzig erklärte Firmenchef Joseph E. Griesedieck Jr., dass das Unternehmen dem Aktienmarkt fernbleiben werde. »Wir brauchen kein fremdes Kapital«, so der Headhunter. Man müsse nicht in Computer oder Programme investieren, weil man bereits über die neueste Technologie verfüge. Ein guter Witz, und nicht der einzige dieser Art. Aus den anderen Häusern, die die Entwicklung verschlafen hatten, waren dieselben Töne zu vernehmen.

Wer zu spät kommt, den bestraft das Internet? Bei den Headhuntern war das Gegenteil der Fall. Denn noch schneller als der Aktienmarkt kühlte sich der Arbeitsmarkt ab. Dem Boomjahr 2000 folgte das Katastrophenjahr 2001. Büßen mussten ausgerechnet diejenigen, die so wie Heidrick & Struggles oder Korn/Ferry mutig ins Internet investiert und kräftig Berater eingestellt hatten. Die Umsätze brachen ein. Die Aktienkurse stürzten ab. Die horrenden Ausgaben für das Online Recruiting fraßen die Mittel auf, die der Börsengang in die Firmenkassen gespült hatte. Plötzlich herrschte Ebbe. Die Analysten senkten die Daumen. Die Firmenchefs mussten reagieren, schlossen ein Büro nach dem anderen und setzten ihre Mitarbeiter auf die Straße. Und zwar in Massen. Wie peinlich. Hatten sie nicht den Investoren immer wieder und bis zuletzt die Geschichte vom »War for Talent« erzählt? Hatten sie nicht gesagt, dass sich der Wettbewerb ums Spitzenpersonal weiter verschärfen werde?

Zur Baisse an den Börsen kam die Verstimmung der Kunden. Die meisten Chefs erinnerten sich noch gut daran, dass die Sitten im Headhunting während des New-Economy-Booms verwilderten. Viele von denen, die heute noch Personal einstellen, drehen mittlerweile den Spieß um. Exklusivverträge? Mindesthonorar? Retainer? Von wegen. Sie engagieren die Headhunter so, wie es ihnen passt, also zumeist nur noch auf Erfolgsbasis. Und sie diktieren die Preise. Der Effekt ist am Markt deutlich zu sehen. Viele Consultingfirmen haben Pleite gemacht.

Nicht so Heidrick & Struggles. Noch ist hier genug Geld vorhanden, um auf dem Markt zu bestehen. Doch der einst so exzellente Ruf der Firma ist dahin. Der Aktienkurs dümpelte im Mai 2003 bei der Marke von 12 Dollar – weit entfernt vom Höchststand im Sommer 2000. Selbst eine intensive Kurspflege durch ein großzügiges Rückkaufprogramm hat daran nichts ändern können. Kein Wunder: Die Firma schreibt tiefrote Zahlen. Vor allem das Online Recruiting sorgt für Verluste. Allein der abgeblasene Börsengang von Leaders Online riss ein 30 Millionen Dollar großes Loch in die Konzernkasse. Auch die Massenentlassungen passen nicht zum Premium-Image, auf das die Consultants einst stolz waren. Da der Konzern an der Börse notiert ist, konnte man schwarz auf weiß in den Pflichtveröffentlichungen nachlesen, wie viel Trennungsgeld die Gefeuerten erhielten. So auch im August 2001, als Konzernchef Patrick Pittard von Piers Marmion abgelöst wurde. Heidrick & Struggles musste Pittard 7,8 Millionen Dollar Abfindung zahlen. Ein gefundenes Fressen für die amerikanische Presse. Statt Heidrick & Struggles hieß es jetzt in den Schlagzeilen »Headaches & Struggles«, was so viel bedeutet wie »Kopfschmerz und Überlebenskampf«.

In Deutschland fiel das kaum jemandem auf. Selbst die Tatsache, dass Heidrick seinen deutschen Online Recruiter Westerwelle in die Pleite schickte, entging den Medien. Das Renommee von Mülder scheint ebenfalls nicht gelitten zu haben. Eigenartig. Hatte er nicht Marmion protegiert und dafür gesorgt, dass der ehemalige Spencer-Stuart-Berater an die Spitze des Konzerns rücken konnte? Im April 2003 musste Marmion von seinem Chefposten zurücktreten – mit 3,9 Millionen Dollar Abfindung in der Tasche. Offensichtlich hatte Mülder die Fähigkeiten seines Schützlings überschätzt. Nicht gerade ein Kompliment für einen Headhunter.

11. Chaos im Reich der Ordner

Hektisch brausen die Autos um den tristen Alexanderplatz herum. Mit hastigen Schritten streben Passanten zum Eingang eines U-Bahnhofs. Kaum einer nimmt Notiz von einer Gruppe zumeist jüngerer Menschen mit Transparenten und roten Fahnen, die sich an diesem nasskalten Oktobertag in Berlin um einen Informationsstand der Marxistisch-Leninistischen Partei drängt. Andrew Schlüter, 33, ein mittelgroßer, jungenhaft wirkender Mann mit kurzem Bürstenhaarschnitt und randloser Brille, tritt vor die Menge und versucht, mit angestrengter Stimme den Verkehrslärm zu übertönen. Der gelernte Kunststoff-Formgeber aus dem Arbeiterbezirk Neukölln kritisiert die Politik des Senats und leitet dann schnell über zu grundsätzlichen Fragen: »Was ist eigentlich sicher in diesem kapitalistischen System«, bellt Schlüter ins Mikrofon, und, ohne eine Reaktion der Umstehenden abzuwarten, fährt er fort: »Kein Arbeitsplatz, die Schulen nicht, vor allem nicht die Zukunft der Jugend.«

Schlüter ist keines von jenen verwöhnten Wohlstandskindern, die am Otto-Suhr-Institut der Freien Universität Berlin über Marx und Engels diskutieren und sich in ihrer Freizeit Straßenschlachten mit der Polizei liefern. Sein Kapitalistenhass wurzelt in persönlichen Erfahrungen. Über zwölf Jahre hat er beim Berliner Schreibwarenhersteller Herlitz gearbeitet. Ende der achtziger Jahre, als er seinen Job dort antrat, brummte das Geschäft. Damals war Herlitz so etwas wie eine gut geölte Gelddruckmaschine. Jeder, egal ob Schulkind, Sekretärin oder Verwaltungsangestellter, schätzte die Produkte des Unternehmens. Die Nummer eins auf dem Markt für Papier-, Büro- und Schreibwaren warf Jahr für Jahr fette Profite ab. Der Aktienkurs kletterte auf umgerechnet über 200 Euro. Und nichts deutete darauf hin, dass sich das einmal ändern könnte. Im Oktober 2001 aber, zu der Zeit, als Schlüter auf dem Alexanderplatz agitiert, ist das Unternehmen so gut wie pleite. Wenige Monate später, im Frühjahr 2002, musste Vorstandschef Christian Supthut den Gang zum Konkursrichter antreten.

Zuvor haben sich Roland Bergers Sanierungsexperten bei Herlitz ausgetobt. Die Spuren sind deutlich zu sehen: Von den einst 5 400 Beschäftigten stehen nur noch 2 700 auf der Lohnliste – und hoffen auf Konkursausfallgeld vom Arbeitsamt. Der Zusammenbruch des Unternehmens betrifft jedoch weitaus mehr Menschen: »Mit den Zulieferfirmen hängen rund 7 000 Leute und ihre Familien drin«, klagt die Produktionshelferin Corinna Herrendorf. Und der Schreibblockfertiger Adrian Schneider schüttelt den Kopf. Er verstehe das alles nicht, sagt er dem Reporter einer Berliner Tageszeitung: »Wir produzieren und verkaufen doch jede Menge.« Seine Zukunft und die seiner Kollegen hängt jetzt vom Verhandlungsgeschick des Insolvenzverwalters Peter Leonhardt ab – sowie vom Wohlwollen der Banken, denen Herlitz bereits zum größten Teil gehört. Sie sollen nach dem Willen Leonhardts auf Forderungen in Millionenhöhe verzichten.

Herlitz ist überall: Fast zur selben Zeit, zu der Supthut die Waffen streckt, bricht in München das Imperium des Filmrechtehändlers Leo Kirch zusammen. Im Juli 2002 muss der bayerische Flugzeughersteller Fairchild Dornier seine Werkstore schließen, wenig später reiht sich der Oberhausener Maschinen- und Anlagenbauer Babcock Borsig in die Galerie der Bankrotteure ein. Im Frühjahr 2003 wirft das Management des Nürnberger Elektronikkonzerns Grundig das Handtuch. Jedem aufmerksamen Zeitungsleser fallen unwillkürlich zahlreiche weitere Namen ein: das Düsseldorfer Handelsunternehmen Kaufring, der badische Spezialbohrmaschinen-Anbieter Flowtex, der Frankfurter Baukonzern Philipp Holzmann, die Bremer Werftengruppe Vulkan, der Sportbodenhersteller Balsam, die Duisburger Klöckner-Werke oder die Saarstahl AG.

37 600 Unternehmenszusammenbrüche zählte das Statistische Bundesamt im Jahr 2002. Hinzu kommen über 42 000 Verbraucherpleiten. Damit nimmt Deutschland eine traurige Spitzenstellung ein. Kein anderer Staat der Europäischen Union wird derzeit so von unternehmerischen Misserfolgen geschüttelt. Und es sieht so aus, wie wenn die deutsche Wirtschaft auf einen weiteren Konkursrekord zusteuert. Die Statistiker der Wiesbadener Behörde rechnen mit 40 000 Firmenzusammenbrüchen im Jahr 2003. Andere Schätzungen, etwa von dem Kreditversicherer Euler-Hermes, gehen noch darüber hinaus.

Die Folgen dieser Entwicklung sind gespenstisch. Etwa 600 000 Arbeitnehmer und ihre Familien werden 2003 von den Pleiten unmittelbar betroffen sein, sagt der Bundesverband der Deutschen Volksbanken und Raiffeisenbanken. Für die Älteren unter ihnen bedeutet der Verlust des Arbeitsplatzes zumeist das berufliche Aus und den sozialen Abstieg. Hinzu kommen Hunderttausende indirekt Betroffener. Der volkswirtschaftliche Schaden aber ist noch weit größer. Fachleute wie der CDU-Mittelstandspolitiker Hartmut Schauerte beziffern die Höhe der konkursbedingten Forderungsausfälle auf rund 50 Milliarden Euro und die entsprechenden Steuermindereinnahmen auf 15 Milliarden Euro.

Hinzu kommt eine rezessionsbedingte Entlassungswelle, die weit über das hinausgeht, was früher üblich war. Der globale Wettbewerb und die Finanzmärkte zwingen die Unternehmen, auf Konjunktureinbrüche immer schneller und immer drastischer zu reagieren. Die Folgen lassen sich an den Zahlen ablesen, die die Bundesanstalt für Arbeit jeden Monat vorlegt. Ende 2003 werden in Deutschland nach Befürchtungen von Fachleuten 5 Millionen Menschen ohne Arbeit sein. Die dadurch bedingte außerordentliche Belastung für die Sozialkassen kommt zur Unzeit. Wegen jahrelang verschleppter Reformen muss die Regierung ausgerechnet jetzt die Sozialleistungen beschneiden. Auch ansonsten steckt die Politik in einer Zwickmühle. Die strengen Stabilitätskriterien des Maastricht-Vertrags zwingen die Regierung zu einem harten Sparkurs. So kann sie keine Beschäftigungsimpulse setzen, mit der Konsequenz, dass Deutschland immer tiefer in die Krise treibt.

Die meisten Konkurse haben regionale oder lediglich lokale Bedeutung. Wer nimmt schon Notiz davon, wenn das Luhe-Werk Sültmann GmbH im norddeutschen Provinzstädtchen Winsen seinen Betrieb einstellt? Wer zählt die vielen kleinen Kaufhäuser, in denen so wie bei Sowa in Barsighausen in den letzten Jahren das Licht ausging? Wen kümmert's, wenn ein Insolvenzverwalter aus Ulm die Produktionshallen der Stuttgarter Heerum-Gruppe schließt? Der Mittelstand stirbt leise. Aber er stirbt keinen einsamen Tod. Auch hier sind die so genannten Corporate Doctors immer zur Stelle. »Die Zahl der Mandatsanfragen mehrt sich«, bestätigt Peter Faulhaber von der Kölner Consultingfirma Struktur & Management. Andere können sich vor Anfragen kaum noch retten: »Bei uns ist die Hölle los«, stöhnt Andreas Pulver von Ad Tempus Consulting in Frankfurt am Main gegenüber dem *Spiegel.*

Noch ist die Szene der Sanierungsberater stark zersplittert. Doch große Firmen wie Roland Berger haben die Chance erkannt und nutzen den Trendwechsel im Consulting Business, um ihren Marktanteil in diesem Beratungssegment auszuweiten. Nicht nur Großunternehmen wie Herlitz, Babcock oder Holzmann zählen zu Bergers Kunden. Auch zahlreiche Internet-, Technologie- und Medienfirmen, die nach dem Börsencrash im Frühjahr 2001 ins Trudeln gerieten, riefen Berger zu Hilfe. Zum Beispiel das Hamburger Unternehmen Edel Music und das Softwarehaus Bäurer AG. Berger war der erste unter den großen Beratern, der auf die geänderten Rahmenbedingungen mit gezielten PR-Maßnahmen reagierte. Im Sommer 2001, also zu einer Zeit, als andere noch kräftig die Werbetrommel für E-Business-Projekte rührten, veröffentlichte der Münchner eine Studie mit dem viel sagenden Titel *Stürmische Zeiten meistern.*

Darin heißt es, dass sich die Konjunktur Anfang des 21. Jahrhunderts nach einer Phase »anhaltender Globalisierung und Jahrzehnten mit Produktivitätszuwächsen« abgekühlt habe. Die Folgen träfen nicht nur den Mittelstand. Auch große und bekannte Unternehmen gerieten jetzt »in existenzbedrohende Krisen«.

Mit rund 100 Sanierungsspezialisten unter seinen etwa 1 200 Consultants dürfte Roland Berger in diesem Bereich der Marktführer sein. Das Unternehmen verfügt über langjährige Erfahrungen im harten Geschäft mit den Pleitekandidaten. Zwischen 1990 und 2000 sei Bergers Firmen-Feuerwehr zu über 900 Einsätzen gerufen worden, heißt es in der genannten Studie.

Berater meiden das hässliche Wort Pleite ebenso wie den Ausdruck Sanierung. Sie sprechen lieber von Corporate Recovery oder Turnaround Management. Und wenn es ein deutsches Wort sein soll, dann bevorzugen sie den Ausdruck Restrukturierung. Das klingt technisch und distanziert. Fast so wie wenn ein Arzt beim Tod eines Patienten vom Exitus letalis spricht. Auch Consultants scheuen sich, hässliche Dinge beim Namen zu nennen. Und das obwohl es nicht immer um Sein oder Nichtsein eines Unternehmens geht. Oft soll das Geschäft lediglich neu ausgerichtet werden, wenn sich der Markt verändert hat. In den meisten Fällen aber befindet sich ein Unternehmen in einer ernsten Krise, wenn restrukturiert werden muss.

Die Arbeit der Sanierungsexperten beginnt mit einer Bestandsaufnahme. Sie überprüfen zuerst die finanzielle Situation des Unternehmens. Sie durchleuchten die Kapitalstruktur und klopfen die Bilanz auf Risiken ab. Schnell wenden sie sich der operativen Seite des Geschäfts zu: Sie fragen nach dem Umsatz, den Kosten des laufenden Betriebs und ermitteln den Cash Flow. Schließlich konzentrieren sie sich auf die strategisch wichtigen Punkte im Unternehmen. Sie sehen sich dessen Organisation und Struktur genau an und prüfen, ob und welche Prozesse umgestaltet werden müssen. Sie fragen, welche Produkte oder Dienstleistungen weiter angeboten und welche aufgegeben werden müssen. Dazu analysieren sie den Markt und die Wettbewerbsposition. Schließlich ziehen sie daraus erste Schlüsse für das künftige Management und den Bedarf an Personal. Diese Arbeit bietet die Basis für ein Sanierungskonzept, das zumeist den Abbau eines großen Teils der Arbeitsplätze vorsieht.

Die Berater arbeiten dabei stets unter großem Druck. Innerhalb weniger Tage sollen sie sich einen Überblick über ein ihnen völlig fremdes Unternehmen verschaffen. Wer etwas falsch macht, steht sofort in der Schusslinie. »Berater mitschuldig an der Herlitz-Krise?«, fragt beispielsweise die *Berliner Morgenpost* im Oktober 2001, als Vorstandschef Werner Eisenhart den Konzern nach einem Streit mit den Consultants verlässt. Gerüchte machen die Runde. Aus »Konzernkreisen« erfährt die Zeitung, die Berater hätten »logistische Besonderheiten von Herlitz nicht begriffen« und machten »illusorische Vorschläge«.

Gerne lästern Insolvenzverwalter und Wirtschaftsprüfer über die Berater. Zumeist ist die Kritik nicht fundiert. So heißt es zum Beispiel, bei der Babcock-Pleite hätten die Berater übersehen, dass die Bilanzen der Tochtergesellschaft Moenus Textilmaschinen AG frisiert gewesen seien. In der Tat hatte das Amtsgericht Mönchengladbach die Abschlüsse für die Geschäftsjahre 1998/99 und 1999/2000 für nichtig erklärt. Die Folgen waren gravierend. Der Oberhausener Konzern war nicht erst ab Juni 2001 überschuldet, sondern bereits zwei Jahre früher. Schon allein deswegen waren die Sanierungsversuche der Berater von Anfang an zum Scheitern verurteilt. Die Kritik trifft jedoch in erster Linie die Mitglieder des Aufsichtsrats und die Wirtschaftsprüfer von PricewaterhouseCoopers, die die Bilanzen testiert hatten.

Druck kommt zumeist auch von der Belegschaft. Kein Wunder. Es sind ja zumeist die Arbeitnehmer, die für die Fehler des Managements büßen müssen. Bei Heerum etwa geriet ein Berater der Stuttgarter Consultingfirma REM unter Beschuss. Er habe die Situation nicht verbessert, sondern verschlechtert, berichtet die *Schwäbische Zeitung*. Kassiert habe er dennoch: eine halbe Million Mark. Der Sanierer ist saniert, die Firma ist pleite, so lautet das Fazit der Zeitung.

Seit einigen Jahren versuchen die Gewerkschaften, mit ihnen nahe stehenden Beratern Kontra zu geben, wenn die Sanierer in die Unternehmen einziehen: »Bei uns steht die Arbeitsplatzsicherung in der Zielhierarchie an einer viel höheren Stelle«, betont Michael Ehrhardt von der Frankfurter Firma EWR Consulting, die in das Betriebsräte- und Beraternetzwerk der IG Metall eingebunden ist. Die Konsequenz: Der Druck auf die Sanierungsberater steigt weiter.

Der extremen Belastung ist nicht jeder gewachsen. Oscar McKinsey etwa rieb sich bei Marshall Field & Co. auf. Der Kaufhauskonzern war während der Depression ins Trudeln geraten. 1935 übernahm McKinsey dort den Chefposten. Er straffte die Strukturen, verkaufte die Verlustbringer, entließ Hunderte Angestellte. 1937 hatte er den Konzern wieder in die Gewinnzone gebracht. Seine Gesundheit aber war durch den Stress zerstört. Er starb noch im selben Jahr an einer Lungenentzündung.

Die meisten Sanierer sind harte Burschen – so wie Karl-Josef Kraus. Der 50-jährige Betriebswirt steht an der Spitze von Bergers Turnaround-Truppe. Seinen Spitznamen »Machete« hat er sich in den Jahren nach dem Fall der Berliner Mauer erworben. »Im Stundentakt« habe er damals in der Bar eines Leipziger Hotels Aufträge zur Sanierung von DDR-Kombinaten entgegengenommen, kolportierten ehemalige Mitarbeiter. Für diese Arbeit habe er insgesamt umgerechnet zwischen 25 und 40 Millionen Euro an Honoraren von der Treuhandanstalt kassiert. Die Berichte scheinen nicht einmal übertrieben. Laut der zitierten Berger-Studie erhielten Kraus und seine Kollegen zwischen 1990 und 1995 exakt 158 Aufträge zur Restrukturierung von Unternehmen. Die Zahl der Fälle, bei denen es ums nackte Überleben einer Firma ging, dürfte jedoch niedriger liegen.

Konkurse sind keine plötzlich oder schicksalhaft auftretenden Ereignisse. »Unternehmenskrisen entwickeln sich über einen längeren Zeitraum«, heißt es in der Berger-Studie. Nur Außenstehende können oft gar nicht begreifen, warum ein Unternehmen ins Trudeln gerät. Selbst abgebrühte Boulevardjournalisten, die sonst nie um flotte Formulierungen ringen müssen, kommen ins Grübeln: »Wie kann das eigentlich passieren, dass ein Betrieb wie Herlitz so den Bach runtergeht«, fragt der *Berliner Kurier.* Papier, Schulhefte und Ordner würden doch immer gebraucht. Außerdem sei jene »Großhandlung für Kontorbedarf«, die Carl Herlitz 1904 gegründet habe, grundsolide geführt worden.

Eine glatte Untertreibung. Denn Günter Herlitz, der die Firma 1935 von seinem Vater übernahm, war weitaus mehr als nur ein solide wirtschaftender Unternehmer. Er war ein »Patriarch im guten Sinne«, jemand, der »geachtet, aber nicht gefürchtet« worden sei, so der ehemalige Aufsichtsratsvorsitzende Martin Scholz. Herlitz schaffte es, sein Geschäft nach dem Krieg unter extrem schwierigen Umständen am Laufen zu halten. Er organisierte beispielsweise während der Berlin-Blockade den Nachschub an Schreib- und Papierwaren per Flugzeug. Dann begann er damit, einige Produkte aus seinem Sortiment in Eigenregie zu fertigen und weitete die Produktion Schritt für Schritt aus. Schließlich führte er das Unternehmen erfolgreich an die Börse.

Erst Ende der achtziger Jahre wendet sich das Blatt. Damals übergibt Günter Herlitz die Leitung an seine Söhne Heinz, Klaus und Peter. Das »Trio Infernale« (*Berliner Kurier*) will ein großes Rad drehen. Aus einem nach Journalistenmeinung »vielleicht etwas zu schnarchig geführten Betrieb« soll ein Weltkonzern werden. Schon kurze Zeit nach dem Wechsel bricht ein Familienstreit aus. Heinz lässt sich auszahlen, kauft Teile eines ehemaligen DDR-Möbel-Kombinats, macht Pleite und taucht auf der Flucht vor seinen Gläubigern unter.

Seine Brüder leihen sich bei den Banken Geld und steigen damit groß ins Immobiliengeschäft ein. Sie übernehmen eine Papierfabrik in Russland und lassen ein gigantisches Logistikzentrum in Berlin errichten. Allein dieser völlig überdimensionierte Bau verschlingt rund 200 Millionen Euro. »Größenwahn« und »unternehmerisches Unvermögen«, urteilt das *manager magazin*. Zu spät erkennen Klaus und Peter, dass sie mit der Führung des Unternehmens überfordert sind. Als sie sich aus dem Vorstand zurückziehen, herrscht bereits das Chaos im Reich der Ordner. Die Bilanzen färben sich dunkelrot, die Verluste wachsen auf einen dreistelligen Millionenbetrag an, und in der Führungsetage geht es zu wie in einem Taubenschlag: Die Manager geben sich die Klinke in die Hand. Die Macht im Konzern aber liegt längst bei den Banken, bei denen Herlitz mit rund 300 Millionen Euro in der Kreide steht.

Für Journalisten ist es schwer, an einen der Brüder heranzukommen. Sie scheuen die Öffentlichkeit. Keiner will sich zu den Hintergründen des Konkurses äußern. Schließlich kommt, unter einem Vorwand, doch ein Gespräch mit Klaus Herlitz zustande. Er gibt zu, dass sich er und seine Brüder mit den Immobiliengeschäften »verkalkuliert« hätten. Auch die Expansion nach Russland sei ein Fehler gewesen, der allerdings auf das Konto des damaligen Vorstandschefs Gérard Jaslowitzer gehe. Der Manager habe diese Entscheidung getroffen, so Klaus Herlitz. Dass er als Aufsichtsrat sein Veto hätte einlegen können, verschweigt der Enkel des Firmengründers. Herlitz schimpft auf die zahlreichen Management Consultants, die das Unternehmen »nicht gut beraten« hätten. Er beschreibt die Berater als »exzellent ausgebildete, rhetorisch geschulte Jünglinge«, kritisiert deren »vorgefasste Konzepte« und weist ihnen die »Schuld am Ausscheiden wichtiger Mitarbeiter« zu. Namen und Details will er nicht nennen. Dann bricht er das Gespräch ab.

In der Tat schlidderte das Unternehmen trotz teurer Berater in den Abgrund. Die Recherche bei ehemaligen Herlitz-Managern ergibt, dass in den neunziger Jahren mindestens drei Consultingfirmen für die Berliner tätig waren. Experten des niederländischen Anbieters EPI entwickelten das Logistikkonzept. McKinsey erhielt den Auftrag, die Struktur des Unternehmens übersichtlicher zu gestalten. Die Consultants gliederten Herlitz in eine Management Holding und zahlreiche, weitgehend selbstständige Einheiten – so genannte Profit Center. Die einzigen aber, die mit diesen Centern Profit machten, waren die Consultants selbst. Zwar kann oder will sich niemand mehr erinnern, wie viel Geld dieser vier- bis fünfmonatige Einsatz gekostet hat. Sicher ist nur, dass sich Herlitz die Ausgabe hätte sparen können. Die Struktur habe sich nicht bewährt, sagt der seinerzeit amtierende Vorstandschef Karel de Vries, ohne nähere Angabe von Gründen. Deshalb habe er wenig später die alte Ordnung wieder hergestellt.

Vor vielen Großpleiten lässt sich ein ähnliches Hin und Her beobachten. So auch bei Holzmann. Es waren Unternehmensberater, die das Management des einst soliden deutschen Bauunternehmens bei der Internationalisierung und der anschließenden Expansion auf die Felder Umwelt- und Energietechnik begleiteten. Der Erfolg dieser Maßnahmen blieb aus. Als Mitte der neunziger Jahre die Baukonjunktur einbrach, geriet der Konzern in die Verlustzone. Vorstandsvorsitzender Heinrich Binder rief McKinsey zu Hilfe. Die Berater verordneten dem Unternehmen eine Schrumpfkur, die neben einem drastischen Personalabbau den Rückzug auf die Kernkompetenzen vorsah und der Ergebnisorientierung erste Priorität einräumte.

Nach ersten, kleineren Sanierungserfolgen musste der Vorstand im November 1999 einen Verlust in Höhe von fast 2,5 Milliarden Mark eingestehen. Bundeskanzler Schröder setzte sich persönlich für die Rettung der Arbeitsplätze ein. Der Vorstand wurde ausgewechselt. Das neue Management schaltete Roland Berger ein, der eine Rosskur verordnete. Neben einem drastischen Personalabbau sah das Sanierungskonzept mit dem wohlklingenden Namen »Gazelle« einen Verkauf der Hälfte von einst 600 Tochtergesellschaften sowie eine deutliche Verkleinerung des inländischen Filialnetzes vor. Der neue Konzernchef Hinrichs bewegte die Belegschaft sogar dazu, fünf Stunden pro Woche mehr zu arbeiten. Der Kraftakt war jedoch im doppelten Sinne des Wortes umsonst. Die Banken ließen Holzmann fallen. Im Frühjahr 2002 musste das Unternehmen Insolvenz anmelden.

Sanierungsberatung ist ein lukratives Geschäft. Die Tagessätze der Turnaround-Spezialisten können die Schwelle von 10 000 Euro erreichen, so der *Spiegel*. Das erscheint übertrieben. Laut Bundesverband Deutscher Unternehmensberater liegt der höchste Tagessatz im deutschen Consulting Business bei 5300 Euro pro Tag. Zu den happigen Honoraren addieren die Berater gesalzene Spesen: bis zu 20 Prozent des Rechnungsbetrags. Hinzu kommt die Mehrwertsteuer. Kein Wunder, dass Mitarbeiter und Gewerkschafter so wie bei Herlitz die Wut packt, wenn sie von den enormen Summen hören, die die Berater kassieren. Doch Geld spielt in Notsituationen keine wesentliche Rolle. Der Erfolg der Rettungsmaßnahmen ist das Entscheidende. Deswegen sind Erfolgskomponenten in Verträgen mit den Turnaround-Spezialisten die Regel. Erfolg heißt jedoch noch lange nicht, dass das Unternehmen nicht Pleite geht. Hierfür will kein Consultant einstehen. In den Verträgen, die die Beratungsunternehmen mit ihren Klienten abschließen, ist die Haftung stets erheblich eingeschränkt. Und wenn sich ein Berater auf eine erfolgsbezogene Honorierung einlässt, versucht er zumeist, die Erfolgskontrolle an Kriterien zu knüpfen, die er nach Gutdünken interpretieren kann. Bestes Beispiel: der Abbau von Arbeitsplätzen. Andererseits lassen sich Erfolge bei der strategischen Neuausrichtung eines Unternehmens nicht kurzfristig messen. Immer mehr Gläubiger verlangen deswegen, dass sich die Berater mit eigenem Geld an den Not leidenden Unternehmen beteiligen.

Noch zieren sich die meisten Consultingunternehmen. Schließlich soll ein Berater möglichst neutral und nicht aus eigenem Interesse heraus handeln. Andere aber muss man nicht lange bitten. So schnappte sich der Düsseldorfer Unternehmensberater Walter Droege über seine Beteiligungsgesellschaft Deutsche Investors Capital laut *manager magazin* ein Fünftel des Kölner Pharmaunternehmens Madaus und ein Viertel des Düsseldorfer Motorradbekleidungsherstellers Eurobike. Und so wie Droege erliegen immer mehr Consultants der Versuchung, angeschlagene Unternehmen zum Vorzugspreis zu erwerben. Auch Roland Berger. Der Münchner hält Anteile an der Berliner Private-Equity-Gesellschaft Capital Management Partners, die als Erste ein Interesse an einem Engagement bei Herlitz zeigte. Das entsprechende Angebot schien den Eigentümern jedoch nicht attraktiv genug. Zurzeit verhandelt das neben dem Konkursverwalter agierende Herlitz-Management – darunter der ehemalige Berger-Berater Norbert Strecker – mit dem schwedischen Konzern Esselte über einen Verkauf. Hinter den Schweden stehen Amerikaner. Eigentümer von Esselte ist die Investmentgesellschaft J. W. Childs, Leute also, die man früher Corporate Raiders nannte. Sie wissen, dass Herlitz nicht mehr viel Zeit zum Verhandeln hat. Das Unternehmen verfügt nur noch für wenige Monate über Liquidität, um den Geschäftsbetrieb aufrechtzuerhalten.

12. Vorsprung durch Wissen

Daniel Schmitt weiß genau, wie er sich verkaufen muss. Als Gründer und Chef der Wirtschaft & Technologie Consulting GmbH, kurz Witeco, konzentriert er sich ganz auf die Bedürfnisse kleiner Handwerks- und Gewerbebetriebe in der Region um die unterfränkische Industriestadt Schweinfurt. Seinen Kunden bietet der 36-jährige Unterfranke, ein freundlich wirkender Mann mit kugelrundem Gesicht, einen umfassenden Service: Rentabilitätsrechnung, Liquiditätsplanung, Schuldenmanagement, Subventionsberatung und vieles mehr. Laut Firmenbroschüre stehen ihm renommierte Partner zur Seite, darunter drei staatliche Banken, zum Beispiel die Kreditanstalt für Wiederaufbau in Frankfurt am Main sowie das Bundesministerium für Wirtschaft in Berlin. Auf dem Witeco-Briefkopf prangt fett das Firmenmotto »Vorsprung durch Wissen«, und die Verträge, die Schmitt mit seinen Kunden schließt, ziert eine daumennagelgroße Balkengrafik, die wohl nicht von ungefähr an das in Kreisen der Wirtschaft bekannte Logo des Bundesverbands deutscher Unternehmensberater erinnert.

Vor diesem seriös wirkenden Hintergrund erscheinen die Honorarsätze der Witeco geradezu preiswert: 3 300 Euro kassiert der smarte Geschäftsmann nach eigenem Bekunden pro Einsatz: »Die Hälfte bei Beratungsbeginn, den Rest nach Abschluss der Arbeit«, sagt Schmitt, wobei er das R so sympathisch rollt, wie das eben nur ein gebürtiger Schweinfurter kann. Über die Erfolge seiner Witeco gibt der Consultant freimütig Auskunft: 254 Unternehmer habe er in den vergangenen zwei Jahren beraten; 142 besorgte er frisches Kapital aus den Fördertöpfen von Vater Staat, 27 verhalf er zu einem Existenzgründungsdarlehen, bei weiteren 30 »konnte die Beratung zur vollen Zufriedenheit abgeschlossen werden«. Zusätzlich hat er auf seiner Firmenwebsite (www.witeco-gmbh.de) eine Liste mit den Adressen von einem guten Dutzend Referenzkunden veröffentlicht.

Zu jenen 55 Kunden, die in Schmitts Erfolgsbilanz nicht vorkommen, gehört Christiane Knobling. Die Inhaberin einer gut gehenden Metzgerei in Bad Kissingen hatte Ende April 2000 einen Anruf von einer Angestellten der Witeco erhalten. Knobling ließ sich von ihr einen »Betriebscheck« aufschwatzen. Der sei kostenlos, hieß es. Anfang Mai fuhr Schmitt bei der arglosen Frau in einem schicken Mercedes Cabrio vor, ließ sich die Buchführungsunterlagen der vergangenen drei Jahre zeigen und versprach, bei der Beschaffung von Fördermitteln behilflich zu sein. »Er hat gut geplaudert«, erinnert sich die Metzgermeisterin. Blauäugig setzte sie ihre Unterschrift unter den vorformulierten Vertrag und erteilte dem redegewandten Berater eine Bankeinzugsermächtigung.

Mitte Juni erhielt Knobling einen Beratungsbericht, der kaum das Papier wert war, auf dem er stand. Die elf mit breitem Zeilenabstand beschriebenen Seiten enthalten wenig mehr als Allgemeinplätze. So erfuhr Knobling auf Seite drei des Berichts, dass ihr Unternehmen ein Metzgerei-Fachbetrieb sei und Wurst- und Fleischwaren in den eigenen Filialen verkaufe. Diese Tatsache hielt Schmitt offensichtlich für so wichtig, dass er sie gleich mehrmals in dem Schreiben wiederholt. Weiter heißt es dort, Knobling sei Metzgermeisterin und ihr Ehemann Metzgermeister. Der Berater zieht daraus den messerscharfen Schluss, dass das Ehepaar für die Führung des Betriebs »ausreichend qualifiziert« sei. Auf Seite acht ringt sich Schmitt schließlich zu einer »Darstellung der konkreten Verbesserungsvorschläge« durch. Vorschlag Nummer eins lautet: »Die Umsatzrentabilität kann verbessert werden, indem entweder die Kosten gesenkt werden oder der Umsatz bei gleichen Kosten gesteigert wird. Da eine Umsatzsteigerung möglich ist, aber prinzipiell nicht prognostiziert werden kann, erscheint eine Senkung der Kosten sinnvoller.« Oder Nummer drei: »Die Finanzkraft des Unternehmens kann verbessert werden, indem das Fremdkapital reduziert wird bzw. bei steigenden Umsätzen die Verschuldung primär nicht erhöht wird.« Auf der Schlussseite bietet Schmitt der Metzgermeisterin an, sie bei der Umsetzung seiner Empfehlungen »zu begleiten«. Der Bericht schließt mit dem Satz: »Die Beratung wurde nach den Richtlinien der Unternehmensberater und nach bestem Wissen und Gewissen durchgeführt.«

Knobling reichte die elf Seiten zusammen mit einem »Antrag für einen Zuschuss zu einer Unternehmensberatung« bei der zuständigen Stelle ein – ganz so, wie ihr das Schmitt geraten hatte. Indes, der erhoffte Geldsegen blieb aus. Die Behörde wollte nicht zahlen. In dem Ablehnungsbescheid des Bundesamts für Wirtschaft in Eschborn heißt es, der Beratungsbericht sei nicht konkret genug. Das Papier enthalte weder eine Handlungsempfehlung noch eine Anleitung zur Umsetzung von Verbesserungsvorschlägen in die Betriebspraxis. Dies aber sei Voraussetzung für einen Zuschuss.

Knobling wandte sich wieder an Schmitt und bat um Hilfe. Der schrieb höflich zurück: »Bei unserem Beratungsbericht kam höchstwahrscheinlich nicht klar zum Ausdruck, dass Ihr Unternehmen optimal arbeitet und Handlungsempfehlungen zur Verbesserung der wirtschaftlichen Situation nicht angebracht sind.« Weiter heißt es in dem Schreiben: »Dies sollte für Sie erfreulich sein, birgt aber das Risiko, dass die Beratung nicht gefördert wird.« Dennoch habe er mit der Behörde telefoniert, so Schmitt. Er rate Knobling, »Einspruch« einzulegen. Die Metzgermeisterin schaltete daraufhin einen Schweinfurter Rechtsanwalt ein. Der kassierte zunächst einen Vorschuss und formulierte dann einen Widerspruch gegen den Ablehnungsbescheid. Ohne Erfolg. Im Juni 2001 wies das Bundesamt für Wirtschaft den Widerspruch zurück.

Knoblings Anwalt prüfte auch die Aussichten einer Klage gegen den Berater Schmitt. Er riet ihr jedoch davon ab, vor Gericht zu ziehen, da seiner Meinung nach die Erfolgsaussichten zu ungewiss seien. Vielleicht hätte der Jurist lediglich einen Blick auf die mit Rechtschreibfehlern und Stilblüten gespickte Witeco-Website werfen müssen, um zu einer anderen Ansicht zu gelangen. Hier betont Schmitt nicht nur seine »Seriösität« (sic!), sondern garantiert auch die Rückzahlung des Honorars in bestimmten Fällen.

Zudem zeigen mehrere einschlägige Urteile, dass unzufriedene Kunden von Beratern vor Gericht alles andere als chancenlos sind. Das Oberlandesgericht Köln stellte zum Beispiel am 31. Oktober 2000 fest, dass ein Auftraggeber einem Consultant keine Vergütung schuldet, wenn weder ein Beratungsinhalt noch ein Beratungskonzept zu erkennen sind. Und das Oberlandesgericht Hamm sprach 1997 einen Arzt aus Sachsen-Anhalt von der Verpflichtung frei, ein Honorar von 20 000 Mark an einen Unternehmensberater zu zahlen, der ihm versprochen hatte, öffentliche Mittel für die Gründung der Arztpraxis locker zu machen – solche Mittel vergab das Bundesland nämlich gar nicht.

Der tiefere Sinn von Daniel Schmitts Firmenmotto »Vorsprung durch Wissen« wurde Knobling jedoch erst so richtig klar, als sie sich an die Handwerkskammer Schweinfurt wandte. Dort kannte man Schmitt schon und reihte ihn ein unter die vielen schwarzen Schafe der Consultingszene. Dazu Kammersprecher Andreas Klaeger: »In unschöner Regelmäßigkeit werden in unserer Region gerade kleine und mittelständische Unternehmer von dubiosen Beratern im feinen Zwirn über den Tisch gezogen.«

Fälle wie diese sind nicht neu. Man diskutiert heute nur nicht mehr so aufgeregt darüber wie noch in den achtziger Jahren, als die 300 Mann starke Beratertruppe der im schweizerischen Fribourg residierenden Compagnie Kepler S.A. reihenweise deutsche Mittelständler abzockte. Kepler kassierte für »einige Wochen heißer Luft« bis zu sechsstellige Summen, so Consultingkritiker Klaus A. Zimmermann in seinem Beitrag zu dem 2002 erschienenen Buch *Drama Beratung*. Jahr für Jahr habe das Unternehmen seinen Opfern rund 60 Millionen Mark (ohne Mehrwertsteuer) aus der Tasche gezogen, schreibt der Branchenkenner. Er schätzt den volkswirtschaftlichen Schaden, der insgesamt durch unseriöse Berater in Deutschland angerichtet wird, auf umgerechnet 250 Millionen Euro im Jahr.

Doch Zimmermann greift zu kurz, wenn er lediglich die Honorarsummen addiert. In Wirklichkeit ist der Schaden, der durch unseriöse Berater angerichtet wird, weitaus größer, weil viele Unternehmen nach einem Beratereinsatz ruiniert sind. Und das Wort »unseriös« muss in diesem Zusammenhang durch »kriminell« ersetzt werden, denn es handelt sich hier um nichts anderes als um Fälle von gut organisierter Kriminalität. Diese Fälle nehmen gerade zurzeit wieder zu, denn die Wirtschaftskrise bietet einen idealen Nährboden für Abzocker und Bauernfänger. Immer häufiger würden vor allem kleine und mittlere Unternehmen in Notsituationen übervorteilt, meldet die Industrie- und Handelskammer in Erfurt: »Oft tauchen Pseudoberater unangemeldet auf und überreden den Mittelständler zu einer Grundanalyse – allein die kostet durchweg schon mehr als 1 000 Euro und weist stets das gleiche Ergebnis aus: Der mittelständische Betrieb brauche weitere Beratung«, so der Hauptgeschäftsführer der Erfurter Kammer, Gerald Grusser. Schriftliche Analyseergebnisse gebe es trotz dieser zusätzlichen Beratung in der Regel nicht, sagt Grusser in der *Thüringer Allgemeinen* vom 29. Juli 2002. Auch der Baugewerbeverband Niedersachsen warnt unter www.Handwerk.com vor »Scharlatanen« und »Abzockern« unter den Unternehmensberatern. Diese nutzten die Krise in der Bau- und Immobilienbranche schamlos aus und zögen Betriebe, die sich bereits am Rande der Pleite befinden, so über den Tisch, dass sie endgültig konkursreif sind.

Wer sich fragt, wie es trotz aller Warnungen immer wieder zu solchen Vorfällen kommen kann, muss die Beraterbranche aus der Vogelperspektive betrachten. Die nüchterne Statistik sagt bereits eine ganze Menge über die Consultingszene aus. 68 700 Unternehmensberater tummeln sich nach neueren Schätzungen in Deutschland. Sie verteilen sich auf 14 400 Consultingfirmen. Diese konnten im Jahre 2002 rund 12,3 Milliarden Euro an Honoraren einnehmen. So jedenfalls die Zahlen, die der in Bonn ansässige Bundesverband Deutscher Unternehmensberater in der Studie *Facts & Figures zum Beratermarkt* 2002 veröffentlicht hat. Laut dieser Statistik entfällt fast die Hälfte des gesamten Honorarumsatzes auf die 40 größten Beratungsfirmen. Allein der Marktführer McKinsey erzielte 2002 nach einem Bericht der *Welt* mit seiner deutschen Dependance 580 Millionen Euro Umsatz.

Das Gros der Consultingbranche bilden jedoch kleine Firmen mit wenigen Mitarbeitern und Tausende von Einzelberatern. Angesichts der extremen Zersplitterung der Branche dürfte die Zahl von 68 700 Beratern eher zu niedrig angesetzt sein. Denn mancher Einzelberater taucht in der Statistik gar nicht auf, weil er seinen Job nur bei Gelegenheit ausübt. Und wie viele Consultants unseriös arbeitende Abzocker vom Schlage eines Daniel Schmitt sind, weiß niemand genau. Kein Wunder: Die Berufsbezeichnung »Unternehmensberater« ist in Deutschland nicht geschützt. Das Gleiche gilt für die Bezeichnung »Consultant«. Jeder kann und darf sich so nennen. Es gibt keinerlei Zutrittsbarrieren für diesen Beruf. Nicht einmal ein Hauptschulabschluss ist nötig.

Schmitt etwa hat nach einem zweijährigen Besuch einer Fachoberschule eine Lehre zum Elektroinstallateur absolviert und später eine berufsbegleitende Ausbildung zum Finanzkaufmann durchlaufen. Danach habe er fünf Jahre als »Mitarbeiter in der Kundengewinnung« für eine deutsche Großbank gearbeitet, heißt es in seinem Lebenslauf. 1995 machte er sich in Augsburg mit einem Partner selbstständig, und zwar in der Immobilienbranche. Unter anderem war er an der Konzeption und Vermarktung eines Parkhausfonds beteiligt. Der Lebenslauf schließt mit der Bemerkung, dass Schmitt demnächst die österreichische Universität Krenz besuchen werde, um dort den Titel eines »Master of Business Administration« zu erwerben. Willkommen in der Bluffgesellschaft!

Biografien dieser Art sind in der schillernden Beraterszene nichts Ungewöhnliches. Wer im örtlichen Branchenbuch nach einem Consultant fahndet, stößt nicht nur auf Fachleute für die Lösung betrieblicher Probleme, sondern auch auf windige Immobilienmakler und geldgierige Anlagehaie. So berichtet die Essener Regionalzeitung *NRZ* über einen Unternehmensberater, der reihenweise gutgläubige Geldanleger in Deutschland und der Schweiz geprellt haben soll. Die Staatsanwaltschaft wirft dem 49-Jährigen »bandenmäßigen Betrug« vor. Er habe seinen Kunden Traumrenditen versprochen und die ihm anvertrauten Beträge in Höhe zwischen 35 500 und 277 000 Mark in die eigene Tasche gesteckt. Immerhin konnte der Consultant ein abgeschlossenes Studium der Betriebswirtschaft vorweisen. Zumeist aber bedienen sich solche Kriminellen der wohlklingenden Berufsbezeichnung, um Kompetenz zu signalisieren, wo keine vorhanden ist. So wollen sie arglose Kunden ködern.

Beliebt ist der Aufdruck »Consultant« auch auf der Visitenkarte gefeuerter Manager und gescheiterter Unternehmer. Hiergegen ist nicht einmal etwas einzuwenden. Schließlich haben qualifizierte Vorruheständler oder gestrauchelte Selbstständige wertvolle Erfahrungen gemacht, die für die Wirtschaft durchaus noch von Nutzen sein können. Ein Beispiel von vielen ist Leo Pröstler. Der Diplomingenieur, der früher für den deutschen Industriekonzern Mannesmann-Demag im Iran tätig war, zählt zu den Pionieren der alternativen Unternehmerszene in Deutschland. Nachdem er einige Jahre als Geschäftsführer des Freiburger Öko-Instituts gearbeitet hatte, machte er sich selbstständig und gründete laut *Südwestpresse* vom 9. Januar 2001 den auf umweltbewusste Konsumenten ausgerichteten Spezialversand Waschbär. Im Juni 2001 musste das Unternehmen Insolvenz anmelden. Heute soll Pröstler unter der Firmenbezeichnung Querdenker GmbH als Consultant tätig sein.

Nicht jedes Stehaufmännchen verdient jedoch Respekt. Die *Stuttgarter Zeitung* berichtete unlängst von einem Prozess gegen einen Bauunternehmer aus Bad Rappenau, der seine Firma zuletzt nur noch durch betrügerische Leasinggeschäfte über Wasser gehalten haben soll. Die Masche dieses Mannes erinnerte den ermittelnden Staatsanwalt an den Flowtex-Skandal, bei dem ein Unternehmen, das Spezialbohrmaschinen herstellte, Leasingfirmen und Kreditgeber mit gefälschten Auftragspapieren genarrt hatte. Der Rappenauer Unternehmer war bereits zwischen 1979 und 1996 mit drei Baufirmen in Konkurs gegangen und hatte im Jahr 2000 den Offenbarungseid leisten müssen. Der Zeitung gegenüber beteuerte der gelernte Agrartechniker seine Unschuld und kündigte an, er werde bald wieder als Unternehmensberater wirtschaftlich Tritt fassen.

Vor Gericht landete auch ein 49-jähriger Consultant aus dem westfälischen Bestwig über dessen Machenschaften die *Westfalenpost* im Dezember 2002 berichtete. Der Mann soll gegenüber mehreren Banken in Leipzig und Dresden seine wirtschaftlichen Verhältnisse so rosig dargestellt haben, dass man ihm Kredite in Millionenhöhe zum Kauf von neun Eigentumswohnungen gewährte. Die Unternehmen, die diese Wohnungen bauen sollten, gingen jedoch Pleite. Für die Banken bedeutete das einen Totalverlust, da weder bei dem Berater Geld zu holen war, noch Sicherheiten in Form von Immobilien existierten. Noch nicht abgeschlossen ist der Prozess gegen den ehemaligen CD-Fabrikanten Reiner E. Pilz vor dem Landgericht Mühlhausen in Thüringen. Dem einstigen Titelhelden des Kölner Wirtschaftsmagazins *Impulse* wirft die Staatsanwaltschaft vor, den Staat um Subventionen in Höhe von fast 40 Millionen Euro betrogen zu haben. In Landshut hingegen wurde Pilz bereits wegen Betrugs rechtskräftig verurteilt. Laut Auskunft seines Verteidigers befindet sich Pilz auf freiem Fuß und verdient seine Brötchen als Unternehmensberater.

Die Verbände und Vereinigungen, in denen sich Unternehmensberater zusammengeschlossen haben, versuchen seit Jahren, den Gesetzgeber zu einem Schutz der Berufsbezeichnung zu bewegen. Schließlich müssen in Deutschland selbst Handwerksgesellen eine strenge Prüfung ablegen. Die Bundesregierung weigert sich jedoch, diesen Bereich der Wirtschaft zu regulieren. Unter anderem mit der Begründung, dass selbst die Pflichtmitgliedschaft in berufsständischen Kammern – wie bei den Rechtsanwälten oder Ärzten – keinen Schutz vor schwarzen Schafen biete. Das ist durchaus richtig: So arbeitete etwa jener mutmaßliche Anlagebetrüger, über den die *NRZ* berichtet hat, Hand in Hand mit einem Rechtsanwalt und einem Steuerberater aus Kleve zusammen.

Andere Länder, etwa Österreich, haben den Zugang zum Beraterberuf streng reglementiert. Einen Gewerbeschein erhält dort laut »Unternehmensberater-Befähigungsnachweis-Verordnung« nur jemand, der »überdurchschnittliche betriebswirtschaftliche Kenntnisse, fundiertes Wissen um wirtschaftsrechtliche Aspekte und Zusammenhänge sowie die für eine erfolgreiche Aufgabenbewältigung maßgeblichen Beraterfähigkeiten« nachweisen kann.

Die deutschen Beraterverbände müssen einen anderen Weg gehen, um die seriösen von den unseriösen Consultants zu trennen. Der Bundesverband Deutscher Unternehmensberater vergibt die Bezeichnung »Certified Management Consultant«, kurz CMC, an qualifizierte Berater. Die Hürden, die ein Interessent hierfür überwinden muss, sind keineswegs übertrieben hoch angesetzt: Kandidaten mit einem Hochschulabschluss benötigen lediglich vier Jahre einschlägige Berufserfahrung, also hauptberufliche Praxis in einer Beratungsfirma. Zudem müssen sie nachweisen, dass sie mindestens drei Beratungsprojekte geleitet haben und sich 30 Stunden pro Jahr fortbilden. Hinzu kommen zwei Interviews, in denen der Kandidat fachspezifische Fragen beantworten und seine Kompetenz testen lassen muss. Ein Zertifikat für Unternehmensberater vergibt unter ganz ähnlichen Voraussetzungen auch der in Düsseldorf ansässige Bundesverband Deutscher Volks- und Betriebswirte.

Dennoch ist der Stempel CMC, den jeder solchermaßen examinierte Berater auf seine Briefe drücken darf, nicht gerade heiß begehrt. Im Februar 2003 gab es laut Auskunft eines Verbandssprechers nicht mehr als 283 Certified Management Consultants in Deutschland. Das geringe Interesse erklärt sich dadurch, dass die Prüfung alle drei Jahre wiederholt werden muss. Sogar die meisten in dem Verband organisierten Berater scheuen diesen Aufwand. Und die größeren Consultingfirmen setzen ohnehin auf ihren eigenen Namen.

13. Public Sector Consulting

Motoren dröhnen, Ketten rasseln. Mit ohrenbetäubendem Lärm rollen britische Panzer durch die staubigen Straßen der irakischen Hafenstadt Basra. Das heißt: Noch sind es britische Panzer. Bald aber werden es wohl Milizionäre in angemieteten Fahrzeugen sein, die da im Auftrag der Queen auf Patrouille gehen. Der *Independent* schreibt, es sei nur noch eine Frage der Zeit, bis der »erste privatisierte Krieg« ausgetragen werde. Das Verteidigungsministerium habe bereits eine ganze Reihe von Funktionen an Unternehmer ausgelagert. Schon heute reparieren private Anbieter die Schiffe der Royal Navy, übernehmen den Transport von Rüstungsgütern und trainieren die Air-Force-Piloten an Flugsimulatoren. In naher Zukunft werde der gesamte Nachschub privatisiert sein, berichtete die englische Zeitung.

Die Briten haben beim so genannten Outsourcing staatlicher Aufgaben weltweit die Pionierrolle übernommen. Nicht nur beim Militär, auch in anderen Ressorts kümmern sich Privatunternehmer um Dinge, die anderswo noch zum Kern staatlichen Handelns zählen. Vor etwa zehn Jahren habe diese Entwicklung eingesetzt, schätzt der englische Branchendienst *Accountancy Age*. In einer ersten Welle des Outsourcings habe man damals vor allem den Betrieb von Rechenzentren an Private ausgelagert. Heute sei das Vereinigte Königreich »der reifste Markt« auf diesem Gebiet, und ein Ende der Entwicklung sei nicht absehbar. Bei der zu beobachtenden zweiten Welle des Outsourcings stünden nahezu alle staatlichen Leistungen auf dem Prüfstand.

Es sind knallharte wirtschaftliche Gründe, die für die Privatisierung staatlicher Dienstleistungen sprechen. Seitdem zum Beispiel Army, Navy und Air Force auf Transaktionsbasis mit Externen abrechnen, statt wie früher auf eigene Ressourcen zurückzugreifen, benötigen sie weniger Geld als zuvor. Nicht nur weil die privaten Anbieter billiger sind. Die Kosten gehen auch zurück, weil der Bedarf sinkt. Denn die Militärs gehen sparsamer mit Ressourcen um, für die sie bezahlen müssen. Die Regierung gibt beim Sparprogramm durch Privatisierung lediglich die Richtung vor, die exakte Route legen die Unternehmensberater fest. So erhielt etwa McKinsey den Auftrag, ein Konzept für die Abteilung Logistik des britischen Verteidigungsministeriums zu entwickeln. Hierfür kassierte das Beratungshaus laut *Independent* 1,45 Millionen Pfund.

Die Privatisierungswelle rollt nicht nur im Vereinigten Königreich, sondern ebenso in Deutschland. Jede zehnte deutsche Behörde macht bisher vom Outsourcing Gebrauch. Das jedenfalls hat Accenture gemeinsam mit dem Fraunhofer Institut für Arbeitswirtschaft und Organisation per Umfrage herausgefunden. Consultingfirmen wie Accenture sind aber nicht nur dann gefragt, wenn staatliche Leistungen durch Private erbracht werden sollen. Die Aufgaben sind weitaus vielfältiger. Die Berater erstellen Konzepte für das Standortmarketing von Kommunen, durchleuchten die Organisationsstruktur von Behörden und rechnen aus, ob sich bestimmte Investitionen der öffentlichen Hand auszahlen. Selbst Kommunen im hintersten Winkel der Provinz leisten sich Consultants, wenn es beispielsweise darum geht, Ansatzpunkte für Sparmaßnahmen zu benennen. Die Wirtschaftsfachleute sind selbstverständlich zugegen, wenn Universitäten privatisiert, Stadtverwaltungen verschlankt oder kommunale Eigenbetriebe verkauft werden. Keine Fusion von öffentlichen Versorgungsbetrieben und keine Olympia-Bewerbung einer Stadt geht heute mehr ohne die smarten Wirtschaftsexperten über die Bühne. Die Liste mit Beispielen ließe sich über Seiten hinweg fortsetzen.

Die Consultants gehen mittlerweile in Staatskanzleien und Ministerien so selbstverständlich ein und aus wie früher in den Topetagen der Konzerne. Kein Wunder. Der öffentliche Sektor hat sich zu einem attraktiven Markt für die Branche entwickelt, den die Großen des Geschäfts nun unter sich aufzuteilen gedenken. McKinsey etwa zählt gemeinsam mit Roland Berger zu den Firmen, die den Löwenanteil jener 55 Millionen Euro absahnen werden, die nach einem Artikel der *Süddeutschen Zeitung* für die Dienste der Berater bei der Modernisierung der Bundesanstalt für Arbeit eingeplant sind.

Booz Allen Hamilton, eine der größten Consultingfirmen weltweit, habe im Jahre 2002 im deutschsprachigen Raum rund 160 Millionen Euro aus öffentlichen Kassen erhalten, berichtet die *Financial Times Deutschland*. Das sind ungefähr 20 Prozent des gesamten Honorarumsatzes, den die Firma hierzulande erzielt. Das Ende der Fahnenstange ist damit aber noch lange nicht erreicht. Das Ziel von Booz Allen Hamilton sei es, den Anteil auf ein ähnliches Niveau zu heben wie in den Vereinigten Staaten, so der Leiter der Abteilung Public Sector Consulting, René Perillieux, gegenüber dem *Handelsblatt*. Ein ambitionierter Vorsatz, denn: »Dort machen wir fast die Hälfte unseres Umsatzes mit Aufträgen der öffentlichen Hand,« so Perillieux.

Dass Unternehmensberater für die Verwaltung tätig werden, ist eigentlich nichts Neues. Einer der ersten Deutschen, die sich auf diesem Gebiet betätigten, dürfte Gerhard Kienbaum gewesen sein. Der Gummersbacher Consultant verfügte über beste Beziehungen zu staatlichen Stellen, da er in den fünfziger Jahren als Wirtschaftsminister in die Dienste des Bundeslandes Nordrhein-Westfalen getreten war. Und während das Unternehmen Kienbaum im privaten Sektor gegenüber den großen, internationalen Konkurrenten zurückfiel, konnte es seine Stellung als Berater öffentlicher Institutionen ausbauen. Ein Grund dafür: Kienbaum zählt zu den preiswerteren Unternehmen der Branche. Die teuren Anbieter, etwa McKinsey oder Boston Consulting, traten bislang nur selten als

Konkurrenten auf. Lediglich in den Jahren nach dem Fall der Berliner Mauer war das anders. Bei der Privatisierung und Sanierung der DDR-Wirtschaft ging es schließlich um eine historisch einmalige – und nicht zuletzt lukrative – Aufgabe.

Grundsätzlich aber war die Beratung des öffentlichen Sektors früher die Domäne kleinerer Firmen. In Nordrhein-Westfalen etwa, wo Consultants seit 1989 im Auftrag der Landesregierung sämtliche Verwaltungsstrukturen auf Einsparmöglichkeiten abklopfen, bewarben sich durchweg weniger bekannte Berater um die anstehenden Aufträge. Allein bei der prestigeträchtigen ersten Ausschreibung hätten sich die großen Consultingfirmen noch beteiligt, so das *Handelsblatt* unter Berufung auf Rolf Krähmer, den Leiter der Abteilung Verwaltungsmodernisierung im Düsseldorfer Finanzministerium. Beim Bieterwettstreit um die folgenden 80 Einzelaufträge seien dann nur noch die Kleinen angetreten.

Die Global Player der Branche hielten sich vornehm zurück, wenn Vater Staat Berater brauchte. Das lag vor allem daran, dass die Honorare, die staatliche Stellen zahlen, deutlich niedriger liegen als im privaten Sektor. Bei einer Vergabe im Wege der Ausschreibung erhält üblicherweise derjenige den Zuschlag, der das günstigste Angebot abgibt. Das soll nicht heißen, dass es immer die billigste Offerte sein muss. Schließlich haben die Behörden einen gewissen Ermessensspielraum, vor allem mit Blick auf die Qualifikation der Beraterteams. Dennoch liegen die Honorare weit unter dem oft genannten Spitzenwert von 5 000 Euro, den erfahrene Consultants pro Tag kassieren. Laut *Handelsblatt* schwanken die von der Düsseldorfer Landesregierung gezahlten Tagessätze zwischen 1 250 und 2 000 Euro. Kein Wunder, dass selbst Roland Berger, der über exzellente Beziehungen zu den Spitzen von Politik und Verwaltung verfügt und schon mal den einen oder anderen besser dotierten Auftrag erhascht, bisher lediglich 6 Prozent seines Umsatzes mit öffentlichen Aufträgen machte.

Seit kurzem jedoch ist in den Chefetagen der großen Consultingfirmen ein Umdenken zu registrieren. Fast alle haben Abteilungen eingerichtet, deren Mitarbeiter sich bevorzugt um die Kunden des öffentlichen Sektors kümmern. Der Grund liegt auf der Hand. Die private Nachfrage nach Beratung ist teilweise dramatisch eingebrochen. Außerdem erkennen die Berater langsam, dass sich bei Behörden, Kommunen und Ministerien ein gigantischer Markt öffnet. Deshalb richten die Consultants ihre PR-Aktivitäten neu aus. Keine Woche vergeht, in der sich nicht irgendwo jemand für einen schlanken Staat stark macht. IT-Berater schwärmen von den Möglichkeiten des »E-Government«, wo der Bürger per Internet 24 Stunden pro Tag virtuelle Behördengänge erledigen oder zur Wahl gehen kann.

Elegant agiert McKinsey. Die Berater haben in der Schweiz eine Stiftung initiiert, die sich mit der Zukunft des Staates beschäftigt. Dabei handele es sich um einen so genannten Think Tank nach angelsächsischem Vorbild, schreibt die Zeitung *Tagblatt*. Zu den Trägern gehören neben McKinsey vor allem Großkonzerne, in denen die Consultants bekanntermaßen eine starke Stellung haben: unter anderem Credit Suisse, der Reisekonzern Kuoni, der Nahrungsmittelmulti Nestlé, die Chemiegiganten Novartis und Roche.

In Deutschland haben die führenden McKinsey-Köpfe einen neuen Weg ersonnen, der ihnen helfen soll, das Image des ewigen Jobkillers abzuschütteln. Die Consultants profitieren von einem Auftrag, den sie 1997 in der VW-Metropole Wolfsburg an Land gezogen haben. Peter Hartz, der umtriebige Personalvorstand und Arbeitsdirektor der Volkswagen AG, hatte der Stadt einen Beitrag zur Senkung ihrer hohen Arbeitslosenrate versprochen. McKinsey entwickelte daraufhin – gemeinsam mit den Gewerkschaften und kommunalen Mitarbeitern – das Konzept zur »Wolfsburg AG«. Diese Initiative zur Förderung und Entwicklung der Stadt besteht aus vier Teilen. In einem so genannten »Innovationscampus« erhalten Firmengründer Starthilfe. Die »Erlebniswelt« zielt auf die Förderung des lokalen Tourismus. Eine Personalservice-Agentur kümmert sich um die Qualifizierung Arbeitsloser und vermittelt die Arbeitskräfte in feste Jobs. Eine weitere Abteilung der Wolfsburg AG versucht, Unternehmen zu werben, die als Zulieferer mit Volkswagen ins Geschäft kommen wollen. Der Effekt dieser Initiative sei durchaus spürbar, melden die Zeitungen. Die Arbeitslosenquote in der Region sei um einen zweistelligen Prozentsatz auf unter acht Prozent gesunken. Weitere Projekte, etwa in Dortmund, befinden sich in Arbeit.

Am lautesten rührt Roland Berger die Werbetrommel. Der Münchner machte vor der Bundestagswahl 2002 Schlagzeilen mit seiner Forderung nach »schlagkräftigeren Entscheidungsstrukturen« in der Bundesregierung. Acht Ministerien seien völlig ausreichend, erläutert der Consultant im *Handelsblatt*. Sechs könnten glatt gestrichen werden. Eine solche »radikale Verschlankung und Modernisierung« wäre ein »beherztes Reformsignal der Regierung Schröder«, so Berger. Der Ruf des Münchners verhallte nicht ungehört. Immerhin hat die Bundesregierung nach der Wahl zwei der wichtigsten Ministerien, Arbeit und Wirtschaft, zusammengelegt. Auch an anderen Stellen des Staates und auf jeder Ebene der Verwaltung wird dem Wunsch der Consultants entsprechend gespart, verschlankt, modernisiert und privatisiert.

Ideologische Barrieren, die radikale Verwaltungsreformen früher hemmten, existieren so gut wie nicht mehr. Beispiel Baden-Württemberg: Dort trat die SPD kürzlich mit einem Konzept für einen weit reichenden Umbau der Verwaltung an die Öffentlichkeit. Ministerien sollen zusammengelegt und Regierungsbezirke, Land- und Stadtkreise zu so genannten Regionalkreisen umgewandelt werden. Unternehmensberater hätten errechnet, dass im Zuge dieser Reform 25 bis 30 Prozent der Verwaltungskosten eingespart werden könnten, verkündet Wolfgang Drexler, der SPD-Fraktionsvorsitzende im Stuttgarter Landtag.

Wer innehält und aufmerksam hinsieht, bemerkt, dass sich Deutschland inmitten eines gewaltigen Umbauprozesses befindet, in dem die Unternehmensberater eine ganz entscheidende Rolle spielen. Der Einfluss der Consultants erscheint durchaus mit dem des preußischen Reformministers Freiherr vom Stein vergleichbar. So wie die Steinschen Reformen einen groß angelegten, staatlichen Modernisierungsprozess nach sich zogen, formen die Berater einen Staat, der sich von dem, in dem wir heute leben, erheblich unterscheiden wird.

Hier soll nicht der Eindruck entstehen, dass die eingeschlagene Richtung falsch sei. Im Gegenteil. Fest steht, dass der Rotstift an vielen Stellen der Verwaltung angesetzt werden muss. Und jede vernünftige Initiative zur Senkung der drückenden Arbeitslosigkeit verdient volle Unterstützung. Fest steht auch, dass sich die Staaten in einer globalisierten Welt ebenso wandeln müssen wie die Unternehmen. Wer den Lauf der Dinge aufhalten will, läuft Gefahr, von der Geschichte überrollt zu werden. Da ist es schon besser, so wie Großbritannien die Avantgarde des Wandels zu bilden und den Takt des Wandels sowie die Ausgestaltung der Reformen zu bestimmen.

Dennoch besteht Diskussionsbedarf. Zum Beispiel wenn es darum geht, nicht nur eine Senkung der Staatsquote zu fordern, sondern auch bessere Leistungen des Staates und Innovationen in der Verwaltung anzumahnen. Warum etwa soll es nicht auch bei uns möglich sein, ein Call Center für die Bürger einer Stadt einzurichten? Dass das selbst bei einem angespannten Haushalt möglich ist, zeigt die US-Metropole New York. Dort können Anrufer rund um die Uhr Auskünfte einholen, Beschwerden vorbringen oder Eingaben beim Bürgermeister machen. Außerdem darf der anstehende Wandel die Betroffenen nicht überfordern. Er kann nur gelingen, wenn alle mitziehen. Das jedenfalls lehren die bitteren Erfahrungen aus den zahlreichen Transformationsvorhaben in der Privatwirtschaft.

Doch bevor solche Feinheiten diskutiert werden, müsste in Deutschland zuallererst das Bewusstsein dafür geschaffen werden, dass sich die öffentliche Hand auf ein gigantisches Experiment einlässt. Der Bevölkerung ist nicht klar, dass jedes der anstehenden Vorhaben ebenso scheitern kann wie die Transformationsprozesse in der Privatwirtschaft, etwa der Ausrichtung eines traditionellen Großunternehmens aufs Internet. So müssen sich die Briten noch heute über den Pfusch bei der Privatisierung der staatlichen Eisenbahnen ärgern. Hier zeigte sich auch, dass am Ende niemand die Verantwortung für solche verunglückten Projekte übernehmen will. Die Zeche zahlte der Bürger. Man sollte also darüber nachdenken, wie die Verantwortlichen besser in die Haftung genommen werden können. Es darf nicht sein, dass die Beamten hilflos mit den Achseln zucken und die Berater mit geldschweren Taschen von dannen ziehen, wenn ein öffentliches Projekt im Chaos.

Diskutiert werden sollte auch, welchen Firmen man eine Beraterrolle bei der Umstrukturierung des Staates anvertraut und welchen nicht. Schließlich geht es um riesige Summen von Steuergeldern, von denen ein beträchtlicher Teil in die Taschen der Consultants fließt. In den USA zum Beispiel herrscht Konsens darüber, dass öffentliche Aufträge nur an solche Berater gehen dürfen, die sich an die Gesetze halten und brav ihre Steuern zahlen. Die Firma Accenture geriet unlängst in die Defensive, weil sie über ihre Holding auf den Bermudas einen Weg gefunden hat, ihre Steuerlast in den Vereinigten Staaten zu mindern. Jetzt hat Accenture-Chef Forehand teure Anwälte angeheuert. Sie sollen durch intensives Lobbying bei Politikern einen Bann durch die amerikanischen Behörden verhindern.

In Deutschland wäre zu fragen, ob jene Berater, die ihre Bilanzen nicht entsprechend den Gesetzen veröffentlichen, staatliche Aufträge erhalten sollen. Die meisten Firmen haben die Rechtsform einer GmbH gewählt. Demnach wären sie verpflichtet, ihre Jahresabschlüsse beim Registergericht zu hinterlegen. Doch kaum ein Consultant tut das. »Berater scheuen Transparenz wie der Teufel das Weihwasser«, urteilt das *Handelsblatt*. Die Chefs von Boston Consulting hätten vor einigen Jahren die Rechtsform der Firma nur deswegen geändert, weil sie der Veröffentlichungspflicht entgehen wollten, so die Zeitung.

Die Diskussion über all diese Dinge erscheint umso wichtiger, da nichts darauf hindeutet, dass die staatlichen Stellen sorgsamer bei der Vergabe von Beratungsaufträgen und umsichtiger bei der Steuerung des Transformationsprozesses verfahren als die Führungskräfte in der Privatwirtschaft. Wenn schon die im Umgang mit Consultants weitaus erfahreneren Manager versagen, steht zu befürchten, dass Regierungsmitglieder und Beamte ähnlich gravierende Fehler begehen. Zahlreiche Vorfälle der jüngeren Vergangenheit geben dieser Vermutung Nahrung.

So scheint die kürzlich abgwählte niedersächsische Landesregierung über Jahre hinweg Roland Berger bei der freihändigen Vergabe von Beratungsaufträgen bevorzugt zu haben. Hier gab kein Thema, bei dem sich die Consultants nicht kompetent fühlten: Fischfang, Ortskrankenkassen, Haushaltspolitik, Computerausstattung, Expo 2000, Luftfahrt, ein Klinikprojekt, sogar der Tiefwasserhafen von Wilhelmshaven. Für ihre Arbeit kassierten Bergers Leute zwischen 1994 und 2002 mindestens 6,2 Millionen Euro. Die Ergebnisse allerdings seien eher bescheiden ausgefallen, kritisiert Stefan Wenzel, der finanzpolitische Sprecher der Grünen im niedersächsischen Landtag. Bergers Berater hätten »Gefälligkeitsgutachten« für die Regierung geschrieben. Deutlich werde dies vor allem im Fall der Hirnklinik International Neuroscience Institute in Hannover. Das »Renommierprojekt der Landesregierung« sei mithilfe von »astronomischen Pflegesätzen« schöngerechnet worden. Auch ein Gutachten, welches das Berger-Team über den Landesetat erstellte, erregt den Zorn der damaligen Opposition: »Die Berater haben die meiste Zeit dafür gebraucht, sich überhaupt erst einmal kundig zu machen«, klagte der niedersächsische CDU-Abgeordnete Heinz Rohlfes im *Handelsblatt*.

Die ehemalige SPD-Landesregierung hat die Vorwürfe zwar immer bestritten, aber keine triftigen Gegenargumente vorlegen können. So blieb der Verdacht der Mauschelei, und es passt nur zu gut ins Bild, dass sich Jobst Fiedler, Bergers Mann für die Kunden des öffentlichen Sektors, als Mitglied der SPD und ehemaliger Stadtdirektor von Hannover bester Beziehungen zur Führungsriege der Sozialdemokraten erfreut. Auch andere Firmen haben sich für ihren langen Marsch durch die Instanzen der Verwaltung erfahrene Lotsen mit besten Beziehungen zu den Amtsträgern gesucht. Der ehemalige Bundeswirtschaftsminister und FDP-Bundestagsabgeordnete Helmut Haussmann ist für Cap Gemini Ernst & Young tätig. Und nicht einmal die extreme Linke ist für die Berater Tabu: Roland Berger hat die PDS-Abgeordnete Dagmar Enkelmann angeworben. Die Geschichtslehrerin und promovierte Politikwissenschaftlerin arbeitet in seinem Berliner Büro.

Gemauschelt wird nicht nur in Deutschland. In Österreich gerieten Regierungsmitglieder unter Beschuss, weil sie Aufträge an Berater vergeben hatten, ohne das übliche Ausschreibungsverfahren einzuhalten. Der ehemalige Finanzminister Karl-Heinz Grasser von der Freiheitlichen Partei hatte gleich drei Firmen unter Vertrag genommen, um sein Ministerium durchleuchten zu lassen. Die Kosten: 1,16 Millionen Euro. Die Wiener Tageszeitung *Standard* ist der Meinung, dass die hoch qualifizierten Beamten des Ministeriums die anstehenden Aufgaben genauso gut allein hätten erledigen können, zumal sich die Aktionen der Berater wohl darauf beschränkten, die Mitarbeiter nach Verbesserungsvorschlägen zu befragen. Namentlich das Team der Hamburger Firma Mummert Consulting scheint sich bei seinen Vorschlägen zur Reform der Zollverwaltung nicht gerade mit Ruhm bekleckert zu haben: Kein einziger dieser Vorschläge sei umgesetzt worden, so der *Standard*.

Eine penible Auswahl der Consultants ist auch bei IT-Projekten wichtig. Denn gerade hier versagen offenbar viele Anbieter. So ließ sich die Stadt Schwerin unlängst eine neue Verwaltungssoftware installieren. Das Projekt litt unter erheblichen Problemen, sodass die Verwaltung fast ein halbes Jahr lang keine Mahnungen mehr versenden konnte. Die Folge: Statt der erhofften Ersparnis durch bessere Abläufe klafft nun ein Loch im Stadtsäckel.

Immer wieder setzen die Berater in Deutschland den Rotstift bei den vermeintlich überflüssigen staatlichen Mittelbehörden an. Dabei leisten die Beamten dort durchaus gute Arbeit, wie eine Untersuchung im Rahmen der Mittelstandsoffensive Nordrhein-Westfalen ergeben hat. So hatte die Bezirksregierung Arnsberg 150 mittelständische Unternehmen befragt und die eigenen Leistungen bewerten lassen. Das Ergebnis sei positiv ausgefallen, meldet die *Westfalenpost*. Die Unternehmer vergaben die Note 1,97, also ein »gut« für die Arbeit der Behörde. Lediglich 14 Prozent äußerten sich kritisch, vier Prozent der Unternehmer waren unzufrieden.

Schlechte Erfahrungen mit dem Stellenabbau musste die Regierung von Baden-Württemberg machen. Sie strich auf Anraten einer Consultingfirma ein Drittel von insgesamt 2 500 Jobs in den vier Regierungspräsidien des Landes. Seitdem türmen sich dort Berge von unerledigter Arbeit, berichtet das *Handelsblatt*. Allein beim Regierungspräsidium Stuttgart seien Hunderte von Widerspruchsverfahren im Ausländer- und Baurecht unbearbeitet liegen geblieben. In Karlsruhe seien die Beamten mit der Bearbeitung von Wohngeldsachen in den Rückstand geraten. Derartige Engpässe können teuer werden. Lassen sich die Staatsdiener allzu lange Zeit, haben die Betroffenen das Recht, vor das Verwaltungsgericht zu ziehen. Es wäre nicht das erste Mal, dass die Berater solche Unwägbarkeiten nicht einkalkuliert hätten.

Oft entsteht der Eindruck, die Consultants würden deswegen eingeschaltet, weil die staatlichen Auftraggeber unangenehme Entscheidungen nicht selbst treffen wollen. So auch in Chemnitz: Hier suchte die Beratungsfirma Wibera nach Sparmöglichkeiten. Es traf die Musikschule der Stadt. Die Berater empfahlen, sämtliche fest angestellten Lehrer zu entlassen und nur noch Honorarkräfte zu beschäftigen, wodurch die Stadt Personalkosten in Höhe von

250 000 Euro im Jahr sparen könne. Abgesehen davon, dass der Vorschlag nicht gerade für die Kreativität der Consultants spricht, fragt man sich, warum der Steuerzahler für die Erarbeitung von Konzepten zahlen muss, die die Beamten selbst erarbeiten könnten.

Selbst Studenten sind in der Lage, sinnvollere Ideen zur Sanierung kommunaler Finanzen zu entwickeln. Das zeigt der Fall der Stadt Dortmund. Hier denkt man über die Einrichtung eines Fonds nach, über den sich die Bürger der Stadt an kommunalen Einrichtungen wie der Westfalenhalle beteiligen können. Man überlegt, ob Sozialhilfeempfänger über eine Zeitarbeitsagentur schneller in Jobs vermittelt werden können. Und man glaubt, die Verwaltung könne Zeit und Geld sparen, wenn sie ihren Bedarf zentral und computergesteuert einkaufen würde. Diese und weitere Vorschläge stammen von drei Studenten der unteren Semester an der Privatuniversität Witten-Herdecke. Das Trio hatte sich an einem Wettbewerb der Beratungsfirma A.T. Kearney beteiligt. Dortmunds Kämmerer lobt die Professionalität und Sachkunde der Studenten, schreibt der *Spiegel*. Und plötzlich hätten auch andere Kommunen Interesse an den Vorschlägen gezeigt, berichtet das Magazin.

Auch der Kultursenator wird zunehmend zum Tummelplatz der Consultants. Viele Städte hoffen, mithilfe der Consultants um private Geldgeber ausfindig zu machen. So sollte die Junge Kammeroper Köln eine eigene Spielstätte erhalten, die ohne städtische Zuschüsse auskommt. Das Projekt sei gescheitert, meldet die *Kölnische Rundschau*. Der Berater, der mit der Suche nach Geldquellen beauftragt worden war, musste kapitulieren, weil er nicht genügend Sponsoren fand.

14. Pro-Bono-Beratung

Himmel, was für ein Unternehmen: Der Chef ist ein weltfremder Weichling, der in einer – sagen wir mal – Männergruppe lebt. Aus Frauen macht er sich nichts, Prostituierte nimmt er jedoch gegen Angriffe in Schutz. Mit seinen Produkten provoziert er immer wieder das Establishment. Die Strafverfolgungsbehörden haben bereits einen Haftbefehl gegen ihn erlassen. Und in dieser kritischen Situation erweisen sich seine leitenden Angestellten als überfordert, illoyal und bestechlich. Wird diese Firma im harten Wettbewerb überleben?

Die Frage ist rund 2000 Jahre alt und dennoch hoch aktuell. Die Antwort lautet: Die Firma überlebte nicht nur, sie gedieh sogar prächtig, trotz mehrerer Krisen und diverser Abspaltungen. Die Jesus AG, also die Kirche, habe möglicherweise gerade deswegen einen so großen Erfolg gehabt, »weil sie quer zum Markt stand«, sinniert die *Süddeutsche Zeitung*. Und die Nische für »Markenartikel wie Feindesliebe, Kritik an den Pharisäern oder Fraternisierung mit den Samaritanern« habe sich als größer erwiesen, als Unternehmensberater für möglich gehalten hätten, so das Blatt weiter. Was für ein Glück also, dass im ersten Jahrhundert nach Beginn unserer Zeitrechnung noch keine Management Consultants auf Erden wandelten. Wir wären womöglich allesamt heute noch Heidenkinder.

Den Anlass für diese Glosse lieferte ein Einsatz von McKinsey in München. Peter Barrenstein, ein engagierter Christ und Direktor bei der Beratungsfirma, hatte dem Landesbischof der Evangelisch-Lutherischen Kirche in Bayern und dem Dekan des

Dekanatsbezirks München 1995 seine Dienste angeboten. Wenig später analysierte McKinsey die Situation der Kirche per Umfrage bei Mitarbeitern und Mitgliedern einer Stadtrandgemeinde. Ein Team aus Beratern und einigen Mitarbeitern fasste die Ergebnisse der Untersuchung in einer Dokumentation mit zahlreichen Schaubildern zusammen. Die Empfehlungen führten zu einer Reihe von organisatorischen Änderungen, die eine effektivere Verwaltung zum Ziel hatten. Hinzu kam eine Initiative gegen den Mitgliederschwund. Unter anderem sollten bestimmte Marketingmaßnahmen das äußere Erscheinungsbild der Kirche schärfen.

Hiervon erhielt die *Süddeutsche Zeitung* Anfang 1996 Kenntnis. Damals konnte man in den Redaktionsstuben an der Sendlinger Straße in München noch über die Consultants spotten. Seit die Beratertruppen von Roland Berger aber den in eine Schieflage geratenen Verlag sanieren, dürfte auch den für das »Streiflicht« verantwortlichen Edelfedern das Lachen im Halse stecken geblieben sein. Statt weiterer Expansion haben die Berater den Rückzug befohlen. Teile des Verlags werden verkauft. Zahlreiche Mitarbeiter haben die Kündigung erhalten. Außerdem kassiert Berger für diesen Einsatz, und zwar nicht zu knapp. McKinsey aber arbeitete für die Kirche auf Pro-Bono-Basis, also ohne ein Honorar zu verlangen. Und das ist kein Einzelfall: Auch die Berliner Philharmoniker, der World Wildlife Fund und zahlreiche andere Institutionen kamen schon in den Genuss von McKinseys Gratis-Beratung.

Die Großzügigkeit hat Tradition, und zwar nicht nur bei dieser Firma. Bei amerikanischen Unternehmen gehört es schon seit langem zum guten Ton, sich für die Gemeinschaft zu engagieren. Ein viel zitiertes Beispiel hierfür ist der Stahlmagnat Andrew Carnegie, der unter anderem öffentliche Bibliotheken in amerikanischen Städten förderte. Die Berater haben diesen Brauch aufgegriffen und für ihre Zwecke verfeinert. Manche kombinieren Sozialarbeit mit gruppenpädagogischen Maßnahmen. So errichtete etwa A.T. Kearney vor einigen Jahren einen Kinderspielplatz für eine Gemeinde, in deren Nähe man ein Seminar veranstaltet hatte. Dabei packten vom Firmenchef bis zum Azubi alle mit an. Beabsichtigter Nebeneffekt: Die Stärkung des Wir-Gefühls in der Firma. »Team Building« sagen die Berater dazu.

Wer denkt, dass es sich hier um pure Philanthropie handle, der irrt. Pro Bono spielt eine zentrale Rolle im Marketing der Consultingfirmen. Der Zweck ist offensichtlich: Das schlechte Image der Consultants in der Öffentlichkeit soll korrigiert werden. Nach dem Motto: Seht her, wir sind doch gar keine Unmenschen. Geschickt lancieren die Firmen Storys über ihre gemeinnützige Arbeit in den Medien: »Kostenkiller mit Herz«, titelte etwa ein großes deutsches Wirtschaftsmagazin vor einigen Jahren, als McKinsey das Hamburger Werner-Otto-Institut für behinderte Jugendliche beriet. Und die *Süddeutsche Zeitung* berichtete groß über den »Stuttgarter Aufbruch«, sprich Motivationsschub, den McKinsey bei den Mitarbeitern der Staatsgalerie des Landes Baden-Württemberg ausgelöst hatte. Ganz in diesem Sinne auch ein Artikel derselben Zeitung über die »Unternehmensberatung für Löwe & Co«. Hintergrund war ein Einsatz beim finanzschwachen Münchner Tierpark Hellabrunn.

Das Lob, das die Berater für diese Aktivitäten ernten, haben sie bitter nötig. Denn nicht nur Gewerkschaftler, auch viele Intellektuelle und Durchschnittsbürger stehen den Consultants ablehnend bis hasserfüllt gegenüber. Der deutsche Schriftsteller Rolf Hochhuth etwa wetterte vor nicht allzu langer Zeit in einem Gastkommentar für die Tageszeitung *Welt* gegen das »McKinsey-Zeitalter, in dem Rausschmeißen mit infamer Menschenverachtung neudeutsch freistellen genannt wird!«

Die Kritik ist oft irrational und entzündet sich sogar an Arbeiten wie der von McKinsey beim Erzbistum Berlin. Hintergrund dieses Auftrags war die dramatische Finanzsituation der katholischen Kirchengemeinden in der Bundeshauptstadt. Auf ihnen lastete ein Berg von fast 150 Millionen Euro Schulden. Der Diözesanverwaltungsrat hatte zwar in den letzten Jahren bereits eine Reihe von Maßnahmen ergriffen, um die Lage zu stabilisieren, war aber gescheitert. Nun musste McKinsey einen Sanierungsplan erarbeiten. Die Berater empfahlen den Abbau von Hunderten von Jobs, das Einfrieren der Gehälter und den Verkauf von Immobilien. Zudem sollten die Diener Gottes die Zahl ihrer Gemeinden halbieren. Auch hier wurde und wird also fusioniert und rationalisiert – nicht viel anders als in der Wirtschaft.

Finanznot herrschte auch in Passau. Hier sollten auf Empfehlung der Berater 150 Stellen abgebaut werden. McKinsey beriet außerdem die Deutsche Bischofskonferenz, das Ruhrbistum Essen und das Bistum Mainz. Und ein Ende dieser unangenehmen Arbeit ist nicht abzusehen, denn auch zahlreiche andere Bistümer, wie etwa Limburg oder Rottenburg-Stuttgart, plagen Geldsorgen.

Hauptgrund für die Ebbe in den Kassen ist die steigende Zahl derer, die der Kirche den Rücken kehren. Jedes Jahr verlieren allein die Berliner Gemeinden mehr als 10 000 Mitglieder. In der Hauptstadt gebe es nur noch 850 000 Protestanten und 310 000 Katholiken, so die *Berliner Morgenpost*. Den Auslöser für die Entscheidung zum Austritt aus der Glaubensgemeinschaft bildet meist eine Erhöhung der Abgabenlast, die die Betroffenen auf diese Weise kompensieren wollen. Hinzu kommen die Folgen der demografischen Entwicklung, der Konjunkturflaute und Massenarbeitslosigkeit. Wer weniger verdient oder von Sozialhilfe leben muss, führt auch weniger Kirchensteuer ab oder tritt gleich aus der Kirche aus.

Die teilweise drastischen Sparmaßnahmen – selbst der Abriss von Gotteshäusern ist kein Tabu mehr – können jedoch nur die akuten Finanzprobleme lösen. Das wissen auch die Berater. Um Aufschluss über die tieferen Ursachen der Austrittswelle zu bekommen, hat McKinsey, unterstützt von der Illustrierten *Stern*, T-Online und dem ZDF, die Bevölkerung befragt. Das Ergebnis war ein Schock für die Gottesdiener. So misstraut die überwiegende

Mehrheit der Deutschen den Kirchenoberen und ist mit der Tätigkeit der Amtsträger absolut unzufrieden, so McKinsey-Director Thomas von Mitschke, der die Ergebnisse der Befragung im April 2003 in Berlin vorstellte. Konsequenz: Die Kirche muss sich wandeln.

Die Aktivitäten der Consultants nahm der Fernsehmoderator Gert Scobel in der *Süddeutschen Zeitung* aufs Korn. Der studierte Theologe kritisierte den wachsenden Einfluss der Berater und äußerte sein Unbehagen darüber, dass »Männer ohne Kirchen-, aber mit McKinsey-Eigenschaften« zu geistigen Führern in unserer Gesellschaft aufgestiegen seien. »Wenn man bedenkt, dass die Kirche bislang das globalste Unternehmen mit der längsten Beratungserfahrung war, wird man das Gefühl nicht los, es bei McKinsey mit einer konkurrierenden Religion zu tun zu haben«, so Scobel.

Der Autor wurde aber noch deutlicher. Er schrieb, dass mit der »Übernahme der Kirchenführung« durch die Consultants ein »verräterisches Signal« gesetzt werde. Und er warf Peter Barrenstein vor, die Religion »als Textur unseres Kultursystems« zu bezeichnen. Dadurch werde nicht nur »Religion gänzlich ausgehebelt«, so der Autor. Schlimmer noch: McKinsey könne sich »aufgrund des scheinbar gemeinsamen Feldes der Kultur als den Theologen ebenbürtig und damit am Ende als technisch überlegen erweisen«, so Scobel.

Das klingt fast so, als hätten sich McKinseys Mitarbeiter der Gotteslästerung schuldig gemacht. Es fehlt nur noch, dass der Autor die Berater in die Nähe des Teufels rückt und ausmalt, wie die Inquisitoren wohl mit Barrenstein und von Mitschke verfahren wären. Nein wirklich, das haben die Consultants nun doch nicht verdient. Und Scobel ist nicht der einzige, der in diese Kerbe haut. Die Zeitungen sind voll von Kommentaren und Interviews mit Kirchenleuten, die sich vorwerfen lassen müssen, Unternehmensberater zu Hilfe gerufen zu haben.

Die Diskussion erinnert ein wenig an das Medienecho, das

McKinsey im Frühsommer 2000 mit seiner Arbeit für die Buchverlage der Stuttgarter Holtzbrinck-Gruppe, namentlich für den Frankfurter S.-Fischer-Verlag, ausgelöst hatte. Auch hier ereiferten sich Intellektuelle aller Couleur, als die Berater dafür sorgten, dass die Presse- und Werbeabteilung aufgelöst, die Titelzahl um ein Viertel eingedampft und Literatur-Programme reduziert wurden.

Spiegel-Reporter Dirk Kurbjuweit widmet dem Treiben der Consultants bei Fischer eine Passage in seinem kürzlich erschienenen Buch *Unser effizientes Leben*. Dabei solidarisiert er sich gewissermaßen mit den verunsicherten Mitarbeitern des Verlags und stellt die Frage, wohin das weitere Fortschreiten des »Effizienz-Prinzips« in unserer Gesellschaft noch führen soll.

In einem Interview mit dem Sender *Deutsche Welle* konkretisiert Kurbjuweit seine Kritik. Er sagt, er habe Angst vor einer »durchökonomisierten« Welt, in der die Einkaufsstraßen aller Städte rund um den Globus von den Läden einiger weniger Filialisten geprägt würden. Der Reporter schildert den Fall eines Freundes, der als Chefarzt in einem Krankenhaus arbeitet. Dort seien auf Anordnung von McKinsey die Abläufe gestrafft worden, so dass – überspitzt gesagt – nur noch Spritzen gesetzt werden können. Kurbjuweit erzählt auch von einem weiteren Freund, der ein Theater leitet. Er kritisiert dessen Absicht, die Spielstätte in eine GmbH umzuwandeln und wie ein Unternehmen zu führen. Der Autor befürchtet, dass die Kreativität dabei auf der Strecke bleibt: »Ist es nicht gerade dort wichtig, dass es Nischen gibt, die nicht ausgekehrt werden von McKinsey und anderen Beratungsfirmen?« fragt Kurbjuweit. Und schließlich beschuldigt er auch noch die Consultants, mit dem Streben nach Effizienz »ein internationales Phänomen, das nicht bei uns erfunden wurde«, nach Deutschland importiert zu haben.

Diese Vorwürfe gehen jedoch an der Sache vorbei. Denn es ist zunächst einmal positiv, wenn die Maßnahmen der Berater bewirken, dass die Kirche schuldenfrei, ein defizitärer Verlag saniert und ein Krankenhaus mit zu vielen Betten oder aufgeblähter Verwaltung vor der Pleite bewahrt wird. Hatte Dieter von Holtzbrinck nicht allen Grund, seine Buchverlage sanieren zu lassen? Schließlich schrieben sie rote Zahlen. Und Hans-Peter Übleis, Programmgeschäftsführer beim zur Holtzbrinck-Gruppe zählenden Verlag Droemer Weltbild gab offen zu, dass in seinem Haus zu lange »zu viele Bücher produziert wurden, die sich schlecht verkauften«.

Nur wenn sich die Maßnahmen als wirkungslos oder gar als kontraproduktiv erweisen, müssen sich die Consultants oder ihre Auftraggeber rügen lassen. So etwa, wenn in einem Krankenhaus tatsächlich für ein Gespräch des Arztes mit seinen Patienten keine Zeit mehr bleiben sollte. Auch beim S.-Fischer-Verlag deutet einiges darauf hin, dass hier nicht mit der gebotenen Sorgfalt gearbeitet wurde. Allein die Tatsache, dass zahlreiche ungekündigte Mitarbeiter und mehrere Autoren dem Verlag den Rücken kehrten, ist ein Hinweis auf Berater-Pfusch.

Die *Neue Zürcher Zeitung* griff den Fall unlängst noch einmal auf. In einem Beitrag über die »Umbrüche im Verlagslektorat« berichtet die Zeitung über die unsensible Reaktion der Consultants auf den Versuch der S.-Fischer-Lektoren, ihr leidenschaftliches Engagement für das Gelingen eines Buches und ihre nächtelangen Diskussionen mit den Autoren begreiflich zu machen. Die Berater hätten nur verständnislos mit dem Kopf geschüttelt, so die Zeitung. »Selbst der Hinweis, dass solcher Aufwand nicht vergütet wird, weil der Verleger erwartet, dass der Lektor Überstunden ganz selbstverständlich als Tribut an die Leidenschaft verbucht, mochte McKinseys Effizienzoptimierer nicht zu beruhigen«, heißt es in dem Bericht.

Auf ein Versagen der Berater – an anderer Stelle – deutet auch ein Bericht in der *Frankfurter Allgemeinen Zeitung* hin. Dort wird beklagt, dass die Kirchen auf Geheiß der Sanierer historische Bibliotheksbestände verramschen, nur um Geld in die Kassen zu bekommen. Andererseits: Wäre es den Kritikern lieber, wenn stattdessen noch mehr Mitarbeiter die Kündigung erhielten?

Kurbjuweit aber hat vielleicht doch mehr Recht, als er selber ahnt, wenn er von einer »durchökonomisierten« Gesellschaft warnt. Denn seit einiger Zeit häufen sich die Hinweise darauf, dass die Berater ihre Pro-Bono-Aktivitäten sozusagen strategisch neu ausrichten.

Pionier dieser Bewegung ist Bain & Company. Tom Tierney, ehemaliger Welt-Chef der Firma, und Jeff Bradach, ein Ex-Consultant und Dozent an der Harvard Business School, hatten 1996 damit begonnen, sich intensiver mit dem Nonprofit-Sektor zu beschäftigen. Sie waren nicht recht zufrieden mit Bains Pro-Bono-Einsätzen, weil diese immer nur einen begrenzten Effekt zeigten. Der Grund dafür lag auf der Hand. Die Pro-Bono-Arbeit erfolgte stets zeitlich limitiert und wurde von Beratern geleistet, denen eine genaue Kenntnis des Nonprofit-Sektors und seiner oft komplex aufgebauten Organisationen fehlte. Tierney hatte erkannt, dass die Führer solcher Organisationen oft vor größeren Herausforderungen stehen, als die Manager in einem Unternehmen der Privatwirtschaft.

Zunächst aber beschränkten sich Tierney und Bradach auf Gespräche mit den Chefs solcher Organisationen und mit deren Geldgebern. Im Jahre 1997 kam etwas mehr Schwung in die Angelegenheit, denn die Hausse bei den Technologie- und Medienwerten sorgte auch für eine Welle der Freigebigkeit bei den Reichen und Neureichen in den USA. So versprach der Medienmogul Ted Turner, eine Milliarde Dollar an die Vereinten Nationen zu spenden. Und er appellierte an seine wohlhabenden Landsleute, seinem Beispiel zu folgen und mehr Geld für soziale Zwecke abzuzweigen. Mit Erfolg: Zahlreiche Amerikaner folgten Turners Beispiel, allen voran Microsoft-Gründer Bill Gates und seine Frau Melinda. Das Ehepaar stockte die Mittel seiner gemeinnützigen Stiftung um sage und schreibe 16,5 Milliarden Dollar auf.

Business Week erkannte darin einen neuen Trend. Zum ersten

Mal veröffentlichte das Magazin eine Hitliste mit den Namen der 50 großzügigsten Spender des Landes. Bill und Melinda Gates landeten dabei auf dem Spitzenplatz, weit abgeschlagen auf Platz zwei folgte der Mitgründer des Chipgiganten Intel, Gordon Moore. Das Blatt sprach in diesem Zusammenhang von einem »neuen Gesicht der Philanthropie«. Begründung: Die Spender von heute sind anders und verhalten sich anders, als das früher üblich war. Sie sind nicht nur jünger, sondern auch ambitionierter. Mit ihren Stiftungen und Zuwendungen versuchen sie größere Ziele zu erreichen – von der Lösung von Bildungsfragen bis hin zur Beseitigung der Menschheitsgeißel Krebs. Mit dem Lindern von Symptomen eines Missstandes geben sie sich nicht mehr zufrieden, sondern setzen ihre Mittel zielgenau zur Bekämpfung der Ursachen ein. Dabei gehen sie strategisch vor und erstellen genaue Pläne für den Einsatz ihrer Gelder – genauso wie in den Unternehmen, durch die sie reich geworden sind.

Das Magazin zeigte auch, dass die Ziele, für die sich diese Philanthropen engagieren, sehr breit gestreut sind. Gates etwa fördert medizinische Hilfsprojekte in Afrika und Asien, Moores Anliegen ist unter anderem der Artenschutz, und der New Yorker Spekulant George Soros, Nummer sechs auf der Liste, überweist Hunderte von Millionen Dollar für Initiativen zur Förderung einer offenen, demokratischen Gesellschaft in Osteuropa.

Business Week addierte die Spendenbeträge und ermittelte so die stolze Summe von 41 Milliarden Dollar, die allein jene 50 gelisteten Spender in dem überschaubaren Beobachtungszeitraum von nur fünf Jahren abgezweigt hatten. Die Bereitschaft reicher US-Bürger, Geld für gemeinnützige Zwecke zu geben, sei zudem generell gewachsen, stellte das Magazin fest. 1990 habe das Spendenaufkommen noch bei insgesamt 110 Milliarden Dollar gelegen, 2001 seien es bereits 164 Milliarden gewesen, heißt es in dem Bericht.

Es scheint, als hätten diese gewaltigen Summen auch die Berater inspiriert. Jedenfalls gründeten Tierney, Bradach und der ehemalige Bain-Partner Paul Carttar 1999 in Boston eine speziell auf diesen Sektor ausgerichtete Consultingfirma: The Bridgespan Group. Der Name ist eine Anspielung auf die Absicht der Gründer, eine Brücke von der Geschäftswelt in den Nonprofit-Sektor zu spannen. Ganz in diesem Sinne stellte das Management von Bain & Company nicht nur die Anschubfinanzierung sicher, sondern gestattete Tierneys Team auch die Nutzung personeller und anderer Ressourcen der Firma. Der Clou dabei: Bridgespan berät nicht nur Nonprofit-Organisationen. Die Firma ist selbst als Nonprofit organisiert und kommt damit in den Genuss von Steuervorteilen.

Einen anderen Weg hat McKinsey gewählt: Dort kümmert sich eine eigene Beratungseinheit innerhalb der Firma um die gemeinnützige Klientel. Ex-Senator Bill Bradley, der die Nonprofit Practice als externer Berater (Chief Outside Advisor) leitet, rührt kräftig die Werbetrommel für seine Aktivitäten. So veröffentlichte er im Mai 2003 in dem Fachblatt *Harvard Business Review* einen Beitrag, der an diese Zielgruppe gerichtet war. Die schier unglaubliche Summe von 100 Milliarden Dollar könnten gemeinnützige Organisationen rund um den Globus jährlich sparen, wenn sie rationeller mit den Geldern ihrer Spender umgehen würden, so der Berater. Der Hinweis komme zur rechten Zeit, kommentierte die Tageszeitung *Welt.* Wegen der globalen Wirtschaftskrise lasse auch die Spendenbereitschaft nach.

Nicht nur in den USA, auch in Deutschland verstärkt McKinsey seine Bemühungen um gemeinnützige Organisationen. Mit seiner groß angelegten Aktion »StartSocial« versucht das Unternehmen an den Erfolg seiner Startup-Initiative anzuknüpfen. So wie McKinsey die Gründung von Unternehmen der New Economy förderte, sollen bei StartSocial karitative oder andere Nonprofit-Aktivitäten unterstützt werden. Im Hintergrund dieser Aktion tauchen potente Sponsoren auf, vor allem Konzerne, die so wie Siemens ein bekanntermaßen inniges Verhältnis zu McKinsey pflegen.

Die Aktion passt perfekt zum anstehenden Umbau des deutschen Sozialstaates. Denn ein stärkeres und effektiveres Engagement der Bürger im sozialen Bereich könnte den Staat durchaus entlasten. So würde manches Sanierungsvorhaben im öffentlichen Sektor leichter durchsetzbar. Außerdem stoßen die Berater im privatwirtschaftlichen Sektor an Grenzen, die ihre weitere Expansion behindern. Aufträge von Nonprofit-Organisationen könnten ihnen helfen, weiter zu wachsen. In diesem Zusammenhang fällt auf, dass McKinsey bei der Kirche schon längst nicht mehr nur für Gottes Lohn arbeitet. Über die Höhe der jeweiligen Honorare, die an McKinsey fließen, schweigen sich die Beteiligten zwar aus. Sicher ist nur, dass sie unter dem Level liegen, das bei Beratungsaufträgen für die Privatwirtschaft üblich ist.

Schon ist in Kreisen der Consultants von einer »Konvergenz« die Rede: Die Grenzen zwischen dem privaten, öffentlichen und dem Nonprofit-Sektor verschwinden in einer postindustriellen Gesellschaft, heißt es. Bridgespan zitiert auf einer seiner Websites den Management-Guru Peter Drucker, der »das Jahrhundert der sozialen Organisationen« ausgerufen habe. Wohin die Aktivitäten der Consultants zielen, wird deutlich, wenn man sich die Verhältnisse in den USA ansieht. Dort gibt es bereits eine arbeitsteilig organisierte Industrie des Karitativen, die einen bisweilen an Zustände erinnert, wie sie Bertolt Brecht in der *Dreigroschenoper* geschildert hat.

Ein unrühmliches Beispiel hierfür ist der Skandal um PipeVine Inc. Der Geschäftszweck dieses Unternehmens bestand in erster Linie darin, Spenden so effizient und gerecht wie möglich zu verteilen. Dabei ging es um gewaltige Summen. PipeVine verfügte über rund 100 Millionen Dollar im Jahr – Spendengelder von Mitarbeitern aus etwa 600 Unternehmen. Die Empfänger waren einige tausend karitative oder andere Nonprofit-Organisationen. Das Management von PipeVine zweigte von den für diese Organisationen bestimmten Geldern eine Kommissionsgebühr ab, um seine Arbeit zu finanzieren.

Unternehmen wie PipeVine agieren meist diskret im Hintergrund. Im Vordergrund stehen Organisationen wie »United Way«, die Öffentlichkeitsarbeit betreiben und Kampagnen zur Gewinnung von Spenden steuern. An der Spitze solcher Organisationen tauchen häufig Unternehmensberater auf, etwa William Meehan von McKinsey, der als Director und Chairman einer Regionalorganisation von United Way Anfang Juni 2003 in die Schlagzeilen der amerikanischen Presse geriet, weil PipeVine seinen Geschäftsbetrieb wegen Liquiditätsproblemen einstellen musste. Im Laufe der staatsanwaltschaftlichen Ermittlungen stellte sich heraus: Das Management von PipeVine hatte Spendengelder missbräuchlich verwendet, um den Konkurs zu verschleppen. Meehan steht jetzt vor der Aufgabe, eine vertrauenswürdigere Spendenverteilzentrale zu finden.

Die PipeVine-Pleite ist offensichtlich nicht der erste Skandal, in den United Way verwickelt ist. Die Zeitung *San Francisco Chronicle* berichtet, dass es in den vergangenen zehn Jahren wiederholt Fälle gegeben habe, durch die das Vertrauen der Spender in diese Organisation erschüttert worden sei.

15. Verlorenes Vertrauen

»Sie können sich kaum noch an Ihre eigene Unternehmenskultur erinnern. Die Berater haben diese so verändert, dass Sie sie nicht mehr wiedererkennen. Jeden Morgen gehen Sie an einen Arbeitsplatz, an dem 23-Jährige einfallen, die anscheinend der Meinung sind, über Ihr Geschäft besser Bescheid zu wissen als Sie selbst. Sie haben keine eigenen Mitarbeiter mehr. Diese wurden entlassen und durch Berater ersetzt. Das Unternehmen hat eine große Kostensenkungsinitiative gestartet, aber jeder Pfennig, den Sie einsparen, wird für Berater ausgegeben.«

Wer diese Zeilen liest, denkt vielleicht, sie stammen von einem leidgeprüften Manager oder einem Betriebsrat, der im Kampf mit der Geschäftsleitung und deren wild gewordenen Hilfstruppen resigniert hat. Kaum jemand käme auf die Idee, den Text einer Consultingfirma zuzuordnen. Und dennoch findet sich die Passage in der Werbebroschüre eines Beratungshauses. Herausgeber ist Deloitte Consulting, Teil des Wirtschaftsprüfungskonzerns Deloitte Touche Tohmatsu. Der schmale Band trägt den Titel: *Auf den Punkt gebracht. Wie Sie das Beste aus Ihrem Berater herausholen.* Er gehört zu einer kleinen Serie von Ratgebern, die Deloitte Consulting 2001 an seine Kunden verschickte sowie an Unternehmen, die man zu Kunden machen wollte.

Weiter heißt es dort: »Schauen Sie hinter die Fassade.« Die Autoren raten den Unternehmen, Referenzen über jede Consultingfirma einzuholen und die Angaben genau zu überprüfen, um unangenehme Überraschungen mit den smarten Helfern zu vermeiden. Und so wie bei der eingangs zitierten Passage spart der Ratgeber auch an anderer Stelle nicht mit Kritik an der Branche und ihren Protagonisten. Namen werden nicht genannt. Und das ist gut so. Denn vieles von dem, was dort gesagt wird, trifft auch auf Deloitte Consulting zu.

So könnte sich die in der Broschüre beschriebene Szene durchaus bei dem US-Mischkonzern Figgie International abgespielt haben. Hier durften sich Ende der achtziger und Anfang der neunziger Jahre zahlreiche Berater austoben, allen voran Mitarbeiter aus dem Hause Deloitte Consulting. Über diesen Einsatz berichten die beiden amerikanischen Journalisten James O' Shea und Charles Madigan in ihrem Buch *Dangerous Company*, das 1997 in Deutschland unter dem Titel *Berater mit beschränkter Haftung* erschienen ist.

Die Autoren schildern, wie Deloitte Consulting versuchte, den Konzern gegen ein Honorar von 750 000 Dollar pro Monat auf »Weltklasseproduktion« zu trimmen. Zu diesem Zweck ließen die Berater unter anderem eines Tages per Schwertransporter eine mehrere Millionen Dollar teure Fertigungsanlage anliefern. Die gigantische Maschine (»halb so groß wie ein Fast-Food-Restaurant«) sei für eine Tochtergesellschaft von Figgie International bestimmt gewesen. Dick DeLisle, ein Physiker, der dort die Produktion leitete, war von den Consultants nicht einmal andeutungsweise informiert worden – geschweige denn, dass man ihn in die Entscheidung einbezogen hätte.

»DeLisle war sprachlos«, schreiben die Journalisten. Zumal er wegen der vielen Consultants, die sich im Unternehmen breit gemacht hatten, ohnehin schon frustriert gewesen sei. Das aus gutem Grund: »Sie drängten immer auf eine Besprechung und wollten ständig Fragen stellen«, erzählt der Manager. Schließlich musste er auch am Wochenende arbeiten, weil er seine Pflichtaufgaben wegen der permanenten Konferenzen nicht mehr anders bewältigen konnte. Hätte man DeLisle bei einer dieser diversen Gelegenheiten gefragt, hätte er sicher sein Veto gegen den Kauf der Maschine eingelegt. Denn es dauerte immerhin sechs Wochen, bis die Anlage mit Werkzeugen bestückt, programmiert und getestet war. Und dann stellte sich auch noch heraus, dass sich das Ungetüm nicht zur Produktion aller Teile eignete, die DeLisles Mannschaft zuvor hergestellt hatte.

O' Shea und Madigan berichten von weiteren haarsträubenden Vorfällen und kommen zu dem Schluss, dass die Berater statt »Weltklasseproduktion« ein »Weltklassechaos« angerichtet hatten. Am Ende sei der gesamte Konzern nur knapp am Konkurs vorbeigeschrammt. In Zahlen ausgedrückt: »(Die) Umsätze in Höhe von 1,3 Milliarden Dollar im Jahre 1989 waren 1994 auf 319 Millionen Dollar gefallen.« Der Gewinn in Höhe von 63 Millionen Dollar hatte sich in einen Verlust verwandelt: 1994 betrug das Minus 166 Millionen Dollar. Eine weitere Folge dieser Katastrophe war der Exodus zahlreicher Manager. Auch DeLisle verließ aus Ärger über den »Amoklauf« der Consultants den Konzern.

Für diesen Einsatz kassierte Deloitte Consulting 22 Millionen Dollar Honorar und forderte weitere Millionen von Figgie International. Ohne Erfolg. Die Konzernchefs stellten ihre Zahlungen ein und klagten gegen die Berater. Begründung: Betrug und Inkompetenz. Die Consultants hätten überhöhte Rechnungen ausgestellt und mangelhafte Arbeit geleistet, lautete der Vorwurf. Im Laufe der Auseinandersetzung gelangten die Informationen über den Fall an die Öffentlichkeit. Das »Desaster bei Figgie International« habe Deloitte Consulting dennoch nicht geschadet, so die beiden Autoren von *Dangerous Company*. Die Firma sei weiterhin eines der erfolgreichsten Beratungsunternehmen der Vereinigten Staaten.

Ob diese Einschätzung zutrifft, sei dahingestellt. Tatsache ist jedenfalls, dass der Schlagabtausch zwischen Figgie und seinen Consultants nur ein geringes Medienecho auslöste. Allein deswegen verdient der Fall hier Erwähnung. Außerdem zeigt er, warum es selbst bei den streitlustigen Amerikanern kaum zu öffentlichen

Auseinandersetzungen mit Beratern kommt. Nicht etwa, weil Pfusch im Beraterhandwerk selten wäre, sondern weil die Beteiligten zumeist den Mantel des Schweigens über ein gescheitertes Projekt breiten. So schlossen auch Figgie International und Deloitte Consulting einen Vergleich, über dessen Konditionen heute noch Stillschweigen herrscht. O'Shea und Madigan bedauern, dass sie keinen Zugriff auf das Gerichtsarchiv der Stadt Cleveland im US-Bundesstaat Ohio haben. Denn dort lagern, in versiegelten Kartons, die Akten.

Der Grund für die Diskretion der Kontrahenten liegt auf der Hand. Beide Seiten, Berater und Management, verlieren stets bei einer solchen Auseinandersetzung. Als die Öffentlichkeit von der katastrophalen Leistung der Consultants erfuhr, geriet auch die Konzernleitung von Figgie International unter heftigen Beschuss durch Aktionäre und ehemalige Manager. Der Vorwurf: Der Konzerngründer und sein Sohn, die Figgie International damals führten, hätten den Beratern zu viel Freiraum gelassen und die Kontrolle über deren Tätigkeit verloren. Die Konsequenz: Sie mussten ihre Posten räumen.

Am Beispiel der Muttergesellschaft von Deloitte Consulting lässt sich außerdem zeigen, dass nicht nur das Renommee der Consultants und Headhunter in den letzten Jahren gelitten hat. Zu diesen Versagern im Dreiteiler gesellt sich eine weitere, vermeintliche Elite: die der Wirtschaftsprüfer, allen voran jene Männer, die an der Spitze der Big Five standen. Sie trifft die Verantwortung für eine schier endlose Serie von Wirtschaftsskandalen, von denen Enron nur der spektakulärste Fall ist. Jeder der einst fünf großen Prüfungskonzerne, zu denen auch Deloitte Touche Tohmatsu gehört, war und ist in solche Skandale verstrickt. Im Vergleich dazu wirkt die Beinahe-Pleite bei Figgie International geradezu harmlos.

Als Prüfer der traditionsreichen britischen Handelsbank Barings gerieten Coopers & Lybrand und Deloitte Touche Tohmatsu in die Schlagzeilen. Das Geldhaus war 1995 zusammengebrochen. Die

Pleite wurde durch gigantische Fehlspekulationen eines jungen Angestellten ausgelöst. Nick Leeson, der für Barings in Singapur als Derivate-Händler arbeitete, hatte über eine Milliarde Dollar in den Sand gesetzt. Die Liquidatoren der Bank verklagten die Prüfer auf Schadensersatz. Denn: Hätten sie korrekt gearbeitet, wäre Leeson früher ertappt und der Zusammenbruch von Barings verhindert worden.

PricewaterhouseCoopers unterzeichnete – als Rechtsnachfolger von Coopers & Lybrand, die sich zwischenzeitlich mit Price Waterhouse zusammengeschlossen hatten – im Oktober 2001 einen Vergleich mit den Klägern. Die Parteien vereinbarten Stillschweigen über die Konditionen der einvernehmlichen Lösung. Einem Bericht im *Wall Street Journal* zufolge soll die Prüfungsfirma zwischen 50 und 70 Millionen britische Pfund als Schadensersatz bezahlt haben. Mitte Juni 2003 entschied der High Court in London, dass auch Deloitte Touche Tohmatsu eine – zwar nur geringe – Mitschuld an dem Ruin der Bank treffe. Wie viel die Prüfer zahlen müssen, stand bis zum Abschluss des Manuskripts noch nicht fest. Die englischen Richter werden hierzu eine gesonderte Entscheidung treffen.

Auch in Deutschland mussten sich die Firmen Kritik gefallen lassen. Deloitte & Touche, die deutsche Tochter von Deloitte Touche Tohmatsu, geriet beispielsweise wegen ihrer Rolle in der so genannten HypoVereinsbank-Affäre ins Zwielicht. Die Prüfer hatten den letzten Abschluss der Bayerischen Hypotheken- und Wechselbank vor ihrer Fusion mit der Bayerischen Vereinsbank testiert. Diese Bilanz erwies sich wenig später als fehlerhaft und wurde für ungültig erklärt. Darüber hinaus hatte Deloitte & Touche bei der Erstellung eines Fusionsgutachtens mitgewirkt, das sich als fast genauso dürftig erwies wie der testierte Hypo-Abschluss. Die HypoVereinsbank zog die Konsequenzen. Sie forderte Schadensersatz und drohte rechtliche Schritte an. Laut *Handelsblatt* mit Erfolg: Die Bankmanager hätten lediglich deswegen auf eine Klage verzichtet, weil die Prüfer im Rahmen eines Vergleichs eine Millionensumme bezahlten.

Diese und weitere Skandale hängen zum großen Teil mit dem Vormarsch der Prüfer auf das Geschäftsfeld der Berater zusammen. Bei Barings etwa war Deloitte Touche Tohmatsu nicht nur als Accountant, so der englische Begriff für Prüfer, sondern auch als Consultant tätig. Ein Grund mehr, sich etwas ausführlicher mit dieser Entwicklung zu beschäftigen. Wirtschaftsprüfer, auch Revisoren genannt, testieren die Abschlüsse von Unternehmen. Sie bestätigen, dass eine Bilanz nach bestimmten, gesetzlich festgelegten Regeln erstellt wurde und dass das Zahlenwerk ein realistisches Bild von den Finanzen des Unternehmens liefert. Das hört sich nicht gerade spannend an. Es ist jedenfalls nicht das, was die Amerikaner als Sexy Business bezeichnen. Vor allem deswegen rangierten die Accountants in Sachen Sozialprestige früher bestenfalls im Mittelfeld. Heute muss man sagen: immerhin. Denn seit dem Zusammenbruch von Enron ist das Ansehen des Berufsstandes ins Bodenlose gesunken. Die Wirtschaftsprüfer sehnen sich mittlerweile nach den Zeiten zurück, in denen man sie noch als »bean counters« verspottete: als langweilige Erbsenzähler.

Tatsache ist, dass Revisoren sehr genau arbeiten müssen, weil sich auf ihr Testat nicht nur die Geschäftspartner und die Investoren eines Unternehmens verlassen. Ihre Arbeit bildet auch die Grundlage für die Steuererklärungen. Das uneingeschränkte Vertrauen in die Unabhängigkeit und Objektivität dieser Fachleute stellt deswegen einen Grundpfeiler jeder modernen Volkswirtschaft dar. Das Vertrauen gehört zum Beruf eines Wirtschaftsprüfers wie der Leisten zu dem eines Schusters.

Es ist den Angehörigen dieses Berufsstandes nicht in den Schoß gefallen, sondern das Ergebnis einer traditionsreichen Geschichte. Chronisten der Branche haben die Spuren prüfungsähnlicher Tätigkeit bis zu den Sumerern zurück verfolgt, also bis etwa 8 000 vor Christus. US-Wissenschaftler machen darauf aufmerksam, dass bereits Kolumbus einen Revisor mit auf seine Reise nach Amerika nehmen musste – als Aufpasser des spanischen Königshauses, das die Expedition finanzierte. Und die Italiener feiern den 1447 geborenen Luca Pacioli als den Vater aller Wirtschaftsprüfer. Dem Franziskanermönch verdanken wir die ersten schriftlichen Hinweise auf ein System der doppelten Buchführung, das man damals in Venedig nutzte.

Die Geschichte der Big Five beginnt in Großbritannien. Dabei spielt der Gründer von Deloitte Touche Tohmatsu, William Welch Deloitte, eine herausragende Rolle. Der Enkel eines während der Französischen Revolution nach England geflohenen französischen Grafen habe bereits im Alter von 15 Jahren als Assistent eines leitenden Beamten am Konkursgericht der Stadt London gearbeitet, heißt es voller Stolz auf einer Website des Prüfungskonzerns. 1845 machte sich der damals gerade 25-jährige Deloitte selbstständig. Er eröffnete ein Büro in Sichtweite des Gerichts. 1849 folgten ihm Samuel Lowell Price und Edwin Waterhouse, die sich 1865 zu einer Partnerschaft zusammenschlossen. Elf Jahre zuvor war William Cooper an den Start gegangen. Die Firmen dieser Gründer fusionierten 1998 miteinander und lösten als PricewaterhouseCoopers den langjährigen Branchenprimus Andersen Worldwide an der Spitze der Wirtschaftsprüferliga ab. Zu den Pionieren zählt außerdem William Peat, der Mann, auf den der Buchstabe P bei KPMG zurückgeht. Er eröffnete 1867 sein Büro.

Die positive Entwicklung des Berufsstandes in der damaligen Zeit hängt eng mit der Verabschiedung einiger britischer Gesetze zusammen. Diese schufen einen neuen Regulierungsrahmen für die so genannten Joint-Stock Companies, die Vorläufer der späteren Aktiengesellschaften, zu denen unter anderem die East India Company zählte. Dass der Gesetzgeber damals aktiv wurde, hing mit der dynamischen wirtschaftlichen Entwicklung in dieser Phase der Industrialisierung zusammen. Die Unternehmer, die zum Beispiel Eisenbahnen bauen wollten, hatten einen immensen Kapitalbedarf, der mit den üblichen Mitteln nicht ausreichend gedeckt werden konnte. Sie brauchten nicht nur Kredite. Sie suchten Mitunternehmer – von der Technik begeisterte Geldgeber, die bereit waren, einen Teil des Risikos zu tragen.

Solche Investoren gab es durchaus. Sie zögerten aber, weil sie Angst hatten, über den Tisch gezogen zu werden. Kein Wunder. Denn verbindliche Standards für die Buchführung von Unternehmen existierten im 19. Jahrhundert nicht. Wer genau das Sagen hatte, wenn Teilhaber an Bord geholt wurden, war ebenso wenig geregelt. Unter solchen Umständen war es für die Investoren schwer, unseriösen Geschäftemachern nachzuweisen, dass diese sie aufs Kreuz gelegt hatten.

Die Wirtschaft drängte den Gesetzgeber, das Vertrauen der Investoren durch bessere Rahmenbedingungen zu stärken. Das Parlament verabschiedete schließlich drei wegweisende Gesetze, durch die eine bestimmte Unternehmensstruktur und gewisse Rechnungslegungsstandards zur Pflicht gemacht wurden. In der Folge entstanden zahlreiche Unternehmen, insbesondere Eisenbahngesellschaften. Und der erste unabhängige Wirtschaftsprüfer, der diese Gesellschaften betreute, war William Deloitte. Er machte sich bald einen Namen in der Branche, unter anderem deswegen, weil er durch seine penible Arbeit einen Betrug bei der Great North Railway auffliegen ließ.

Deloitte sorgte für die nötige Transparenz in den Büchern seiner Klienten und schuf dabei die Grundlagen für die Arbeit der Revisoren. Von daher lag es nahe, ihn zum Präsidenten des neu geschaffenen Instituts der Chartered Accountants zu machen, in dem sich die Wirtschaftsprüfer zusammengeschlossen hatten.

Als die britischen Unternehmen ihren Fuß über den Atlantik setzten, folgte ihnen Deloitte. 1893 eröffnete er seine erste Zweigstelle in den USA. Bald zählten auch amerikanische Unternehmen zu seinen Klienten, darunter eine florierende Seifen- und Kerzenfabrik, die in den folgenden Jahren zu einem der bekanntesten

Konsumgüterkonzerne der Welt heranwuchs: Procter & Gamble lässt seine Abschlüsse noch heute von Deloitte Touche Tohmatsu testieren.

Verglichen mit den Konkurrenten Arthur Andersen, Peat Marwick oder Ernst & Ernst (später Ernst & Young) war Deloitte damals klein, wenngleich nie unbedeutend. Erst 1978 erfolgte der Zusammenschluss mit der wesentlich größeren US-Firma Haskins & Sells, mit der man bereits seit 1905 zusammengearbeitet hatte. Dieser Merger katapultierte Deloitte in die Liga der damals acht großen Prüfungskonzerne. 1989 fusionierte die Firma mit Touche Ross, zu der die japanischen Prüfer von Tohmatsu & Co. gehörten. Heute nimmt Deloitte Touche Tohmatsu mit einem Jahresumsatz von 12,5 Milliarden Dollar den zweiten Platz in der Weltliga der Wirtschaftsprüfer ein. Über 100 000 Mitarbeiter arbeiten in 140 Ländern für diese Firma. Die Spitzenposition besetzt PricewaterhouseCoopers. Im Geschäftsjahr 2002 erzielte der Branchenprimus einen Honorarumsatz von 13,8 Milliarden Dollar. Der Konzern beschäftigt über 125.000 Mitarbeiter in 142 Ländern. Diese beiden Gesellschaften dominieren zusammen mit KPMG sowie Ernst & Young das weltweite Prüfungsgeschäft. Erst mit weitem Abstand folgen kleinere Konkurrenten, angeführt von BDO International, hierzulande besser bekannt als BDO Deutsche Warentreuhand AG.

Chronisten der Branche berichten, dass die Vorläufer der Big Five bald nach ihrer Gründung auch Beratungsleistungen anboten. So war etwa die US-Niederlassung von Price Waterhouse bereits in der letzten Dekade des 19. Jahrhunderts im Consulting tätig. Dass Prüfung und Beratung Hand in Hand gingen, ist nur zu gut verständlich. Durch ihre Tätigkeit für viele Klienten erhielten die Accountants sowohl eine Übersicht über die Unternehmenslandschaft als auch einen tiefen Einblick ins Innenleben der Wirtschaft. Die daraus erwachsene Expertise war ein Pfund, mit dem sie von Beginn an wuchern konnten. Die Prüfer kooperierten mit Rechtsanwälten, Ingenieurbüros und Banken. Über Letztere sollen die meisten Kontakte zu den Beratungskunden zustande gekommen sein, heißt es. Die Geldhäuser verfügten jedoch auch über eigene Consultants. Sie riefen die externen Fachleute nur dann, wenn die internen Kapazitäten ausgeschöpft waren oder eine spezielle Qualifikation benötigt wurde, die nicht im eigenen Hause verfügbar war.

Das änderte sich entscheidend nach dem Schwarzen Freitag, dem großen Börsenkrach von 1929. Unter dem Druck der Öffentlichkeit, die die Banken für die Wirtschaftskrise verantwortlich machte, beschnitt die amerikanische Regierung den Handlungsspielraum der Geldinstitute. Der Glass-Steagall Banking Act sorgte nicht nur für eine Trennung von Investmentbanking und herkömmlichem Kreditgeschäft. Das Gesetz verbot den Banken auch artfremde Geschäfte, unter anderem das Consulting. Gleichzeitig schuf die Regierung mit der Securities and Exchange Commission eine moderne Börsenaufsicht. Diese wiederum stützte sich ganz entscheidend auf die Arbeit der Revisoren. All dies begünstigte die weitere dynamische Entwicklung der Prüfungsgesellschaften.

Im Laufe der Zeit nahm das Beratungsgeschäft immer mehr Platz bei den Wirtschaftsprüfern ein. Das Spektrum der Dienstleistungen wurde breiter. Es reichte von der Steuerberatung über die Finanz- und Rechtsberatung bis hin zu fast allen Bereichen der Unternehmensberatung. Auf den meisten Gebieten jedoch, und gerade auch beim Management Consulting, spielten die Prüfer lange Zeit nur eine Nebenrolle – bis zum Ende der sechziger Jahre des vergangenen Jahrhunderts, als die Computertechnik die Beraterlandschaft veränderte. Die Prüfer orientierten sich am Vorbild von Andersen Consulting und stockten die Beratertruppen in ihren Häusern systematisch auf. Bald bürgerte sich ein neuer Begriff ein: Mit der Bezeichnung Professional Services Firm sollte deutlich werden, dass man nicht nur Bilanzen testierte, sondern eine weitaus breitere Palette an Dienstleistungen vorhielt.

Welche Bedeutung das Consulting schließlich bei den Big Five erlangte, zeigt das Beispiel des US-Konzerns General Electric, dessen Abschlüsse von KPMG geprüft wurden. Im Jahre 2000 erhielt KPMG für seine Prüfertätigkeit bei diesem Kunden knapp 24 Millionen Dollar. Das ist ein Bruchteil von dem, was man mit Technologieberatung und anderem Consulting einspielte. Für diese Leistungen kassierte KPMG die stolze Summe von 79,7 Millionen Dollar von General Electric. Noch krasser fiel das Verhältnis beim Medienriesen Walt Disney aus, dessen Abschlüsse PricewaterhouseCoopers testierte. Für das Testat erhielt die Firma im Jahre 2001 bescheidene 8,6 Millionen Dollar, während das Beratungshonorar stattliche 32 Millionen Dollar ausmachte.

Je wichtiger das Beratungsgeschäft wurde, desto lauter waren die Stimmen zu vernehmen, die den Prüfern vorwarfen, ihre Unabhängigkeit zu verkaufen. Die Kritiker fragten, welchen Wert ein Testat noch habe, wenn die Prüfer de facto die Ergebnisse ihrer eigenen Beratertätigkeit kontrollierten. Und sie bezweifelten, dass eine Firma noch objektiv nach Fehlern im Zahlenwerk eines Unternehmens suchen könne, wenn sie so wie PricewaterhouseCoopers für ihre Beraterdienste fast das Vierfache der Prüferhonorare einstrich. Die Chefs der Professional Services Firms konterten die Kritik. Man erziele ja nur in Einzelfällen so hohe Umsätze mit Beratungsaufträgen. Die prüfungsnahen Tätigkeiten seien nach wie vor das Kerngeschäft, behaupteten die Verantwortlichen.

Insider wie der ehemalige Arthur-Andersen-Berater Marek Wojcicki wussten genau, dass das längst nicht mehr stimmte: »Mit Prüfungsaufträgen werden zwar etwa 40 Prozent des Umsatzes bei den Big Five erwirtschaftet, aber nur zehn Prozent des Gewinns«, so der Consultant gegenüber dem *manager magazin*. Nachweisen ließ sich das jedoch nie. Die Prüfungsgesellschaften veröffentlichten keine Zahlen über ihre Gewinne. Sie gaben lediglich zu, dass sie im Prüfungsgeschäft schlechte Margen erzielten.

Die mageren Honorare der Prüfer sind die Folge des extremen

Konkurrenzdrucks in der Branche. Den Hintergrund dieser Entwicklung bildete der technische Fortschritt: Computer und spezielle Programme ermöglichten eine immer rationellere Abwicklung der Prüfungsaufträge und führten zu einer Industrialisierung der Tätigkeit. Die Kunden der Prüfungsfirmen machten sich diese Entwicklung zunutze. Ihnen gelang es, immer niedrigere Pauschalhonorare für die Abschlussprüfung auszuhandeln, indem sie mit lukrativen Beratungsaufträgen lockten. Dies war der entscheidende Grund dafür, warum die Prüfer allen Bedenken zum Trotz ins Consulting Business drängten. Hier aber war nur konkurrenzfähig, wer zuvor kräftig investierte: ins Personal und in die Computertechnik. Solche Investitionen stellten die kapitalschwachen Partnerschaften stets vor erhebliche Probleme. Und das wiederum ist einer der Gründe für die vielen Fusionen, die sich im vergangenen Vierteljahrhundert in der Szene abspielten.

Hinzu kam: Die Wachstumsraten, die das Consulting versprach, lagen weit über denen des Accounting. Selbst wenn es also nicht stimmte, dass die Beraterjobs für 90 Prozent des Gewinns bei den großen Prüfungskonzernen sorgten, war die Abhängigkeit vom Beratergeschäft in jedem Fall erheblich größer, als auf den ersten Blick erkennbar. Um dies zu verschleiern, wiederholten die Chefs der Big Five wie tibetanische Gebetsmühlen stets dieselben Argumente: Man habe alles im Griff und trenne die jeweiligen Aufträge strikt voneinander. Und: Die Objektivität der Prüfer sei durch so genannte chinesische Mauern gesichert, durch die räumliche Trennung von Prüfern und Beratern sowie durch firmeninterne Regeln und bestimmte gesellschaftsrechtliche Konstruktionen.

Rückblickend lässt sich sagen, dass den Verantwortlichen das Problem nicht wirklich auf den Nägeln brannte. Sie wussten, dass Arthur Levitt, der Chef der US-Börsenaufsicht, keine Handhabe gegen sie hatte. Die Beteiligten sahen seelenruhig zu, wie sich die wenigen Mitarbeiter in Levitts Behörde mit Tausenden von Fällen abmühten, in denen der Verdacht bestand, dass die Prüfer alle Augen zugedrückt hatten, um ihrer Firma die fetten Beraterhonorare zu sichern. Die Gelassenheit in den Führungsetagen der Big Five war nur zu gut verständlich. Es ist schon schwierig genug, den objektiven Tatbestand bei einem solchen Verstoß sauber darzulegen. Noch schwieriger ist es, einen Vorsatz nachzuweisen: »Die Prüfer behaupten immer, sie seien von den Unternehmen angelogen worden«, so der US-Rechtswissenschaftler John Coffee gegenüber der Nachrichtenagentur Bloomberg News. Und wenn es dann tatsächlich einmal zu einem Prozess komme, so der Jurist weiter, schickten die Firmen stets zwei Dutzend Rechtsanwälte ins Gefecht, vor deren Übermacht Levitts Beamte kapitulierten.

Mehrfach appellierte der Behördenchef an das American Institute of Certified Public Accountants. Die Standesorganisation sollte Maßnahmen ergreifen, um die Unabhängigkeit der Prüfer zu sichern. Doch die Funktionäre stellten sich taub.

Auch die Chefs der Prüfungsfirmen hatten Wichtigeres zu tun. Sie mussten auf die Veränderungen im Markt reagieren. Denn herkömmliches Consulting, vor allem jene Spielart der IT-Beratung, der die Firmen einen großen Teil ihrer Umsätze verdankten, war plötzlich nicht mehr so stark gefragt wie zuvor. Die Kunden liefen zu den Internet-Consultants über, die in der zweiten Hälfte der neunziger Jahre die Szene aufmischten. Fieberhaft suchten die Big Five nach einer Antwort auf diese Herausforderung. Dabei reagierten sie noch hilfloser als die klassischen Consultingfirmen.

Es waren die komplizierten Führungsstrukturen, die ein rasches, konsequentes Handeln unmöglich machten. So ist zum Beispiel Deloitte Touche Tohmatsu kein straff geführter Konzern, sondern ein Verein. Seine Mitglieder sind die partnerschaftlich organisierten Landesgesellschaften, die auf ihren jeweiligen Märkten als selbstständige Unternehmen mit eigenen Tochtergesellschaften agieren. Die Klammer, die alles zusammenhält, ist das schweizerische Vereinsrecht.

Ähnlich lockere, netzwerkartige Strukturen existieren bei den anderen Gesellschaften, was zahlreiche Vorteile mit sich bringt. Sie helfen, Steuern zu sparen, und lassen jedem Mitglied des Netzwerks einen großen Freiraum. Die unbestreitbaren wirtschaftlichen Erfolge der Big Five veranlassten den ehemaligen McKinsey-Vordenker Tom Peters sogar dazu, deren Führungsstruktur als Modell für jedes moderne Unternehmen zu empfehlen. Aber das war Mitte der neunziger Jahre, und damals zeichneten sich die Nachteile noch nicht so deutlich ab wie in der folgenden Zeit.

Über jede Entscheidung, die das Schicksal einer dieser Organisationen betraf, diskutierten damals Tausende Partner rund um den Globus. Viele davon opponierten gegen die weit reichenden Änderungen, die etwa ein Börsengang der Consultingsparte voraussetzte. Widerstand gab es vor allem in Ländern, in denen die Begeisterung über die New Economy nicht ganz so hohe Wellen schlug wie in den USA. Und so wie bei Andersen Worldwide führten die unterschiedlichen Interessen von Accountants und Consultants auch beim Rest der Big Five zu heftigen Auseinandersetzungen.

Beispiel KPMG: Das Führungsteam um Colin Sharman befürwortete eine Fusion mit einer anderen Prüfungsgesellschaft. Die Internetfraktion um den Consultant Ted Fernandez jedoch plädierte für einen schnellen Börsengang des Consultingbereichs. Sharman setzte sich durch. Enttäuscht verließ Fernandez die Firma, und mit ihm über ein Dutzend weiterer Partner. Die Deserteure gründeten die Firma Answerthink, die im Mai 1998 erfolgreich an die Börse ging.

Sharman bestellte das Aufgebot für eine Firmenehe mit Ernst & Young. Die Braut war zuvor mit einem Heiratsantrag bei Deloitte Touche Tohmatsu abgeblitzt, und auch die Verbindung mit KPMG kam nicht zustande. Die Firmenchefs zerstritten sich sozusagen kurz vor dem Jawort. Den Chefs von Ernst & Young gelang es immerhin, aus dem zweifachen Scheitern noch eine Tugend zu machen. Im Mai 2000 verkauften die Prüfer ihre Beratungssparte für elf Milliarden Dollar an die französische Consultingfirma Cap Gemini.

Die Partner von KPMG gingen einen anderen Weg. Sie brachten ihre Beratungsaktivitäten in den USA an die Börse – allerdings erst im Februar 2001, also zu einer Zeit, als der Technologieboom lange vorüber war. So fiel der Emissionserlös wesentlich niedriger aus als ursprünglich gedacht. Seither machte die Consultingfirma, die heute den Namen Bearing Point trägt, vor allem durch Massenentlassungen auf sich aufmerksam. Rand Blazer, der Chef von Bearing Point, hatte ganz offensichtlich auf eine weiter anhaltende Nachfrage nach Technologie- und Internetberatung gesetzt und sich dabei gründlich verrechnet.

Nach außen hin hielt man stets dicht. Von den Positionskämpfen bekam die Öffentlichkeit so gut wie nichts mit. Verschwiegenheit gehört eben zur Tradition bei den Wirtschaftsprüfern. Den Rest besorgten die firmeneigenen Propagandamaschinen. Sie heizten das Internetfieber genauso an wie die Pressestrategen der klassischen Consultants. Und alle behaupteten, zu den Marktführern auf dem Feld der E-Business-Beratung zu gehören, obwohl ihre Internetexperten, kaum angeheuert, schon wieder von Bord gingen. Die Fluktuationsraten erreichten damals Schwindel erregende Werte – höher noch als bei den Management Consultants.

Beispiel PricewaterhouseCoopers: Nachdem sich Price Waterhouse und Coopers & Lybrand 1998 zusammengeschlossen hatten, versuchten die Chefs beider Firmen krampfhaft, die Fusion zum Erfolg zu führen. Man wollte nicht noch einmal scheitern, so wie 1989, als man vergeblich versuchte, Andersen Worldwide und Price Waterhouse zu verschmelzen. Doch die enorme Konkurrenz am Arbeitsmarkt machte den Betreibern der Firmenehe einen dicken Strich durch die Rechnung. Schon Monate vor deren Vollzug hatten zahlreiche Partner bei Price Waterhouse angekündigt, nicht brav zum Traualtar zu marschieren. »Verständlich«, kommentierte die *WirtschaftsWoche*. Schließlich lag das Gehaltsniveau dort teilweise erheblich über dem von Coopers & Lybrand. Die Partner befürchteten, dass sie nach dem Zusammenschluss weniger verdienten. Sie verließen die Firma, und zwar in Scharen. Das *Wall Street Journal* und die *Financial Times* berichteten über Abspaltungen ganzer Landesgesellschaften, etwa in Israel und in mehreren asiatischen Ländern. Auch Deutschland war betroffen: Das *Handelsblatt* meldete einen so genannten Walk-out in der Abteilung Corporate Finance der Firma: Nahezu alle Dealmaker – also jene hoch qualifizierten Finanzexperten, die das lukrative Geschäft mit Börsengängen und Unternehmensverkäufen betrieben – waren zu Arthur Andersen übergelaufen. Ihre Mitarbeiter hatten sie gleich mitgenommen.

Die Ruhe, die nach dem Merger in den Konzern einkehrte, währte nicht lange, denn die stürmische Entwicklung des E-Business führte zu einer veränderten Nachfrage bei den Großunternehmen, die zu den Kunden von PricewaterhouseCoopers zählten. Als Beratungsunternehmen stand die Firma unter Druck, sich so wie ihre Konkurrenten an den Internet-Töchtern der Großkonzerne zu beteiligen. Als Prüfungsfirma war es PricewaterhouseCoopers verboten, Anteile an einem Unternehmen zu halten, dessen Abschlüsse man testierte. Man befand sich in einer Zwickmühle.

Ein Börsengang der Consultingsparte schien der Königsweg, um Kapital für eine Beteiligung an Gemeinschaftsunternehmen mit den Kunden zu sammeln. Auch der dramatische Engpass am Arbeitsmarkt sprach für diesen Schritt. Eine Partnerschaft, die keine Aktienoptionen bieten konnte, hatte keine Chance, den War for Talent zu gewinnen. Das jedenfalls war die damals herrschende Meinung. Also musste man das Prüfungsgeschäft endlich sauber vom Consulting trennen. Jim Schiro, der Chef von PricewaterhouseCoopers, drängte die Partner der Firma zu einer Entscheidung.

Inzwischen war auch der Börsenaufsicht der Geduldsfaden gerissen. Die Beamten ermittelten laut *Wall Street Journal* in über 2000 Fällen wegen Gesetzesverstößen gegen Mitarbeiter von PricewaterhouseCoopers. Über einen dieser Fälle berichtete die Zeitung im Februar 2000 auf der ersten Seite: Das US-Technologieunternehmen Emcore musste auf Anordnung der Börsenaufsicht seine Bilanzen ein zweites Mal testieren lassen, weil einige Mitarbeiter von PricewaterhouseCoopers, darunter auch Jim Schiro, Anteile an diesem Unternehmen hielten. Dadurch verzögerte sich die Emission weiterer Emcore-Aktien um etwa ein halbes Jahr, wodurch dem Unternehmen ein Schaden in Millionenhöhe entstanden sei, so die Zeitung.

Fast zur selben Zeit, als dieser Artikel erschien, hatten sich die rund 8 500 Partner von PricewaterhouseCoopers endlich durchgerungen, ihre Beratungssparte abzutrennen. Im Juli werde die Abspaltung vollzogen sein, hieß es. Doch bald stellte sich heraus, dass der Termin nicht zu halten war. Man verschob ihn zunächst auf das Ende des Jahres. Doch zwischenzeitlich verdüsterten sich die Aussichten für einen Börsengang. Der Kurssturz an den Börsen zwang die Partner dazu, ihre Entscheidung nochmals zu überdenken.

Anfang September 2000 sickerte die Nachricht durch, dass PricewaterhouseCoopers mit Hewlett-Packard in Verhandlungen stehe. Schiro wollte das Beratungsgeschäft an den Computerkonzern verkaufen. Die Eckdaten des Vertrags standen bereits fest. Vor allem die stolze Kaufsumme: 17,5 Milliarden Dollar. Die Vertragsunterzeichnung schien nur noch eine Formalität zu sein. Darauf deutet auch die Tatsache hin, dass der Computerkonzern seine Abschlussprüfer austauschte. Bis dahin hatte PricewaterhouseCoopers die Bilanzen testiert. Jetzt sollte Ernst & Young den Auftrag bekommen. Der Grund: Hewlett-Packard wollte ein solch bedeutendes Geschäft nicht mit seinen eigenen Prüfern abwickeln.

Die Hälfte des Kaufpreises sollte PricewaterhouseCoopers in Aktien von Hewlett-Packard erhalten. Dabei hatten die Beteiligten anscheinend nicht vorausgesehen, dass nach den Internetwerten auch die Kurse der Technologiekonzerne stark unter Druck geraten könnten. Seit dem Beginn der Verhandlungen aber war der Wert der Hewlett-Packard-Aktie von 120 auf 85 Dollar gefallen. Im Oktober 2000 meldete die *Financial Times*, dass der Deal auf der Kippe stehe, weil Schiro mehr Bargeld sehen wolle. »Kein Kommentar«, hieß es dazu von beiden Seiten. Die Funkstille dauerte bis zum 13. November 2000. An diesem Tag trat die Chefin von Hewlett-Packard, Carly Fiorina, vor die Presse und gestand, dass die Verhandlungen mit PricewaterhouseCoopers gescheitert waren.

Bei so viel Misserfolgen wundert es nicht, dass die Prüfer beim E-Business-Geschäft ins Hintertreffen gerieten. Im März 2001 eröffnete PricewaterhouseCoopers einen jener Brutkästen, in dem man Startup-Unternehmen aufpäppeln und an die Börse bringen wollte. Venture Partners, so der Name dieses Internet-Inkubators, machte seine Pforten bereits im Oktober 2002 wieder dicht. Schiro war angezählt. Wenige Monate nach dem geplatzten Deal nahm er seinen Hut. Auch Scott Hartz, der Chef der Consultingsparte von PricewaterhouseCoopers, räumte seinen Posten. Beide waren nicht die Einzigen, die ihre Jobs verloren. Denn inzwischen hatte sich die Nachfrage auf dem Consultingmarkt erheblich abgekühlt. PricewaterhouseCoopers musste Tausende Mitarbeiter entlassen.

Im August 2001 verkaufte PricewaterhouseCoopers einen Teil seiner amerikanischen Beratungsaktivitäten an die Ratingagentur Standard & Poors.

Im Dezember 2001 machte der Enron-Skandal Schlagzeilen und gab den Kritikern der Branche erneuten Auftrieb. Die Öffentlichkeit war empört, als bekannt wurde, dass Arthur Andersen dem Enron-Management geholfen hatte, die horrenden Schulden des Konzerns trickreich zu verstecken. Auch hier stellte sich heraus, dass von einer Unabhängigkeit der Prüfer keine Rede mehr sein konnte. Arthur Andersen hatte von dem texanischen Energiehändler 27 Millionen Dollar an Beratungshonoraren kassiert, zwei Millionen mehr als für seine Testate. Die Firma ist inzwischen so gut wie nicht mehr existent, weil sich nahezu sämtliche Partner zur Konkurrenz abgesetzt haben. Angesichts der Flut von Klagen, die geprellte Anleger, ehemalige Mitarbeiter und andere Opfer des Enron-Desasters angestrengt haben, ist das nicht erstaunlich.

Weitere Skandale, etwa die Pleite des Telefonkonzerns WorldCom oder des Mischkonzerns Tyco International, erschütterten das Vertrauen in den Berufsstand der Wirtschaftsprüfer. Immer deutlicher zeichnete sich ab, dass dies keine Einzelfälle waren, sondern ein Massenphänomen. Das belegt eine Studie von Weiss Ratings, einer US-Gesellschaft für Fondsresearch und Fondsbewertungen aus Palm Beach Gardens im US-Bundestaat Florida. Weiss hatte im Jahre 2002 die Testate von 228 börsennotierten amerikanischen Unternehmen unter die Lupe genommen. Jedes dieser Unternehmen hatte Gläubigerschutz nach Kapitel 11 des amerikanischen Konkursrechts beantragt. Die Bilanzen waren jeweils von einer Big-Five-Firma testiert worden. Und in fast der Hälfte aller Fälle hatten die Prüfer den Unternehmen noch kurz vor der Pleite eine intakte Finanzstruktur bescheinigt.

In Deutschland hagelte es gleichfalls Kritik. KPMG war wegen seines Versagens als Abschlussprüfer beim Spezialbohrmaschinenhersteller Flowtex in die Schlagzeilen geraten. Den Prüfern war nicht aufgefallen, dass zwei Drittel der von Flowtex bilanzierten Bohrer überhaupt nicht existierten. So konnte das Management ungehindert Kunden und Banken betrügen. Der Schaden belief sich auf über zwei Milliarden Euro. Auch die Abschlüsse des Telematik-Anbieters Comroad hatte KPMG jahrelang anstandslos testiert, obwohl über 95 Prozent der ausgewiesenen Umsätze auf Luftbuchungen basierten. Und die Pleite des Medienkonzerns von Leo Kirch warf ein weiteres schlechtes Licht auf die Firma: KPMG hatte dem Münchner Filmhändler noch wenige Monate vor seinem Konkurs ein uneingeschränktes Testat erteilt.

Geradezu zynisch wirkt angesichts dieser Skandale eine 1999 angelaufene PR-Kampagne, mit der PricewaterhouseCoopers den Begriff des Shareholdervalue propagierte. Zur selben Zeit, da die Prüfer weltweit vom Nutzen der Aktionäre schwadronierten, ermöglichten sie den Betrug an Millionen von gutgläubigen Geldanlegern.

In den USA zog die Regierung die Konsequenzen aus den Vorfällen. Im Juli 2002 trat der so genannte Sarbanes-Oxley Act in Kraft. Das Gesetz zielt zwar in erster Linie auf die Manager, die seither sogar einen Eid auf ihre Bilanzen ablegen müssen. Das Regelwerk verstärkt aber auch den Druck auf die Accountants. So sind zum Beispiel Dauermandate nicht mehr erlaubt. Die Unternehmen müssen ihre Prüfer alle fünf Jahre wechseln. Deren Firmen wiederum dürfen nur noch unter engen Voraussetzungen als Berater für ein und dasselbe Unternehmen tätig werden. Zusätzlich wurde das Personal der Börsenaufsicht aufgestockt. Und die Beamten änderten ihre Verfolgungstaktik. Statt weiter jedem Verdachtsfall nachzugehen und einzelne Prüfer anzuklagen, versuchen sie nun, die Firmenchefs in die Pflicht zu nehmen.

Schlechte Zeiten also für Accountants und Consultants unter einem Firmendach. Schon vor diesen Änderungen hatten sich die Partner von PricewaterhouseCoopers entschlossen, die gesamten Beratungsaktivitäten endgültig abzutrennen. Die Einheit sollte den Namen PwC Consulting tragen und an die Börse gehen, planten die Verantwortlichen im Januar 2002. Im Juni, wenige Wochen vor der geplanten Aktienemission, verkündete PricewaterhouseCoopers, die Consultingeinheit solle den Namen Monday bekommen. Die *Wirtschaftswelt* konnte nur noch gequält über diesen schrägen Einfall lachen. Es verstärkte sich der Eindruck, dass es in den Führungsetagen der Prüfungsfirmen spätestens seit dem Enron-Skandal wie in einem Tollhaus zugegangen sein musste. Weshalb sich auch fast niemand mehr wunderte, als PricewaterhouseCoopers Ende Juli 2002 den Börsengang wieder abblies. Die Prüfer hatten endlich einen Käufer für ihre Consultants gefunden. Für 3,5 Milliarden Dollar – also für einen Bruchteil dessen, was man ursprünglich gefordert hatte – übernahm der Computerriese IBM die Beratungssparte.

Einen Zickzack-Kurs steuerte auch Deloitte Touche Tohmatsu. Das Führungsteam um James Copeland und Douglas McCracken beteuerte zwar lange Zeit, man könne den Klienten weitaus besser dienen, wenn man Prüfung und Beratung aus einer Hand biete. Im Februar 2002 jedoch änderten die Partner ihre Meinung. Deloitte Consulting werde abgetrennt, war zu vernehmen. Über die Details waren sich die Beteiligten damals noch nicht im Klaren, selbst ein Börsengang schien möglich. Im Juni 2002 rangen sie sich bei einem Treffen in San Francisco dazu durch, die Beratungssparte im Wege eines Management Buyout an die eigenen Consultants zu verkaufen. Einige Wochen später verkündeten sie, dass die Consultingsparte Braxton getauft werde. Die Namensrechte hatte die Firma 1984 mit dem Kauf des Consulting-Unternehmens Braxton Associates erworben.

Im März 2003 hieß es plötzlich: Kommando zurück. Deloitte Consulting behalte seinen Namen und werde nun doch nicht abgetrennt. Enge Kreditmärkte und die unsichere wirtschaftliche Entwicklung hätten die Partner zu diesem Schritt gezwungen, lautete die Begründung. Mit anderen Worten: Die Consultants hatten angesichts der Konjunkturkrise kalte Füße bekommen. Sechs Tage nach dieser Entscheidung nahm McCracken seinen Hut. Copeland hatte bereits ein halbes Jahr zuvor angekündigt, dass er im März 2003 ausscheiden werde.

Inzwischen stimmen die Kunden mit den Füßen über diese Entscheidung ab. Sie scheinen – nicht ganz grundlos – ihr Vertrauen in die Kombination von Wirtschaftsprüfungs- und Beratungsgeschäft verloren zu haben. Unter anderem zogen der US-Autobauer General Motors und der britische Mobilfunkriese Vodafone die Konsequenzen. Vodafone lässt seine Abschlüsse zwar weiter von Deloitte Touche Tohmatsu prüfen, wird aber keine Consultants derselben Firma mehr beschäftigen. Weitere Unternehmen werden folgen. Man darf also gespannt sein, wie lange die neue Führung von Deloitte Touche Tohmatsu standhaft bleibt.

Nachwort

»Was fehlt.« So betitelt die links-alternative Berliner Tageszeitung *taz* eine Rubrik, in der die Journalisten in lockerer Form auf jene Ereignisse aufmerksam machen, die in der Berichterstattung anderer Medien einen größeren Raum einnehmen.

Dieses Nachwort könnte die gleiche Überschrift tragen. Aber eine Liste mit all den Pannen und Pleiten bei kleinen und mittelgroßen Beratungshäusern würde den hier vorhandenen Platz sprengen. Ich bin mir auch nicht sicher, ob es verdienstvoll wäre, Vorfälle wie den jähen Umsatzeinbruch und das hektische Gegensteuern bei Mummert Consulting in Hamburg zu schildern. Und wer interessiert sich wirklich für den Konkurs des Mühlheimer Beratungshauses Agiplan oder für die Geschichte vom Aufstieg und Fall des Potsdamer Headhunters und Multimedia-Unternehmers Uwe Fenner?

Auch die zahllosen Geschichten vom Scheitern junger und nicht mehr ganz so junger Consultants in der New Economy fielen unter den Tisch. Selbst auf die Pleite beim kalifornischen Online-Supermarkt WebVan bin ich nicht näher eingegangen, obwohl sich hier der Ex-Chef von Andersen Consulting, George Shaheen, gehörig blamiert hat. Kein Platz blieb auch für die Story vom Konkurs des Mettmanner Emissionshauses Goldzack, bei dem der ehemalige CSC-Ploenzke-Chef Christian Stolorz alles andere als eine gute Figur abgab.

Außen vor blieb Ian Davis, der Nachfolger von Rajat Gupta an der Spitze von McKinsey. Der 53-jährige Chef des Londoner Büros der Beratungsfirma gewann laut *Business Week* das Rennen um den Spitzenposten mit einer Kampagne, in der er sich für die Rückbesinnung auf die traditionellen Werte des Consultings ausgesprochen hatte.

Nicht erwähnt habe ich den Machtwechsel bei Boston Consulting, wo der Deutsche Hans-Paul Bürkner zum Weltchef gewählt wurde. Der 51-jährige Bankenexperte wird den zur Zeit noch amtierenden Chief Executive Officer Carl W. Stern am 1. Januar 2004 ablösen.

Mancher Leser wird vielleicht auch die Geschichte vom Konkurs des Kölner Familienunternehmens Kettner vermissen. Der Düsseldorfer Berater Walter Droege hatte im Jahre 2001 den traditionsreichen Händler von Jagd- und Sportbekleidung übernommen und war bei dessen Sanierung ebenso gescheitert wie beim Versuch, Eurobike zu retten. Europas größter Anbieter von Motorradkleidung und – zubehör musste im Juli 2003 beim Amtsgericht Düsseldorf die Eröffnung des Insolvenzverfahrens beantragen.

Bücher, die derlei Geschichten aufgreifen, haben bereits andere geschrieben, allen voran die von mir bereits zitierten Autoren O' Shea und Madigan. Die beiden amerikanischen Journalisten berichteten auch, dass sich Andersen Consulting bei seiner Arbeit für den US-Stahlproduzenten O'Neal Steel Co. eine Prämie zusichern ließ, die nach der Höhe der eliminierten Jobs bemessen war.

Unethisches Verhalten und Pfusch sind in der Beraterbranche an der Tagesordnung. Doch das ist kein beraterspezifischer Missstand. Auch Anwälte, Ärzte und Architekten richten bisweilen erheblichen Schaden an und kassieren dennoch ab. Schon allein deshalb wollte ich eine deutsche Variante des Buches *Dangerous Company* schreiben.

Ich wollte zeigen, dass es gerade die Topconsultants der Branche sind, die in den letzten Jahren versagt und durch ihr Versagen nicht nur in Deutschland weite Teile der Wirtschaft geschädigt haben: Das erste Mal haben sie versagt, als sie das Phänomen der New Economy nicht ernst genug nahmen, sodass ihnen freche Startup-

Unternehmer die besten Mitarbeiter abspenstig machen konnten. Das zweite Mal haben sie versagt, als sie den Zusammenbruch der Dot-Com-Wirtschaft nicht rechtzeitig erkannten, geschweige denn davor warnten. Stattdessen haben die Berater das Internetfieber kräftig angeheizt und ihre Kunden zu gewaltigen Fehlinvestitionen verleitet. Ein drittes Mal haben sie schließlich versagt, weil sie sich weit von jenen Werten entfernten, die auf die Branchenpioniere wie Marvin Bower oder William Deloitte zurückgehen, und die lange Jahre hochgehalten, dann aber zugunsten des Profits aufgegeben wurden. In diesem Zusammenhang hat es sich angeboten, auch auf die Rolle der Headhunter und der Wirtschaftsprüfer einzugehen. Die Chefs dieser Firmen ließen sich gleichfalls von der Gier nach fettem Profit zu einem Verhalten jenseits des früheren Berufsethos hinreißen.

Die Vorgänge sind umso gravierender, als es hier nicht um windige Gestalten geht. Es sind die intelligentesten, fleißigsten und qualifiziertesten Berater sowie ihre ins Management gewechselten Kollegen, es sind Überflieger vom Schlage eines Lukas Mühlemann oder Jeff Skilling, die versagt haben. Die geschilderten Vorgänge zeigen, dass diese Mitglieder einer vermeintlichen Elite weitaus mehr Schaden anrichten können als jene kleinen Gauner, die – nach wie vor – bei mittelständischen Unternehmen in der Provinz abzocken.

Warum aber taucht der Chef der Deutschen Post World Net in diesem Buch auf? Klaus Zumwinkel hat doch nicht versagt. Im Gegenteil. Die Gewinne des Gelben Riesen sprudeln, sodass der Finanzminister als Vertreter des Hauptaktionärs Bundesrepublik Deutschland hoch zufrieden sein kann. Dennoch hielt ich es für angebracht, auf diesen Fall aufmerksam zu machen. Nicht nur, weil Zumwinkel bei der Post ähnlich vorgeht wie Mühlemann bei Credit Suisse, sondern weil der Eindruck entsteht, dass hier ein mächtiger Manager nach Gutdünken mit öffentlichem Eigentum verfährt. Das ist umso bedenklicher, als der gesamte öffentliche Sektor in den entwickelten Industriestaaten vor einschneidenden Veränderungen steht – von denen sich Firmen wie McKinsey ein Bombengeschäft versprechen.

Mir kam es weiter darauf an, die Entwicklung der Branche in den letzten Jahren nachzuzeichnen und den Hintergrund der Ereignisse transparent werden zu lassen. Der Verlag hatte mich zudem gebeten, so populär wie möglich zu schreiben. Aus diesem Grunde habe ich das Buch in einzelne, fast unabhängig voneinander zu lesende Geschichten aufgeteilt und einzelne Personen in den Vordergrund gestellt.

Unternehmensberater hatten noch nie ein wirklich gutes Image. Nur den Marktführern war es im Laufe der vergangenen 20 Jahre gelungen, sich vom Rest der Branche abzukoppeln und starke Marken aufzubauen. Firmen wie McKinsey und Boston Consulting zählten bei den Universitätsabsolventen sogar zu den beliebtesten Arbeitgebern – wegen der hohen Gehälter, der guten Ausbildung und der attraktiven Karriereperspektiven. Die Vorgänge der letzten Jahre aber haben nicht nur dem Ruf der führenden Firmen, sondern der gesamten Branche schwer geschadet. Die Consultants haben wie die Headhunter und Wirtschaftsprüfer das Vertrauen vieler Kunden verspielt.

Die Folgen sind deutlich spürbar. Gerade eben, als dieses Manuskript abgeschlossen wird, hat der Outsourcing-Riese EDS seine Zahlen für das zweite Quartal 2003 veröffentlicht, die auch das Desaster bei der Consultingtochter des Konzerns enthüllen: Die Umsätze von A.T. Kearney seien im Vergleich zum Vorjahr um 27 Prozent gefallen, heißt es in einer EDS-Pressemeldung.

Die Talsohle ist noch nicht durchschritten. Büros werden weiterhin dicht gemacht, Mitarbeiter entlassen. Die Berater in den Häusern mit den einstmals so wohlklingenden Namen seien deprimiert bis demoralisiert, heißt es in der Branche.

Da fällt auf, dass einige kleinere Wettbewerber, zum Beispiel der Stuttgarter Controllingspezialist Horváth & Partners, Rekordumsätze melden. Im Consulting liegen eben »Licht und Schatten eng beieinander«, wie der St. Gallener Managementberater Fredmund Malik sagt. Und: Die Branche sei nach wie vor in hohem Maße undurchsichtig. Wie wahr. In Wirtschaftskreisen erfreuen sich deswegen so genannte Market-Awareness-Studien, Umfragen bei den Kunden von Beratern, und Rankings mit den Umsatzzahlen der Beratungsfirmen großer Beliebtheit.

Die Umfragen zeigen, dass es neben den großen, bekannten Namen einige interessante, kleinere Firmen gibt, deren Berater auf bestimmten Feldern weitaus bessere Leistungen als die Marktführer erbringen. Außerdem bieten sie gute Arbeit zu attraktiven Preisen. Diesen »wahren Helden der Beraterbranche«, so die *Financial Times Deutschland*, sollten die Manager, vor allem aber auch die leitenden Beamten, die einen Beratereinsatz im öffentlichen Dienst steuern, weitaus mehr Aufmerksamkeit widmen.

So könnten vielleicht solch böse Überraschungen vermieden werden wie unlängst bei der Einführung der Standard Software SAP/R3 in Hessen. Dort laufen die Kosten aus dem Ruder – was auch ein schlechtes Licht auf die beteiligte Beratungsfirma Accenture wirft. Ursprünglich hieß es, das Projekt solle 50 Millionen Euro kosten. Ende 2002 waren bereits Kosten in Höhe von 240 Millionen Euro absehbar – kalkuliert nach dem Aufwand, der bis 2004 entstehen soll. Das Projekt werde aber erst 2008 endgültig abgeschlossen sein, meldet die *Frankfurter Rundschau*, weshalb wohl von weiteren Kostensteigerungen auszugehen ist.

Dem Ziel, für mehr Transparenz auf dem Beratermarkt zu sorgen, dient ein Projekt, auf das ich an dieser Stelle aufmerksam machen will. Es geht um eine Informationsplattform über Unternehmensberater im Internet, die demnächst unter der URL www.ConsultingStar.com online gehen soll. Gemeinsam mit einigen Rechtsanwälten und Journalisten will ich regelmäßig über die Branche berichten und Tipps zum Umgang mit Beratern veröffentlichen. Unternehmensprofile sollen das Angebot abrunden.

Das Konzept ist noch nicht ausgereift. Dennoch werden wir voraussichtlich noch 2003 an den Start gehen. Für Anregungen bin ich genauso dankbar wie für Kritik – natürlich auch an diesem Buch. Am liebsten sind mir E-Mails. Sie erreichen mich mit Lichtgeschwindigkeit über meinen elektronischen Postkasten unter der Adresse:

Rainer@Steppan.de